Personalwirtschaft

Thorsten Krings

Personalwirtschaft

Grundlagen betrieblicher Personalarbeit

Thorsten Krings
Wiesloch, Deutschland

ISBN 978-3-658-21610-8   ISBN 978-3-658-21611-5 (eBook)
https://doi.org/10.1007/978-3-658-21611-5

Die Deutsche Nationalbibliothek verzeichnet diese Publikation in der Deutschen Nationalbibliografie; detaillierte bibliografische Daten sind im Internet über http://dnb.d-nb.de abrufbar.

Springer Gabler
© Springer Fachmedien Wiesbaden GmbH, ein Teil von Springer Nature 2018
Das Werk einschließlich aller seiner Teile ist urheberrechtlich geschützt. Jede Verwertung, die nicht ausdrücklich vom Urheberrechtsgesetz zugelassen ist, bedarf der vorherigen Zustimmung des Verlags. Das gilt insbesondere für Vervielfältigungen, Bearbeitungen, Übersetzungen, Mikroverfilmungen und die Einspeicherung und Verarbeitung in elektronischen Systemen.
Die Wiedergabe von Gebrauchsnamen, Handelsnamen, Warenbezeichnungen usw. in diesem Werk berechtigt auch ohne besondere Kennzeichnung nicht zu der Annahme, dass solche Namen im Sinne der Warenzeichen- und Markenschutz-Gesetzgebung als frei zu betrachten wären und daher von jedermann benutzt werden dürften.
Der Verlag, die Autoren und die Herausgeber gehen davon aus, dass die Angaben und Informationen in diesem Werk zum Zeitpunkt der Veröffentlichung vollständig und korrekt sind. Weder der Verlag noch die Autoren oder die Herausgeber übernehmen, ausdrücklich oder implizit, Gewähr für den Inhalt des Werkes, etwaige Fehler oder Äußerungen. Der Verlag bleibt im Hinblick auf geografische Zuordnungen und Gebietsbezeichnungen in veröffentlichten Karten und Institutionsadressen neutral.

Illustrationen von Frederik Nieland

Gedruckt auf säurefreiem und chlorfrei gebleichtem Papier

Springer Gabler ist ein Imprint der eingetragenen Gesellschaft Springer Fachmedien Wiesbaden GmbH und ist ein Teil von Springer Nature
Die Anschrift der Gesellschaft ist: Abraham-Lincoln-Str. 46, 65189 Wiesbaden, Germany

Vorwort

Das Human Resource Management unterliegt im Augenblick einem sehr starken Prozess des Wandels. Wurde es bis vor kurzem in vielen Unternehmen oft nur als ein reiner Kostenfaktor betrachtet und geführt oder bestenfalls als Dienstleistung verstanden, so hat sich dies grundlegend gewandelt. Unternehmen erkennen heute an der der Schwelle zur digitalen Revolution in der Arbeit, dass nur ein wertschöpfendes und effektives HRM diesen Transformationsprozess gestalten kann. Die strategische Einbindung von HRM als Business Partnership, die in der Vergangenheit oft ein reines Lippenbekenntnis war, wird heute Realität. Organisationen, die dies nicht begreifen, werden im Wettbewerb im Sinne eines digitalen Darwinismus auf der Strecke bleiben.

War HRM für große Organisationen bzw. Konzerne schon immer wichtig (wenngleich auch nicht immer effektiv und wertschöpfend), so herrschte gerade bei kleinen und mittelständischen Unternehmen oft die Einstellung vor, dass Personalmanagement etwas für „die Großen" sei, im Mittelstand aber keinen Platz findet. Gerade hier ist in den letzten zwei bis drei Jahren ein fundamentales Umdenken zu beobachten.

Jedoch muss man feststellen, dass die meisten Einführungen in das HRM nicht für alle Formen der Organisation tauglich sind, da sie oft aus dem Blickwinkel großer Organisationen geschrieben sind. Häufig orientiert man sich an arbeitsteiliger funktionaler Aufteilung, so dass man fast schon vom Taylorismus in der Personalarbeit reden kann. Modern und effektiv ist sicherlich eine prozessuale Betrachtung, in der ausgehend von unternehmerischen Zielen outputorientiert geplant und gehandelt wird. Gleichzeitig ist es natürlich auch wahr, dass das HRM nur mittelbar wertschöpfend ist und daher natürlich auch unter Kostenaspekten agil und effektiv handeln muss. Insofern ist es auch entscheidend, moderne Organisationsformen zu finden, in denen das HRM seine Effektivität entfalten kann.

Es ist auch häufig zu beobachten, dass in Einführungen in das HRM bestimmte Vorgehensweisen und Instrumente als allgemeingültig dargestellt werden. Betriebliche Personalarbeit krankt in der Realität oft an ihrer eigenen Orthodoxie, wenn Maßnahmen nicht aus Strategien abgeleitet werden, sondern vielmehr von außen in die Organisation hineingetragen werden. Insofern kommt einer Einführung in das HRM die wichtige

Rolle zu, einen ganzheitlichen Blick auf betriebliche Personalarbeit zu werfen und Dinge auch kritisch zu hinterfragen.

Daher schien die Zeit reif zu sein, eine neue Einführung in das HRM zu schreiben, die diesen Anforderungen gerecht wird. In Anbetracht der bereits angesprochenen radikalen Veränderungsprozesse wird dieses Buch sich mit zukünftigen Auflagen auch immer weiter entwickeln und ist daher ein Stück weit auch als „work in progress" zu sehen.

Wiesloch   Thorsten Krings
Mai 2018

Inhaltsverzeichnis

1	**Grundlagen und Akteure des Human Resource Managements**		1
	1.1	Grundlagen des Human Resource Managements	2
		1.1.1 Shareholder-basierter vs. Stakeholder-basierter Ansatz	2
		1.1.2 Ziele des Human Resource Managements	5
	1.2	Akteure	12
		1.2.1 Individuelle Akteure	12
		1.2.2 Kollektive Akteure	13
	1.3	Organisationsformen	17
		1.3.1 Funktionale Aufteilung	17
		1.3.2 Divisionale Aufteilung	19
		1.3.3 HR Business Partner Modell	22
		1.3.4 Prozessuale Aufteilung	24
		1.3.5 Outsourcing	27
		1.3.6 Externe Dienstleister	28
	1.4	Aktuelle Tendenzen	30
		1.4.1 Wertewandel	30
		1.4.2 Demografischer Wandel	31
		1.4.3 Internationalisierung und Globalisierung	33
		1.4.4 Electronic HRM	35
		1.4.5 Politische Veränderungen	37
	Literatur		40
2	**Personalpolitik und Personalplanung**		43
	2.1	Personalpolitik	44
	2.2	Strategisches Human Resource Management: ganzheitliche Betrachtung der Unternehmensstrategie	45
		2.2.1 Strategische Personalplanung	49
		2.2.2 Rechtliche Rahmenbedingungen	55

	2.3	Planungsprozesse	56
		2.3.1 Quantitative Planungsansätze	56
		2.3.2 Qualitative Planungsansätze	61
	2.4	Personalfreisetzung	69
		2.4.1 Rechtliche Rahmenbedingungen	69
		2.4.2 Individuelle Freisetzung	70
		2.4.3 Kollektive Freisetzung	82
	Literatur		87
3	**Personalgewinnung**		**89**
	3.1	Personalmarketing, Recruiting und Employer Branding	89
		3.1.1 Grundlagen und Gestaltung	89
		3.1.2 Inhaltliche Grundsätze	91
		3.1.3 Marketingkanäle	94
	3.2	Personalauswahl	103
		3.2.1 Anforderungsprofil	106
		3.2.2 Lebenslaufanalyse	109
		3.2.3 Arbeitszeugnisse	112
		3.2.4 Auswahlmethoden	115
	3.3	Personaleinstellung/Vertragsgestaltung	134
	Literatur		135
4	**Personaleinsatz und Personalentwicklung**		**137**
	4.1	Personaleinsatz	137
		4.1.1 Stellenplan und -synthese	137
		4.1.2 Arbeitsplatz	138
		4.1.3 Aufgabenerweiterung	139
		4.1.4 Versetzung und Auslandseinsatz	139
		4.1.5 Flexible Arbeitszeitplanung	142
	4.2	Personalentwicklung	144
		4.2.1 Selbstverständnis der Personalentwicklung	144
		4.2.2 Exkurs Generation Y und Z	145
		4.2.3 Personalentwicklung als Schnittstellenfunktion zwischen Human Resource Management und Führungskraft	148
		4.2.4 Zieldefinition und Messbarkeiten	149
	4.3	Qualitatives Personalcontrolling als Grundlage effektiver Personalentwicklung	153
		4.3.1 Positive Psychologie	153
		4.3.2 Entwicklungsbedarfsanalyse	159
		4.3.3 Dokumentation und Bewertung des Humankapitals	159
	4.4	Instrumente der Personalentwicklung	160
		4.4.1 Seminare	163
		4.4.2 Trainings	163

		4.4.3	Workshops	163
		4.4.4	Coaching	163
		4.4.5	Mentoring	165
		4.4.6	On-the-Job-Training	165
		4.4.7	E-Learning/ Blended Learning	165
		4.4.8	Selbststudium	166
		4.4.9	Studium	166
		4.4.10	Projektarbeit	166
		4.4.11	Programme	167
		4.4.12	Berufsausbildung	167
	4.5	Qualitätsmanagement in der Personalentwicklung		168
Literatur				178

Glossar 179

Grundlagen und Akteure des Human Resource Managements

Zusammenfassung

Der Aufgabenbereich des Human Resource Managements (HRM) ist oft nicht eindeutig geklärt und in vielen Unternehmen sehr unterschiedlich besetzt. Dies liegt nicht zuletzt daran, dass das HRM oft nicht in ein strategisches Gesamtkonzept eingebunden ist. In diesem Kapitel soll daher aufgezeigt werden, welche Faktoren die Stellung des HRM im Unternehmen beeinflussen und welche grundlegenden Ansätze in der Unternehmensführung dabei eine Rolle spielen. Grundsätzlich unterscheidet man in der Unternehmensführung zwischen einem Shareholder-basierten Ansatz und einem Stakeholder-basierten Ansatz. Bei Erstgenanntem steht ausschließlich die möglichst hohe Rendite für den Eigenkapitalgeber im Vordergrund. Dabei ist Human Resource Management ausschließlich eine Dienstleistung, die den Zweck hat, eben diese Eigenkapitalrendite zu erhöhen. In dieser Logik kosten alle Leistungen, die der Mitarbeiter vom Human Resource Management bezieht, Geld und stehen damit im Widerspruch zu den Unternehmensinteressen. Bei einem Stakeholder-basierten Ansatz geht man davon aus, dass ein Unternehmen nur dann dauerhaft erfolgreich sein kann, wenn es die Interessen der relevanten Gruppen berücksichtigt, deren Kooperationsbereitschaft für den Unternehmenserfolg notwendig ist. Das Human Resource Management ist besonders dann wichtig, wenn das Unternehmen einen Stakeholder-basierten Ansatz gewählt hat. Dem Human Resource Management kommt dann eine wichtige Schnittstellenfunktion zu, da es zwischen verschiedenen Interessengruppen steht. Daher werden in diesem Kapitel die maßgeblichen Stakeholder sowie die verschiedenen Zielebenen betrachtet. Ferner werden diverse Organisationsformen institutionalisierter Personalarbeit vorgestellt.

1.1 Grundlagen des Human Resource Managements

1.1.1 Shareholder-basierter vs. Stakeholder-basierter Ansatz

Grundsätzlich unterscheidet man in der Unternehmensführung zwischen einem Shareholder-basierten Ansatz und einem Stakeholder-basierten Ansatz. Welchen Ansatz ein Unternehmen wählt, ist ganz entscheidend für die Stellung des Human Resource Managements in der Organisation. Bei Erstgenanntem steht ausschließlich die möglichst hohe Rendite für den Eigenkapitalgeber im Vordergrund. Dabei ist Human Resource Management ausschließlich eine Dienstleistung, die den Zweck hat, eben diese Eigenkapitalrendite zu erhöhen. In dieser Logik kosten alle Leistungen, die der Mitarbeiter vom Human Resource Management bezieht, Geld und stehen damit im Widerspruch zu den Unternehmensinteressen (Wöhe 2010, S. 129). Das ist jedoch eine stark verzerrte Darstellung.

Bei einem Stakeholder-basierten Ansatz geht man davon aus, dass ein Unternehmen nur dann dauerhaft erfolgreich sein kann, wenn es die Interessen der relevanten Gruppen berücksichtigt, deren Kooperationsbereitschaft für den Unternehmenserfolg notwendig ist. Es geht dabei also nicht um eine soziale Verantwortung des Unternehmens. Der Grundgedanke der Profitmaximierung bleibt auch hier im Vordergrund, doch die Betrachtungsweise ist systemisch und langfristig. Scholz legt dar, dass die grundsätzliche Ausrichtung der Tätigkeit des Personalers an den strategischen Zielen des Unternehmens Grundvoraussetzung für eine langfristige und kontinuierlich produktive Entwicklung der Human Resources ist (Scholz 1993, S. 61 ff.). Dies ist ein Stakeholder-basierter Ansatz, der Human Resource Management auf einer strategischen Ebene der Unternehmensführung sieht und die effektive Zusammenarbeit mit Mitarbeitern als einen entscheidenden Erfolgsfaktor für das Unternehmen definiert.

Weil viele Unternehmen sich nicht eindeutig positionieren, sind der Status und der Aufgabenbereich des Human Resource Managements nicht immer klar definiert. Einerseits wird das HRM als wichtig erkannt, jedoch häufig als reiner Kostenfaktor geführt. In der Literatur existieren zahlreiche sehr komplexe Definitionen (insbesondere für die Personalentwicklung), doch in der Realität ist das Human Resource Management häufig ein Sammelbecken für Funktionen aller Art, die mehr oder weniger direkt mit dem Mitarbeiter zu tun haben. Themen, die dort angesiedelt werden, sind z. B. das Fuhrparkmanagement, Kantine, Mobiltelefone, Hausmeisterdienste usw. Dies sind zunächst jedoch sachfremde Aufgaben, die Ressourcen in Anspruch nehmen, die nicht mehr für die eigentliche Personalarbeit zur Verfügung stehen. Es ist sicherlich der Ergebnisqualität nicht zuträglich, solche Aufgaben dort anzusiedeln, wo die Qualifikation, sie effektiv durchzuführen, wahrscheinlich nicht zu finden ist. Denn diese spezifischen Kompetenzen werden in anderen Fachabteilungen vorgehalten und sind auch in der Regel nicht Teil der Ausbildung eines HR Managers. So führt das Human Resource Management in vielen Unternehmen ein Dasein in einer Grauzone zwischen rein operativen Tätigkeiten und strategischen Aufgaben, wobei der Zeitanteil für strategische Aufgaben rückläufig ist

(Krings 2015, S. 9). Daher soll für dieses Buch folgende Definition des Begriffs „Human Resource Management" gelten:

▶ **Human Resource Management** Human Resource Management umfasst ausschließlich unmittelbar auf die Person des Mitarbeiters wirkende Maßnahmen. In diesem Kontext sind Dinge, Maßnahmen etc., die nur mittelbar auf den Mitarbeiter wirken, ausdrücklich ausgenommen.

Der Shareholder-Value-basierte Ansatz (Abb. 1.1) sieht den Mitarbeiter also nur als einen Kostenfaktor, der Stakeholder-basierte (Abb. 1.2) sieht ihn jedoch als wertschöpfend. Dies zeigt, dass effektives Human Resource Management vor der Herausforderung steht, verschiedene Zielsetzungen in Einklang zu bringen, um zur Erreichung der strategischen Unternehmensziele beizutragen.

Folglich kann man Unternehmens- und Personalstrategie nicht isoliert voneinander betrachten, sondern die HRM-Strategie muss als Teil der Unternehmensstrategie mitgedacht werden. Folgendes Beispiel soll dies illustrieren:

Beispiel

Ein Automobilzulieferer stand unter Druck, seine Kunden weltweit zu beliefern, und musste dazu Firmen in anderen Ländern kaufen. In die Strategiefindung und die Due Diligence war das Human Resource Management nicht involviert. Bei der Prüfung zweier Produktionsstandorte (einer davon war noch in Planung) wurde auf Basis der örtlichen Mindestlöhne kalkuliert und der Kauf wurde genehmigt. Kurz darauf erkannte die Firma, dass sie vor zwei letztlich unlösbaren Problemen stand. Der projektierte Standort konnte nicht genügend Personal finden und lag stark über den budgetierten Kosten. Dies lag daran, dass die Region in den USA durch den Anbau

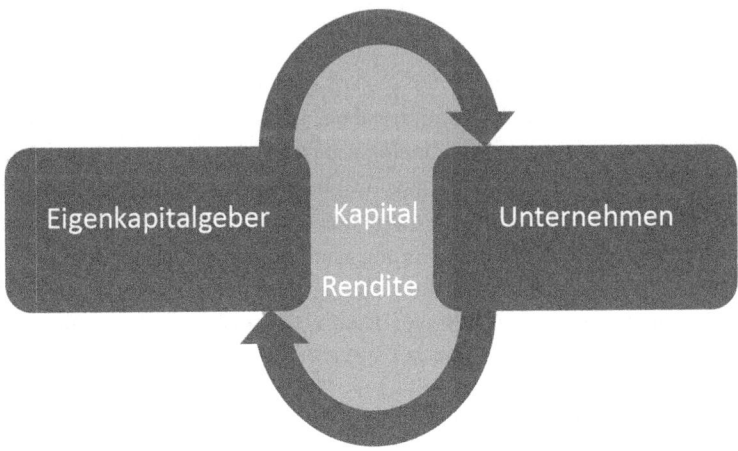

Abb. 1.1 Shareholder Value

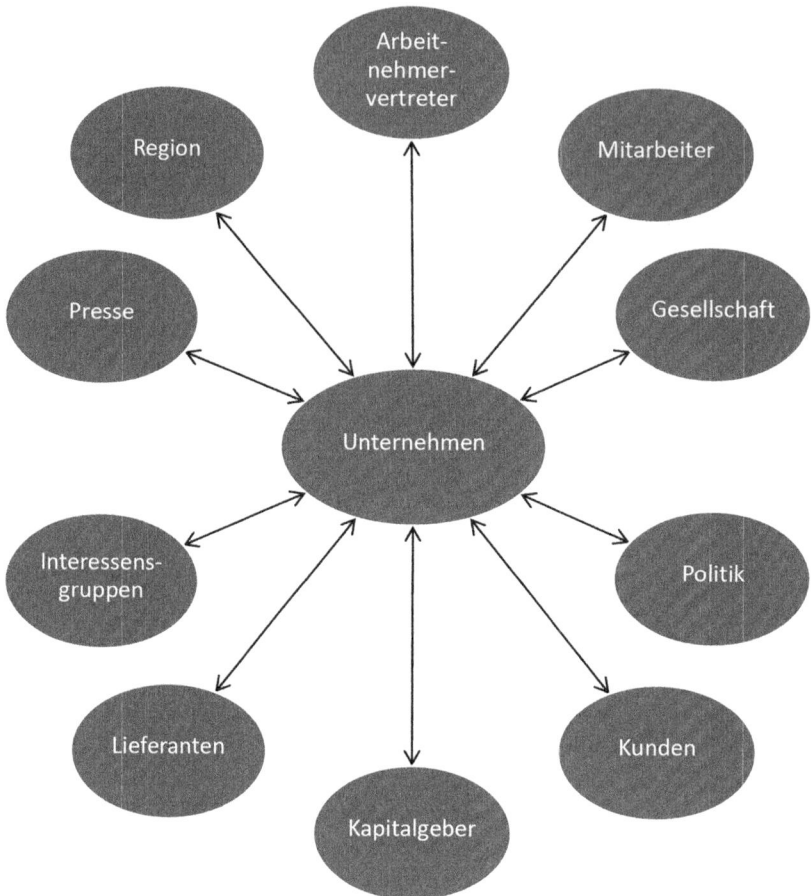

Abb. 1.2 Stakeholder

von Tabak geprägt war und die Leute es dort gewohnt waren, als Saisonarbeiter viel Geld zu verdienen und viel Freizeit zu haben. Der andere Standort war stark touristisch geprägt, so dass die Arbeit in einem produzierenden Betrieb inhaltlich und finanziell wenig attraktiv war und die Expansionspläne an diesem Standort nicht umgesetzt werden konnten. Letztlich war das Unternehmen in dieser Form nicht überlebensfähig und wurde zerschlagen. Eine Involvierung von HR auf der strategischen Ebene hätte dazu geführt, dass der kritische Faktor Human Resources identifiziert worden wäre und man entweder den Kauf abgesagt hätte oder aber rechtzeitig eine strategische Lösung hätte finden können (Krings 2015, S. 38).

Wenn also das Human Resource Management nicht in den Prozess der strategischen Unternehmensführung integriert ist, wird es weder Wirksamkeit auf die Organisation entfalten können, noch Kennzahlen generieren, die Wertschöpfung dokumentieren. Somit ist eine solche Personalarbeit auch nicht steuerbar, weil dazu jede Grundlage fehlt. Die Frage ist nun, wie ein solcher Prozess gestaltet werden kann und wie daraus Erfolgsindikatoren gewonnen werden können, die der Komplexität der Wirkweise von Personalarbeit gerecht werden.

1.1.2 Ziele des Human Resource Managements

Wie im vorangegangenen Abschnitt dargelegt, ist das Human Resource Management besonders dann wichtig, wenn das Unternehmen einen Stakeholder-basierten Ansatz gewählt hat. Dem Human Resource Management kommt in diesem Fall eine wichtige Schnittstellenfunktion zu, da es zwischen verschiedenen Interessengruppen steht (Abb. 1.3). Dies erfordert eine klare Abgrenzung von Rollen und Verantwortlichkeiten. Im Folgenden sollen also die maßgeblichen Stakeholder betrachtet werden.

1.1.2.1 Unternehmenszeile
Grundsätzlich ist die institutionalisierte Personalarbeit im Unternehmen eine unternehmerische Funktion und hat daher den gleichen Leistungsauftrag wie jede andere Funktion im Unternehmen auch (Krings 2015, S. 27). Auch wenn Porter das Human Resource Management nicht zu den Kernprozessen des Unternehmens rechnet, so sind die Human Resources unerlässlich zum Erreichen der strategischen Ziele. Selbst die orthodoxen Instrumente zur Strategiefindung wie PEST- (Betrachtung des relevanten Umfelds) oder SWOT-Analyse (Stärken-Schwächen-Analyse in Bezug zu Chancen und Risiken) o. Ä. sehen die Mitarbeiter als zentralen Faktor. Insofern sind die Unternehmenszeile bei einem profitorientierten Unternehmen immer allen anderen untergeordnet und das Human Resource Management ist dem Mitarbeiter nicht mehr oder weniger zugeneigt als jede andere Abteilung im Unternehmen.

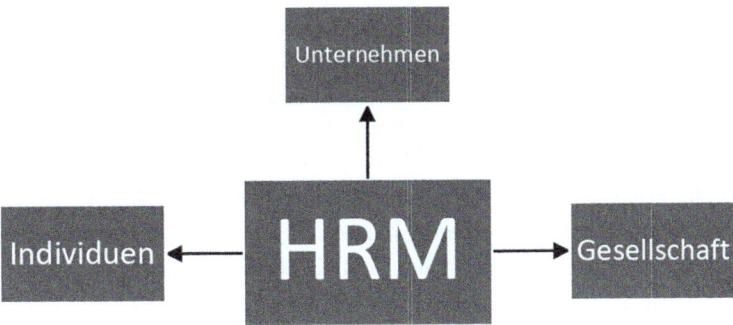

Abb. 1.3 Spannungsfeld des HRM

Man unterscheidet grundsätzlich drei Ebenen der Unternehmensführung, nämlich

- normativ
- strategisch
- operativ.

Früher betrachtete man fast ausschließlich strategische Fragestellungen (Wohin wollen wir mit welchen Ressourcen?). Doch die zunehmende Komplexität und die Schwierigkeit, eindeutige Entscheidungen zu treffen, führten dazu, dass sich ab den 60er Jahren die Universität St. Gallen fundamentale Gedanken über Modelle zur Unternehmensführung machte. Das sogenannte St. Galler Modell wurde ab 1991 durch die Veröffentlichungen von Knut Bleicher populär (Bleicher und Abegglen 2017). Dieses Modell erweitert die Unternehmensführung um die normative Ebene. Hier werden Sinnfragen des Unternehmens erörtert, so die Frage nach der Mission (Warum gibt es uns?) und Vision (Wo wollen wir hin?). Dazu gehören aber auch die Werte und die gewollte Kultur des Unternehmens. Dabei geht es natürlich sehr stark um Fragen, die den Umgang mit Mitarbeitern betreffen. Dies gibt also den Rahmen vor, in dem Human Resource Management sich bewegt. Ein Beispiel soll dies erläutern:

> **Beispiel**
>
> In den frühen 2000er Jahren plante die damalige Bundesregierung unter Kanzler Gerhard Schröder, eine Ausbildungsabgabe einzuführen, wenn Unternehmen nicht eine bestimmte Quote von Ausbildungsplätzen anbieten. Ein großer Baumarktkonzern stellte nun fest, dass es unmöglich war, diese Quote zu erreichen, da gar nicht genügend qualifizierte Bewerber auf dem Arbeitsmarkt waren. Der Leiter der Personalentwicklung rechnete daraufhin aus, dass es billiger wäre, die Berufsausbildung komplett einzustellen, statt eine Mischung aus Ausbildungskosten und -abgabe zu zahlen. Der Vorstand entschied sich dafür, die Ausbildung fortzusetzen, obschon es teurer wäre, weil es dem Selbstverständnis des Unternehmens entspricht, den Nachwuchs aus eigenen Reihen zu rekrutieren. Das gleiche Unternehmen geriet einige Jahre später in Schieflage. Eine der Optionen zur Sanierung war ein teilweiser Gehaltsverzicht der Mitarbeiter. Auch hier entschied man, dies nicht zu tun, da der Anspruch des Unternehmens darin bestand, dass jeder Mitarbeiter von seinem Gehalt leben können muss.

Da die Durchführung von Human Resource Management in der Regel nicht Geschäftszweck eines Unternehmens ist, ist sie damit zwangsläufig immer Mittel zum Zweck. Wie der vorangegangene Abschnitt gezeigt hat, sind die Human Resources ein entscheidender Faktor für die erfolgreiche Umsetzung einer Gesamtstrategie. Daher muss die Personalstrategie immer Teil eines übergeordneten strategischen Prozesses sein. Wenn ein Unternehmen also tatsächlich strategisches Human Resource Management betreiben will, so geht es primär darum, Abhängigkeiten zwischen einzelnen Erfolgsfaktoren zu beschreiben. Ein hierfür geeignetes Steuerungsinstrument ist der Balanced-Scorecard-Ansatz. Die Balanced Scorecard oder aber die in Anlehnung daran von Malik entwickelten PIMS(Profit Impact on Market Strategy)-Kontrollfelder bieten den großen Nutzen, dass sie Ziele in Abhängigkeiten von anderen Zielen definieren und damit auch Wechselwirkungen berücksichtigen. Sie verbinden interne mit externen Aspekten und bilden damit den ganzen Prozess der Strategiefindung ab. Die klassische Balanced Scorecard von Kaplan und Norton aus den 90er Jahren verbindet die Perspektiven Finanzen, Kunden, interne Prozesse sowie Lernen und Wachstum. Bereits hier kann man sehr deutlich erkennen, dass die wesentlichen Kernbereiche der Personalarbeit damit abgedeckt sind. In den Jahren nach Einführung der Balanced Scorecard wurde das Modell häufig verändert und adaptiert. Insofern wäre an dieser Stelle akademisch im Detail zu evaluieren, welches genaue Modell nun das beste ist, da diese Frage immer vom jeweiligen Umwelt- und Unternehmenskontext abhängt (Krings 2015, S. 40). Es geht also bei der effektiven Planung von Human Resource Management weniger um kurzfristige Key Performance Indicators (KPIs), sondern vielmehr darum, das Geflecht der verschiedenen Einflussfaktoren zu beschreiben. Man bildet Ursache-Wirkung-Verhältnisse ab und stellt damit die Steuerungsfähigkeit des Unternehmens in allen Bereichen sicher. Hier wiederum müssen dann Kennzahlen mit mittelfristiger Wirksamkeit in Abhängigkeit zu anderen generiert werden, die als Steuerungsgrößen dienen. Diese Kennzahlen beschreiben quantifizierte Leistungsanforderungen z. B. an das Human Resource Management. Dadurch ergibt sich die Möglichkeit, den mittelbaren wie unmittelbaren Wertbeitrag des HR-Bereichs zu berücksichtigen und diese Zahlen auch über einen mittelfristigen Zeitraum zu planen.

Folgendes Beispiel soll den Prozess der Zielfindung illustrieren:

> **Beispiel**
> Die Karacho Discount GmbH ist ein Lebensmittel-Discounter mit über 900 Filialen unter dem Namen Karacho in Deutschland, Slowenien, Österreich und Polen, die in 12 Niederlassungen aufgeteilt sind. Der Umsatz beträgt rd. 2,7 Mrd. EUR, wobei rd. 1,9 Mrd. EUR davon in Deutschland erwirtschaftet werden.
>
> Das Verkaufskonzept basiert auf dem Grundgedanken des Hard Discounts: Konzentration auf Produkte des täglichen Bedarfs. Zusätzlich zu der (im Vergleich zu klassischen Supermärkten) geringen Zahl von Sortimentsartikeln stehen wöchentlich wechselnde Aktionsartikel aus den Bereichen Food und Non-Food im Angebot.
>
> Die österreichische Tochtergesellschaft firmiert unter der Bezeichnung KARACHO GmbH & Co. KG, der Firmensitz ist in Schlag-Obers (Oberösterreich). Der Jahresumsatz 2015 belief sich auf 23 Mio. EUR. In Österreich gab es Ende 2015 13 Karacho-Filialen, mit einem Schwerpunkt in Oberösterreich. Karacho bezieht laut eigenen Angaben rund 25 % seines Sortiments von regionalen, österreichischen Lieferanten, vor allem in den Sortimenten Fleisch, Obst, Gemüse und Molkereiprodukte. Derzeit gibt es noch kein eigenes Zentrallager, die Logistik wird über einen deutschen Standort und einige Direktlieferanten abgewickelt. Eine weitere Expansion auf 50 Märkte bis 2021 ist geplant.

Die Internationalisierungsstrategie ist konsequent polyzentrisch ausgerichtet. D. h., im Wesentlichen ist jede Landesgesellschaft vollkommen unabhängig, aber in vielen Punkten auch auf sich selbst gestellt. Nur im Einkauf von Grundnahrungsmitteln nutzt man Synergien, wobei den Ländern die Ware nur zugeteilt wird. Dies soll sich auch nicht ändern, da man aufgrund des doch relativ geringen Auslandsumsatzes keine Holdingstrukturen aufbauen will und auch glaubt, so flexibler auf lokale Marktbedürfnisse reagieren zu können.

Alexandra Uljanow ist 27 Jahre alt und hat beim Discounter KONSUMKAUF dual studiert. Nach dem Studium, das sie vor 4 Jahren mit großem Erfolg abgeschlossen hat, war sie zunächst als Vertriebsleiterin für KONSUMKAUF zuständig und hat dort 5 Filialen betreut.

Alexandra ist sehr ehrgeizig und zeigte in ihrer bisherigen Laufbahn sehr gute Leistungen. Da KONSUMKAUF ihr jedoch keine weitere Perspektive bieten konnte und sie auch vor einer möglichen Familiengründung noch ins Ausland gehen wollte, hat sie sich bei Karacho Discount für die Stelle der Geschäftsführerin Österreich beworben. Da sie im Gespräch überzeugen konnte, bot man ihr trotz ihres Alters diese Position an. Sie führt dort 3 regionale Vertriebsleiter, die je 6–10 Filialen betreuen. Die Hauptverwaltung hat 20 Mitarbeiter. An sie direkt berichten der Leiter Einkauf, der Leiter Finanzen/Verwaltung sowie der Marketingleiter. Die Funktion der Gesamtvertriebsleitung ist bei Alexandra angesiedelt. Einen Personalleiter gibt es nicht. Es gibt zwei Personalreferenten (in Teilzeit), die nicht in der Zentrale ansässig sind und die Märkte vor Ort in Personalfragen betreuen. Ferner existieren eine kaufmännische Berufsausbildung im Unternehmen und ein Programm zur Weiterbildung zum Handelsfachwirt. Ansonsten finden nur gelegentliche Warenkundeschulungen statt.

In den ersten 100 Tagen im neuen Job hat Alexandra sich einen Überblick über die Lage verschafft. Schnell ist sie auf einige gravierende Probleme bzw. Defizite gestoßen. Unmittelbar vor ihrer Ankunft gab es einen Skandal in der Presse. Die Kronen Zeitung berichtete, dass ein Filialleiter, der wegen seines hohen Krankenstands massiv in der Kritik stand, die Ärzte seiner Mitarbeiter angeschrieben und illegalerweise Auskunft über Krankheitsbilder angefordert hat. Ferner begann er bereits bei Abwesenheiten von einem Tag Rückkehrgespräche mit seinen Mitarbeitern zu führen. Die Kronen Zeitung berichtete, dass diese Gespräche Verhören glichen, Mitarbeiter nach ihren Krankheiten befragt wurden und massiv unter Druck gesetzt wurden. Dies führte zu Umsatzeinbußen. Das Unternehmen hat sich sofort vom betreffenden Filialleiter getrennt, aber das Image des Unternehmens hat nachhaltig darunter gelitten.

Einer der regionalen Vertriebsleiter hat Alexandra während der ersten Besprechung immer wieder als „Mädel" bezeichnet und ist ihr mehrfach ins Wort gefallen. Es gab auch in der Vergangenheit Beschwerden gegen ihn, dass Mitarbeiterinnen sich sexuell belästigt fühlten. Folglich wurde ihm gekündigt. Alexandra möchte diese Position nun aus den eigenen Reihen nachbesetzen. Die Position möchte sie gern einer jungen Filialleiterin anbieten. Sabina Schlögl ist 29 Jahre alt, hat eine Ausbildung im

Unternehmen gemacht und eine anschließende Weiterbildung zum Handelsfachwirt. Seit nunmehr 4 Jahren leitet sie ihre Filiale erfolgreich. Obwohl ihre Bewertungen sehr positiv sind, ist sie sich nicht sicher, ob sie diese Stelle annehmen soll. Zum einen ist sie durch das Verhalten des entlassenen Vertriebsleiters verunsichert, ob sie als Frau in einer solchen Rolle akzeptiert wird. Zum anderen hat sie eine Sprachbehinderung und weiß nicht, ob sie das in der Ausübung der neuen Rolle behindern würde. In der Summe hat sie auch großen Respekt davor, mehrere Filialen zu führen, da sie als Perfektionistin gilt und Sorge hat, Verantwortung für Dinge zu übernehmen, die sie nur mittelbar kontrollieren kann.

In der Zentrale hat sich einiger Unmut geregt. Von einem Personalberater hat Alexandra gehört, dass einige wichtige Mitarbeiter sich zurzeit auf dem Arbeitsmarkt umschauen. Der Grund liegt darin, dass die Gehaltsstrukturen als ungerecht wahrgenommen werden. Die deutschen Mitarbeiter in Österreich haben noch deutsche Verträge und bekommen nur 12 Monatsgehälter, wohingegen die österreichischen Mitarbeiter die gesetzlich vorgeschriebenen 14 Monatsgehälter bekommen. Im Einkauf sind 6 Mitarbeiter. Die „Eigengewächse" verdienen bis zu 60 % weniger als die 3 später eingetretenen Einkäufer. Auch das Bonussystem ist vollkommen intransparent. Es herrscht der Eindruck, dass der Geschäftsführer diese Zahlungen nach Gutsherrenart gewährt. Auch in den Filialen herrscht Unruhe. Die Fluktuation ist rasant angestiegen, denn die meisten Filialleiterpositionen wurden extern besetzt und es gibt bisher nicht einen Fall, dass ein Mitarbeiter in die Zentrale wechseln konnte. Da Karacho nicht dem Tarifvertrag angehört, gibt es kein einheitliches Gehaltsgefüge.

Auf Alexandras Schreibtisch liegt ein Schreiben eines Anwalts, der droht, das Unternehmen zu verklagen, da ein Filialleiter im Gespräch einem Bewerber gesagt hätte, einen „Tschusch" (abschätzige Bezeichnung für Osteuropäer) würde er nicht einstellen. Dafür gibt es keine Zeugen.

Man könnte versucht sein, als Erstes zu verlangen, dass ein Personalleiter eingestellt werden muss. Tatsächlich gibt es Untersuchungen, die belegen, dass die Akzeptanz von Human Resource Management als Funktion steigt, wenn die Funktion hierarchisch hoch eingeordnet ist (Krings 2015, S. 53). Zum einen ist dies jedoch kein Automatismus, d. h. Akzeptanz findet die Person, nicht die definierte Rolle, und zum anderen ist die Kostenseite zu beachten. Ein Unternehmen in dieser Größe in einer sehr preissensiblen Branche wird es sich in diesem Wachstumsstadium wahrscheinlich nicht leisten können, die Verwaltung mit einer solchen Position auszudehnen. Perspektivisch wird jedoch ein Human Resource Management aufgebaut werden müssen, wenn die Wachstumsziele erreicht sind. Dennoch sind hier klare Herausforderungen und Probleme zu erkennen. Offensichtlich fehlt eine klare Linie im Human Resource Management. Dies ist nicht trivial, denn diese Probleme gefährden die Expansionspläne des Unternehmens.

Das klare unternehmerische Ziel ist hier die Absenkung der Fluktuation. Hierzu müssen einheitliche Gehaltsbänder geschaffen werden und eine systematische Personalentwicklung muss aufgebaut werden. Diese dient dann nicht nur dem Zweck, die

Fluktuation zu senken (Motivation), sondern sie trägt auch dafür Sorge, dass eine hohe Zahl von neuen Führungspositionen intern besetzt wird. Das Beispiel von Sabina Schlögl zeigt, dass das Unternehmen in Bezug auf eine Nachfolgeplanung nicht strategisch handelt, sondern nur reagiert. Das birgt die Gefahr in sich, dass Talente nicht erkannt werden oder wie im Fall der jungen Filialleiterin unvorbereitet in eine neue Position geschickt werden.

In diesem Beispiel zeigt sich aber auch, dass offensichtlich bestimmte Spielregeln nicht definiert bzw. nicht bekannt sind. Es ist also eine klare Aufgabe des Human Resource Managements, Schulungen anzubieten und den Wissensstand in Bezug auf Arbeitsrecht und Anti-Diskriminierung abzuprüfen. Es ist jedoch nicht die Aufgabe des Human Resource Managements, interne Regeln aufzustellen. Dies ist eindeutig eine Führungsaufgabe, bei der das Human Resource Management in Bezug auf die Prozessgestaltung unterstützen kann. In der Realität werden solche „weichen" Themen gern im Human Resource Management abgeladen. Die Akzeptanz dieser Themen hat jedoch sehr stark mit der Sichtbarkeit der obersten Führungsebene zu tun. Im konkreten Fall wurde das Fehlverhalten des Einkaufsleiters ja scheinbar von der Leitung mindestens toleriert. So würden neue Regeln wohl wenig ernst genommen, wenn sie als Thema des Human Resource Managements wahrgenommen werden.

In der Summe zeigt dieses Beispiel jedoch, dass ein Stakeholder-Ansatz durchaus auch für den Markterfolg des Unternehmens sinnvoll sein kann, denn Kunden basieren ihre Kaufentscheidung auch zunehmend darauf, wie ein Unternehmen mit seinen Mitarbeitern umgeht.

1.1.2.2 Gesellschaftliche Ziele

Wählt man einen Stakeholder-basierten Ansatz zur Unternehmensführung, so betrachtet man relevante Interessengruppen. Diese Interessengruppen sind dann relevant, wenn ihre Bereitschaft zur Kooperation für den langfristigen Erfolg des Unternehmens wichtig ist. Dies ist abzugrenzen von Corporate Social Responsibility. In diesem Konzept begreift das Unternehmen sich ohne ein materielles Ziel als Teil der Gesellschaft und trägt zur Erreichung gesamtgesellschaftlicher Ziele bei. Dies können im Human Resource Management zum Beispiel Ausbildungen sein, die nicht an den Bedarf des Unternehmens gekoppelt sind, die Belebung einer wirtschaftlich schwachen Region oder aber die Employability benachteiligter Zielgruppen. Einigen profilierten ehemaligen Personalvorständen (z. B. Thomas Sattelberger und Karlheinz Stroh), die für ein scheinbar innovatives Human Resource Management stehen, und den Institutionen, die sie vertreten, wirft man vor, dass sie sich zu sehr an allgemein gesellschaftlichen Fragestellungen orientieren und zu wenig an betrieblichen (Krings 2015, S. 2). In einem Shareholder-Value-basierten Ansatz zur Unternehmensführung finden gesellschaftliche Ziele keine Berücksichtigung.

Zu den gesellschaftlichen Zielen gehört grundsätzlich die Bereitstellung von Arbeitsplätzen zum Wohl der gesamten Volkswirtschaft. Auch hier zeigt sich, dass ein Interesse der Allgemeinheit nicht immer trennscharf von den mittel- und langfristigen Zielen des

Unternehmens abgegrenzt werden kann. Eine hohe Binnennachfrage ist natürlich auch für die meisten Unternehmen ein Erfolgsfaktor. Ferner ist gerade in Deutschland die Berufsausbildung ein wichtiges Thema. Die vergleichsweise niedrige Jugendarbeitslosigkeit zeigt auch, dass viele Unternehmen diese Aufgaben sehr ernst nehmen. Grundsätzlich fällt die Employability von Menschen unter die gesellschaftlichen Ziele des Human Resource Managements, insbesondere dann, wenn Zielgruppen betroffen sind, die im Arbeitsmarkt benachteiligt sind.

1.1.2.3 Individuelle Ziele

Seit den 1990er Jahren ist verstärkt der Trend zu beobachten, dass Unternehmen vor allem in der Personalentwicklung weg von individuellen Maßnahmen hin zu Systemen und Prozessen gehen. Das klingt zunächst nach einer effektiven Herangehensweise, kann für Mitarbeiter aber dazu führen, dass das Human Resource Management an Bedeutung verliert, denn durch kompromisslose Standardisierung wird es in vielen Fällen den individuellen Bedürfnissen der Mitarbeiter bzw. Führungskräfte nicht mehr gerecht. Dann kann es den wichtigen Zweck der Steigerung des Mitarbeiterengagements nicht mehr erreichen. Wenn Human Resource Management nur in der Kategorie Prozess denkt, droht es an Effektivität zu verlieren, weil es das eigentliche Objekt seiner Tätigkeit, nämlich den Mitarbeiter, nicht erreicht.

Man muss die Aufgaben des Human Resource Managements also in den Dimensionen „Individuum – Organisation" einerseits und „Prozess – Maßnahme" andererseits beschreiben. Die Denkschule vieler in das Human Resource Management gewechselter Berater der 90er Jahre definiert ausschließlich den Bereich „Prozess und Organisation" als wertschöpfende Personalarbeit. Dies übersieht jedoch, dass Normierung nur begrenzt Sinn macht, da Menschen unterschiedlich sind. Für jemanden, der inhaltlich nicht aus der Personalarbeit kommt, ist dies ein verständlicher Trugschluss, der sich zudem gut verkaufen lässt, denn durch die scheinbar klare Trennung in wertschöpfende und nicht wertschöpfende Maßnahmen lassen sich Kosteneinsparungen bzw. neue Ressourcenallokationen gut darstellen (Krings 2015, S. 32).

Es geht also ganz klar nicht darum, individuelle Wünsche zu befriedigen, die keinen Bezug zu unternehmerischen Zielen haben. Es ist jedoch auch nicht möglich, Personalentwicklung gegen die Interessen der individuellen Mitarbeiter zu betreiben. Gerade bei der Personalentwicklung liegt der Fokus darauf, die Interessen des Individuums in Einklang mit denen des Unternehmens zu bringen. Dies bedeutet auf der einen Seite, dass man einen Menschen nicht gegen seine Talente, Neigungen und Werte entwickeln kann, aber andererseits eben auch, dass Personalentwicklung kein Wunschkonzert ist. Abschn. 4.2 wird zeigen, dass aufgrund der für Unternehmen schwerer werdenden Arbeitsmarktsituation das Eingehen auf individuelle Lebensentwürfe und Zielsetzung zunehmend wichtiger wird, um Mitarbeiter zu halten und zu binden.

> **Kontrollfragen**
> 1. Was ist der Unterschied zwischen einem stake- und einem shareholderbasierten Ansatz in der Unternehmensführung und welche Auswirkungen hat das jeweils auf das Human Resource Management?
> 2. Welche Bedeutung haben individuelle Ziele für das Unternehmen?
> 3. Unter welcher Prämisse sind gesellschaftliche Ziele für ein Unternehmen relevant?
> 4. Wie kann man Unternehmensziele für das Human Resource Management definieren?

1.2 Akteure

1.2.1 Individuelle Akteure

Man unterscheidet zwischen individuellen und kollektiven Akteuren. Zunächst werden im Folgenden die individuellen Akteure in Bezug auf ihre Interaktion mit dem HRM dargestellt.

1.2.1.1 Mitarbeiter

Mitarbeiter können Angestellte, Beamte oder auch Führungskräfte mit einer reinen Organfunktion sein, die nicht den Status eines Arbeitnehmers haben, aber dennoch in die Organisation eingebunden sind. Das Human Resource Management erbringt Leistungen, die im Sinne des Unternehmens auf den Mitarbeiter wirken. Mitarbeiter erbringen in der Regel aufgrund eines privatrechtlichen Vertrages (Arbeitsvertrag) unselbstständige, fremdbestimmte Dienstleistungen. Beamte haben keinen Arbeitsvertrag. Der Arbeitnehmer unterliegt dem individuellen und kollektiven Arbeitsrecht, der Beamte dem komplexen Beamtenrecht. Das Individualarbeitsrecht regelt das rechtliche Verhältnis zwischen Arbeitgeber und Arbeitnehmer. Dabei geht es primär um den Arbeitsvertrag und die daraus resultierenden Rechte und Pflichten sowie um die Beendigung des Arbeitsverhältnisses. Das kollektive Arbeitsrecht regelt das Verhältnis zwischen kollektiven Akteuren.

Davon abzugrenzen sind Leiharbeitnehmer. Bei dieser Gruppe übt das überlassende Unternehmen Rechte und Pflichten des Arbeitgebers aus.

Freie Mitarbeiter sind selbstständig auf Basis eines Werkvertrags und dürfen nicht in die Abläufe betrieblicher Personalarbeit eingebunden werden, da sie sonst als scheinselbstständig gelten. In einer Grauzone bewegen sich z. B. Manager auf Zeit (Interimsmanager), die häufig freiberuflich tätig sind und auf begrenzte Zeit in einer Ausnahmesituation Führungsfunktionen übernehmen. Es besteht die Möglichkeit der Übertragung der Organfunktion als Geschäftsführer, ohne dass diese an einen Dienstvertrag geknüpft ist.

1.2.1.2 Führungskräfte

Der Begriff „Führungskraft" ist rechtlich nicht eindeutig definiert. Zwar beschreibt das Betriebsverfassungsgesetz in § 5 den „leitenden Angestellten", doch ist diese Definition so eng, dass kaum eine Führungskraft darunterfällt. Daher soll im Folgenden die Führungskraft als „Mitarbeiter mit disziplinarischer Personalverantwortung" verstanden werden. Grundsätzlich haben Führungskräfte auf transaktionaler Ebene den Anspruch an das Human Resource Management, bei allen Themen, die mit der Einstellung, Entlassung und dem Führen von Mitarbeitern zu tun haben, unterstützt zu werden. Hierbei müssen eine hohe Ergebnis- und Prozessqualität sowie möglichst niedrige Kosten im Vordergrund stehen. Im Rahmen sogenannter HR-Business-Partner-Modelle haben Unternehmen in den letzten Jahren vermehrt diese transaktionalen Tätigkeiten in die Linie zurückverlagert. Dies hatte zum einen eine Verschlechterung der Qualität zur Folge, andererseits litt aber auch die Akzeptanz des Human Resource Managements darunter, weil man diese Unterstützung vermisste (Krings 2015, S. 33) Besonders bei der operativen Umsetzung von Personalentwicklung ist eine Verzahnung von Führungstätigkeit und Human Resource Management ein entscheidender Erfolgsfaktor. Das Human Resource Management ist Systemlieferant, die Führungskraft nutzt dieses System und muss sich den Regeln beugen.

1.2.2 Kollektive Akteure

Neben den individuellen Akteuren existieren kollektive Akteure, die aufgrund ihrer Funktion bzw. Interessenlage eine Einheit bilden (Abb. 1.4). Hierbei steht die Differenzierung zwischen Arbeitgeber- und Arbeitnehmerinteressen im Vordergrund.

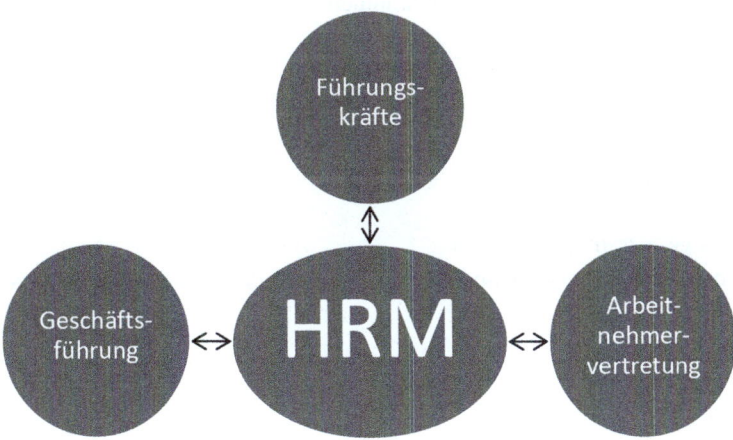

Abb. 1.4 Kollektive Akteure

1.2.2.1 Mitarbeitervertretungen

Ein Betriebsrat ist die institutionalisierte Arbeitnehmervertretung im Unternehmen. Man spricht hier auch von einem Mitbestimmungsorgan. Sie ist unabhängig von der Gewerkschaft zu sehen. Sie vertritt alle Arbeitnehmer, die nicht leitende Angestellte nach § 5 Betriebsverfassungsgesetz sind. Je nach Größe des Betriebs gibt es haupt- und ehrenamtliche Betriebsratsmitglieder. Hauptamtliche Betriebsratsmitglieder sind von ihren normalen Aufgaben freigestellt. Betriebsratsmitglieder genießen einen besonderen Kündigungsschutz. Das Betriebsverfassungsgesetz gibt dem Betriebsrat unter anderem das Recht, bei Kündigungen angehört zu werden und ggf. vor dem Arbeitsgericht aufzutreten. Der Betriebsrat hat die Aufgabe, sich der Belange der Arbeitnehmer anzunehmen und u. a. auch auf den Arbeitsschutz zu achten.

Bei folgenden Themen hat der Betriebsrat ein Informationsrecht: Personalplanung, technische und organisatorische Veränderungen sowie personelle Einzelmaßnahmen – wie Einstellung, Umgruppierung, Versetzung und Kündigung.

Bei folgenden Themen hat der Betriebsrat ein Mitbestimmungsrecht:

- Arbeitszeit
- Mehrarbeit
- Betriebsordnung und Verhalten der Arbeitnehmer im Betrieb
- Einführung und Anwendung von technischen Einrichtungen, die eine Leistungskontrolle ermöglichen
- Kontrolle am Arbeitsplatz
- Arbeitsschutz
- Entgelt
- Urlaubsplanung und -grundsätze
- Sozialeinrichtungen
- Zuweisung und Kündigung von Wohnräumen
- Variable Vergütung
- Betriebliches Vorschlagswesen
- Gruppenarbeitsgrundsätze
- Weiterbildung
- Zielvereinbarung.

(https://www.gesetze-im-internet.de)

Ferner hat der Betriebsrat Mitbestimmungsrechte bei personellen Einzelmaßnahmen, wie z. B.

- Einstellung, Ein- und Umgruppierung
- Versetzung
- Kündigung.

Vereinbarungen, die das Unternehmen mit dem Betriebsrat abschließt, nennt man Betriebsvereinbarungen. In einer solchen werden „Arbeitsbedingungen der im Betrieb/ Unternehmen/Konzern beschäftigten Mitarbeiter geregelt" (Schaub und Koch 2014, S. 256). Es handelt sich also um eine Art Micro-Tarifvertrag. Eine Betriebsvereinbarung kann rechtlich nicht den Tarifvertrag aushöhlen (Schaub und Koch 2014, S. 259). In der Realität kann dies jedoch vorkommen, wenn z. B. ein Unternehmen in einer Krisensituation ist. Können Arbeitgeber und Betriebsrat sich in strittigen Fragen nicht einigen, wird die sogenannte Einigungsstelle angerufen. Diese ist paritätisch mit Betriebsrats- und Unternehmensvertretern besetzt und hat einen neutralen Vorsitzenden. Gelangt auch die Einigungsstelle zu keiner Lösung, entscheidet das Gericht (Schaub und Koch 2014, S. 301 f.).

Der Betriebsrat im engeren Sinne ist je für eine rechtliche Einheit zuständig und auch für diese allein entscheidungsbefugt, wenn er diese Befugnis nicht an einen Gesamt- oder Konzernbetriebsrat abtritt. Beispiel: Ein Handelskonzern ist aus steuerlichen Gründen in vier verschiedene Gesellschaften aufgeteilt. Jeder einzelne Markt hat einen Betriebsrat. Jede Gesellschaft bildet einen Gesamtbetriebsrat, der wiederum einen Konzernbetriebsrat aus seiner Mitte wählt.

Ein Betriebsrat wird für 4 Jahre gewählt und die Wahl ist geheim und unmittelbar (Schaub und Koch 2014, S. 246 ff.). Man muss nicht der Gewerkschaft angehören, um sich in den Betriebsrat wählen zu lassen. Auch andere Listen mit Wahlvorschlägen können erstellt werden (Schaub und Koch 2014, S. 244 ff.). Bei Unternehmen mit mehr als 100 Mitarbeitern wird ein Wirtschaftsausschuss gegründet, dessen Mitglieder vom Betriebsrat bestimmt werden. Der Wirtschaftsausschuss hat Anspruch auf „rechtzeitige Unterrichtung über die wirtschaftlichen Angelegenheiten des Unternehmens" (Schaub und Koch 2014, S. 675). Dies betrifft vor allem alle Belange, die eine mittelbare oder unmittelbare Auswirkung auf die Belegschaft haben (z. B. Schließungen, Restrukturierungen etc.). Hat die Firma einen Wirtschaftsausschuss, hat dieser Mitwirkungs- und Mitbestimmungsrechte bei Sozialplan und Interessenausgleich (Schaub und Koch 2014, S. 224).

Grundsätzlich unterliegt das kollektive Arbeitsrecht nationalem Recht, d. h., bei einer multinationalen Firma gilt nicht das Recht des Herkunftslandes, sondern das Landesrecht der jeweiligen Betriebsstätte. Es gibt zwar auch einen „Europäischen Betriebsrat" (RL 94/45/EG), doch dieser hat keine Mitbestimmungs-, sondern nur Informations- und Konsultationsrechte (Schaub und Koch 2014, S. 323).

1.2.2.2 Geschäftsführung

Der Begriff „Geschäftsführung" ist rechtlich unbestimmt und nicht als Berufsbezeichnung geschützt. Gemeint sind damit Personen oder Organe, die im Innenverhältnis das Recht und die Pflicht haben, die Abläufe einer Gesellschaft durch Anweisungen zu steuern. Gleichzeitig hat die Geschäftsführung auch einen definierten Rechtsrahmen, in dem sie als Gremium oder Einzelperson das Unternehmen nach außen vertreten darf (http://wirtschaftslexikon.gabler.de). Historisch betrachtet wurde das Human Resource Management als eine Abteilung zur Unterstützung der Geschäftsführung bei personalrelevanten Themen ins Leben gerufen. Heute hat das Human Resource Management eine eigenständige Funktion im Unternehmen, führt jedoch auch immer wieder Aufgaben und Projekte direkt für die Geschäftsführung durch. Hierbei ist jedoch zu beachten, dass je nach Stellung des Human Resource Managements im Unternehmen die Sichtbarkeit der Geschäftsführung bei solchen Projekten (z. B. im Rahmen von Change Management) für die Akzeptanz entscheidend ist.

Aktuelle Untersuchungen zeigen, dass es für die Effektivität von Personalarbeit erheblich ist, einen Personaler auf der obersten Ebene der Unternehmensführung installiert zu haben (Krings 2015, S. 3). Er kann jedoch nur dann Wirksamkeit entfalten, wenn diese Rolle in der Unternehmensführung überhaupt vorgesehen ist und eine Verknüpfung von Unternehmens- und Personalstrategie vorhanden ist. Sonst wird der Personaler ein Fremdkörper bleiben, der eine Existenz losgelöst von der eigentlichen Organisation und ihrem Geschäftszweck führt. Dies hat sich sehr deutlich bei der Praktiker AG gezeigt. Nach dem zweiten Börsengang setzte der Aufsichtsrat mit Karlheinz Stroh einen neuen Personalvorstand ein, ohne dass jedoch definiert war, welche Ziele Praktiker im HR-Bereich hatte. So blieb der Vorstand letztlich eine Art Minister ohne Portfolio, der wenig Akzeptanz fand.

1.2.2.3 Human Resource Management

Das Human Resource Management ist eine betriebliche Funktion. Damit liegt ihr einziger Sinn und Zweck darin, bei der Erreichung der unternehmerischen Ziele mitzuwirken. Dies ist unabhängig davon zu sehen, welches Rollenmodell man verfolgt. Dieser Punkt ist wichtig, da dies nicht unbedingt dem Rollenverständnis des Personalers entspricht. Das grundlegende Misstrauen vieler orthodoxer Betriebswirte der Personalarbeit gegenüber hat seine Ursache darin, dass das Primat der unternehmerischen Ziele nicht überall als selbstverständlich angesehen wird. Jede Leistung, die das Human Resource Management für den Mitarbeiter erbringt, muss einen Bezug zu den Zielen des Unternehmens haben. Insofern kommt dem Human Resource Management eine Mittlerrolle zu, die jedoch von einem eindeutigen Leistungsauftrag für das Unternehmen geleitet wird.

Die Personalarbeit ist mittel- und unmittelbar für den Wert des Humankapitals verantwortlich und hat damit in den meisten Fällen eine entscheidende Auswirkung auf den Wert der Firma. Eine wertorientierte Unternehmensführung setzt eine effektive Personalarbeit voraus. Unmittelbar ist das Human Resource Management durch die von ihr direkt auf den Mitarbeiter wirkenden Leistungen für Motivation bzw. die Abwesenheit von Demotivation verantwortlich. Hierzu gehören auf einer strategischen Ebene z. B. Gehaltsstrukturen, Entwicklungspläne, Führungstools etc. sowie die Erbringung von Dienstleistungen. Mittelbar ist das Human Resource Management dafür verantwortlich, eine Infrastruktur zu schaffen und eine Prozessqualität zu garantieren, die es in einer Verzahnung von Führung und Personalarbeit ermöglicht, die Motivation und den Wert des Humankapitals zu steigern. Das Human Resource Management ist somit in vielen Fällen Systemlieferant und Garant für Qualität. Hierzu muss es auch Sanktions- oder Eskalationsmöglichkeiten haben, um zu intervenieren, wenn der Wert des Humankapitals durch regelwidriges Verhalten gefährdet wird.

Aufgaben in Bezug auf Beschaffung, Einstellung, Entlohnung und Arbeitsrecht stehen in der Verantwortung des Human Resource Managements. Es hat sie in ihrer Art und Weise zu definieren, durchzuführen bzw. an der Durchführung entsprechend seinen Kompetenzen mitzuwirken und sicherzustellen, dass alle am Prozess Beteiligten diesen so durchführen, dass die Qualität die effektive Umsetzung der Unternehmensinteressen gewährleistet. Das heißt jedoch nicht, dass das Human Resource Management Personalentscheidungen trifft oder alle Aufgaben selbst durchführt. Personalentscheidungen sind Führungsentscheidungen und z. B. kann nur die Führungskraft Personalentwickler seines eigenen Mitarbeiters sein. Es geht also darum, die Schnittstelle zwischen Führung und Human Resource Management zu gestalten.

Kontrollfragen
1. Welche Rechte hat der Betriebsrat?
2. Wie arbeiten Human Resource Management und Führungskräfte zusammen? Wie gestaltet sich die Zusammenarbeit zwischen dem Human Resource Management und den Führungskräften?
3. Welche Rechte hat das Human Resource Management in Bezug auf Leiharbeitnehmer und freie Mitarbeiter?
4. Warum gibt es so wenig „leitende Angestellte", wenn man § 5 des Betriebsverfassungsgesetzes als Maßstab anlegt?

1.3 Organisationsformen

1.3.1 Funktionale Aufteilung

Die Darstellung des Human Resource Managements in der Theorie orientiert sich meistens entweder am Employment Life Cycle (lineare Tätigkeiten von der Einstellung bis zur Beendigung des Arbeitsverhältnisses) oder aber an einer rein funktionalen Aufteilung (Lindner-Lohmann 2008, S. 5) (vgl. auch Abb. 1.5). Dort finden sich dann Kategorien wie Arbeitsrecht, Personalentwicklung, Personalwirtschaft, Gehaltsabrechnung und Ähnliches. Die funktionale Betrachtung birgt große Risiken in sich, da sie ein Denken in Aufgaben postuliert, nicht jedoch in Zielen. Diese Sichtweise hat zur Folge, dass Themen sehr fragmentiert betrachtet werden und eine systemische bzw. prozessuale Betrachtungsweise fehlt. In der Realität ist es so, dass es für das Unternehmen wichtige Themen gibt, die sich nicht eindeutig einem Funktionsbereich zuordnen lassen. Als Beispiel kann hier das Thema Personalentwicklung dienen. In der Vergangenheit wurde dieses Thema oft mit Weiterbildung gleichgesetzt und der Bezugsrahmen waren entweder die Wünsche des Mitarbeiters oder aber das Beheben von Defiziten. Durch die Veränderungen der letzten Jahre erkannten Firmen aber zunehmend die Notwendigkeit, Mitarbeiter gezielt auf bestimmte Positionen im Unternehmen hin zu entwickeln und stärkenorientiert Engagement durch berufliche Weiterentwicklung zu schaffen. Daher setzte sich in den letzten Jahren zunehmend der Begriff „Talent Management"

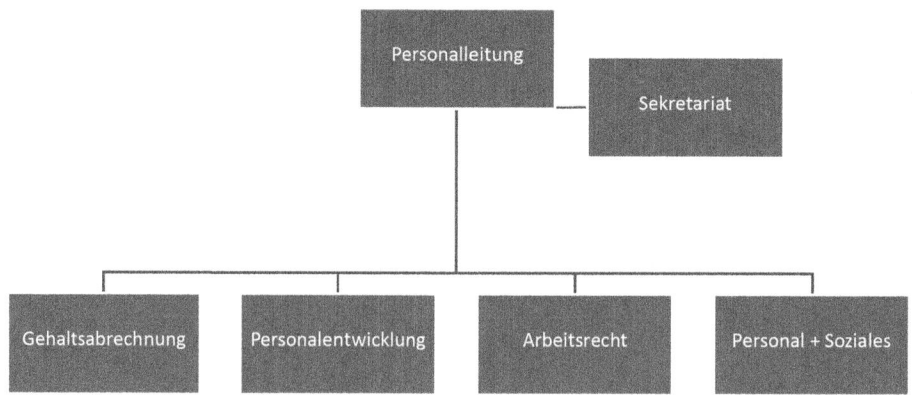

Abb. 1.5 Funktionale Aufteilung

durch, der inhaltlich an sich nichts wirklich Neues bietet, sondern vielmehr eine ganzheitliche Betrachtung und Bündelung vorhandener Aufgaben beschreibt. Dieses Thema zeigt die Wechselwirkung zwischen den einzelnen Themen bzw. Funktionsbereichen sehr deutlich. Grundlage eines solchen Prozesses ist zunächst ein quantitatives wie qualitatives Personalcontrolling, das zukünftige Bedarfe definiert. Diese beiden Aspekte der Planung zeigen jedoch schon sehr deutlich, dass hier zwei sehr unterschiedliche Bereiche des Human Resource Managements (Personalwirtschaft und Personalentwicklung) gemeinsam ein Ziel erreichen müssen, nämlich eine belastbare Planungsgrundlage zu schaffen. Personalentwicklung hat nun die Aufgabe, das Delta zwischen Soll und Ist zu schließen. Hierbei geht es einerseits um eine qualifizierte Beschreibung des Ist (Eignungsdiagnostik), aber auch um eine Organisationsanalyse und eine Zuordnung von Personen zu erfolgskritischen Stellen. Bei der Maßnahmenplanung ist es heute so, dass man natürlich weit über Trainings und Seminare hinausdenken und personalwirtschaftliche Maßnahmen umsetzen muss. Hier kommt nun das Arbeitsrecht ins Spiel, insbesondere wenn es um Versetzungen in das Ausland geht. Aber auch die Gehaltsabrechnung oder die Personalwirtschaft müssen die entsprechenden Vergütungsmodelle finden und umsetzen und bei internationalen Assignments tragfähige Modelle für die Sozialversicherung umsetzen. Schließlich muss bei einem temporären Ausscheiden aus der angestammten Position die Rückkehr bzw. das Abdecken der entstehenden Lücke personalwirtschaftlich geplant werden. Nimmt der Mitarbeiter nun temporär eine höher- oder minderwertige Stelle ein, so ist über Job Gradings (Bewertung einer Stelle nach operativer und strategischer Verantwortung) zu klären, zu welchen Konditionen eine Rückkehr in die alte Position erfolgt oder aber wie die neue zu vergüten ist und welche Zulagen ggf. wegfallen. Da individuelle Entwicklungen sich in der Komplexität moderner Organisationen nicht immer in hierarchischen Beförderungen ausdrücken lassen, sehr wohl aber in einer Veränderung der Qualität von Aufgaben, werden diese Gradings auch benötigt, um eine veränderte Wertigkeit von Stellen zu beschreiben und dafür geeignete Vergütungen zu finden. Dementsprechend werden aber auch flexible Vergütungsmodelle benötigt. Hinzu kommt, dass es die Aufgabe der Organisationsentwicklung ist, dafür Sorge zu tragen, dass die Instrumente vorhanden sind, mit denen Führungskraft und Mitarbeiter gemeinsam über Entwicklungen reden können, andererseits aber auch die Kultur in der Organisation vorhanden ist, dass das in einer offenen und vertrauensvollen Atmosphäre geschieht. Gleichzeitig stellt eine fachliche Aufteilung jedoch sicher, dass in Fachabteilungen auch die notwendige Tiefe des Know-hows vorhanden ist.

Typische Abteilungen bei einer funktionalen Aufteilung sind:

- Personalentwicklung
  (eventuell mit Unterteilung in PE, Weiterbildung, Ausbildung, Talent Management etc.)
- Compensation & Benefits
  (eventuell weiter unterteilt in operative Abrechnung und strategische Vergütung)
- Personal & Soziales
- Arbeitssicherheit
- Arbeitsrecht
- Personalplanung/-controlling
- Organisationsentwicklung

1.3.2 Divisionale Aufteilung

Eine divisionale Aufteilung beschreibt das klassische Personalreferentensystem, in dem es einen Ansprechpartner gibt, der in der Regel keine Führungskraft ist und einen definierten Personenkreis in allen Personalfragen betreut. Dies ist zunächst kundenfreundlich, weil die Zahl der Schnittstellen minimiert ist. Diese Form der Organisation bringt jedoch das Risiko mangelnder inhaltlicher Tiefe mit sich und schafft eine zusätzliche Schnittstelle zur Fachabteilung. Da der Personalreferent jeweils der Ansprechpartner einer Teilorganisation ist, kann es insbesondere bei dezentralen oder räumlich getrennten Organisationen zu der Problematik kommen, dass es zwar de iure eine Zuordnung zum Human Resource Management gibt, de facto jedoch unklar ist, wer den Personalreferenten steuert bzw. wessen Interessen dieser vertreten soll. Hierdurch kann es zu Dysfunktionalitäten in der Organisation kommen. Dies soll anhand von zwei konkreten Beispielen erläutert werden:

Beispiel
Ein international tätiges Pharmaunternehmen hatte einerseits eine divisionale Aufteilung, in der alle internationalen Gesellschaften von einem Ansprechpartner betreut wurden. Gleichzeitig existierten jedoch auch zentrale Fachabteilungen. Die Personalentwicklung hat stetig neue internationale Programme zur Nachwuchsförderung aufgelegt, die dann ausgerollt werden sollten. Dabei hatte man jedoch nicht den Dialog mit dem zuständigen Personaler gesucht und Programme für Hierarchieebenen

entwickelt, die es im Ausland nicht gab. Der Personaler befand sich nun in der Zwickmühle, einerseits die Interessen der Landesgesellschaften zu vertreten, andererseits aber auch für die erfolgreiche Umsetzung dieses Programms zuständig zu sein. Beim zweiten Beispiel geht es um ein Handelsunternehmen, das ein zentrales Human Resource Management mit verschiedenen Abteilungen in der Hauptverwaltung hatte. Die Regionen wurden jeweils von Personalreferenten betreut, die in den regionalen Verwaltungen ansässig waren, aber an den Konzernpersonalleiter berichteten. Nun bemerkte man, dass die Zahl der Übernahmen nach der Ausbildung von über 80 % auf unter 50 % abgesunken war. Eine genauere Analyse ergab, dass viele Märkte deutlich mehr Azubis ausbildeten, als sie eigentlich betreuen konnten, und teilweise auch in Ausbildungsberufen, für die sie gar keine Ausbilder hatten und die das Unternehmen offiziell auch nicht anbot. Daraufhin wollte der Personalleiter die Zahl der Azubis beschränken und ebenso die der angebotenen Berufsbilder. Das Argument des Vertriebs war jedoch, dass besonders in strukturschwachen Regionen der Kunde die Kaufentscheidung tatsächlich darauf basiert, wie viele Ausbildungsplätze ein Unternehmen anbietet. Der Personalreferent befand sich nun in der schwierigen Situation, dass sein De-iure-Vorgesetzter etwas anderes wollte als sein De-facto-Vorgesetzter.

Folgende anonymisierte Stellenausschreibung für einen Personalreferenten (fälschlich heute oft als HR Business Partner bezeichnet) zeigt, zu welcher Häufung von Aufgaben es kommen kann und wie wenig Berücksichtigung strategische Aspekte des Human Resource Managements finden. In dieser Anzeige zeigt sich ebenfalls eine vollkommen unrealistische Breite von Aufgaben, die natürlich nur zu Lasten der Tiefe gehen kann. Ein Stück weit zeigt sich hier die Grundeinstellung „Personal kann jeder". Hierbei darf man auch nicht übersehen, dass die Entwicklung, dass man Human Resource Management studieren und als Beruf erlernen kann, tatsächlich relativ neu ist.

Beispiel

Wir suchen zum nächstmöglichen Zeitpunkt eine/n
   PERSONALREFERENTEN oder PERSONALREFERENTIN
   für unser Human Resource Management in Vollzeit.

IHR AUFGABENGEBIET:

- Auf- und Ausbau von Personalentwicklungsinstrumenten
- Gestaltung von Stellenanzeigen und zielgerichtete Platzierung in verschiedensten Kanälen
- Bewerbermanagement
- Administrative Personalarbeit (z. B. Pflege des Zeiterfassungssystems; Erstellen von Anhörungen, Arbeitsverträgen und Zeugnissen; Schriftwechsel mit Sozialversicherungsträgern)

1.3 Organisationsformen

- Vorbereitende Lohn- und Gehaltsbuchhaltung (z. B. Meldung von Änderungen der Anschrift, des Gehalts, VWL-Verträgen; abzurechnende Mehrarbeitsstunden)
- Ansprechpartner/in für alle personalrelevanten Themen unserer Mitarbeiter
- Ansprechpartner/in bei Prüfungen: Sozialversicherung, Lohnsteuer,
- Berufsgenossenschaft etc.

UNSERE ANFORDERUNGEN:

- Kaufmännische Ausbildung; evtl. Weiterbildung zum/zur Personalreferenten/Personalreferentin
- Relevante Berufserfahrung (incl. Arbeitsrecht und BetrVG)
- Verschwiegenheit und Loyalität
- Strukturierte und effiziente Arbeitsweise
- Sicherer Umgang mit MS Office

Bei einer divisionalen Aufteilung (Abb. 1.6) wird also zwischen Fachabteilung und der operativen Betreuung unterschieden. Die Belegschaft des Unternehmens muss also in Betreuungskreise segmentiert werden. Dimensionen einer divisionalen Aufteilung können sein:

- Länder
- Gesellschaften
- Business Units
- Arbeiter/Angestellte
- Mitarbeiter/Führungskräfte

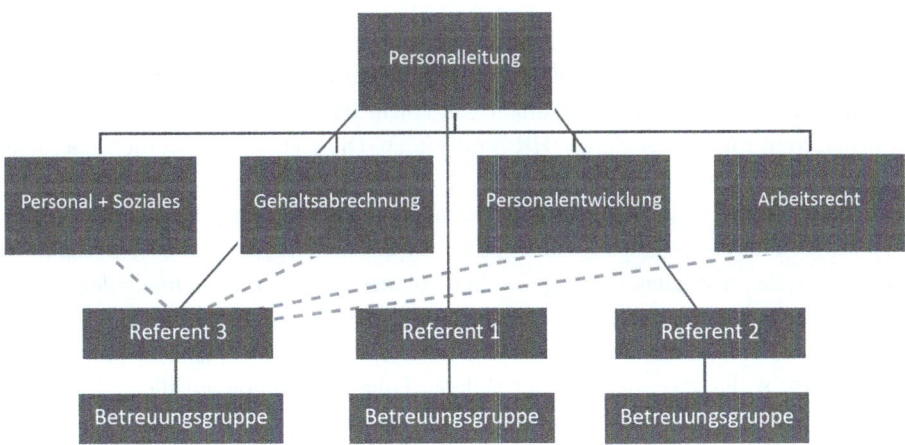

Abb. 1.6 Divisionale Aufteilung

1.3.3 HR Business Partner Modell

Als in den 90er Jahren deutlich wurde, dass die fundamentalen Umwälzungen des neuen Millenniums eine vollkommen neue Konzeption von Human Resource Management in der strategischen Unternehmensführung erfordern, legte der US-amerikanische Publizist und HR-Experte Dave Ulrich 1997 mit „Human Resource Champions" einen grundlegend neuen Ansatz zur Repositionierung des HR-Managements vor.

Grundsätzlich unterscheidet Ulrich zwischen wertschöpfendem, sogenanntem transformatorischem Human Resource Management und rein funktionaler, transaktionaler Personalarbeit. Hierbei gilt, dass die transaktionale Personalarbeit Kunden bedient, deren Zufriedenheit wichtig für die Akzeptanz von Personalarbeit ist (Ulrich 1997, S. 111 ff.). Eine hohe Servicequalität, Effizienz und hohe Kundenzufriedenheit zeichnen in diesem Modell ein funktionierendes Human Resource Management auf dieser Ebene aus. Gleichzeitig betont Ulrich auch, dass es sich hierbei um einen Kostenfaktor handelt, der keine Wertschöpfung bringt, und will daher die Zusammenfassung der transaktionalen Personalarbeit in sogenannten Shared Services Centres (Ulrich 1997, S. 113 ff.). Diese sollen administrative Tätigkeiten in hoher Qualität bei niedrigen Kosten abwickeln. In der Realität wird das jedoch häufig als ein reines Kosteneinsparungsprogramm gelebt und der Qualitätsaspekt bleibt außen vor. Aufgaben werden teilweise komplett an Externe vergeben, in Billiglohnländer ausgelagert oder aber einfach an die Führungskräfte zurückdelegiert. Belastbare Studien über die Akzeptanz dessen und die Auswirkung auf die Transaktionsqualität liegen noch nicht vor. In vielen Unternehmen herrscht jedoch Unzufriedenheit nach der Einführung solcher Modelle, wenn Qualität sowie Verfügbarkeit von personalrelevanten Dienstleistungen darunter leiden.

Von dieser rein administrativen Form der Personalarbeit ist der HR Business Partner deutlich zu unterscheiden. Er steuert die Personalarbeit und stellt sicher, dass sie für die Organisation wertschöpfend ist. Ulrichs Konzept des Strategic Business Partners sieht vor, dass der Personaler Teil der Unternehmensführung ist und mit anderen Führungskräften auf Augenhöhe steht, mit allen damit verbundenen Rechten und Pflichten. Dieses Konzept grenzt sich damit sehr deutlich von einem internen Beratungsansatz oder der nachgelagerten Entwicklung einer HR-Strategie ab. Dies wiederum erfordert allerdings auch einen Business Partner, der die entsprechenden Kompetenzen sowohl in Bezug auf seine Person als auch in Bezug auf die Kenntnis des Geschäfts mitbringt. Daher verlangt Ulrich hier auch eindeutig einen neuen Typus des HR-Managers: den proaktiven und strategischen Gestalter, der sich deutlich von der reaktiven Ausrichtung des Human Resource Managements in der Vergangenheit abgrenzt (Ulrich 1997, S. 61 f.).

Wenn der HR Business Partner auf oberster Ebene in die Unternehmensführung eingebunden ist, so hat das wie bei jeder anderen Führungsfunktion auf dieser Ebene zur Folge, dass diese Funktion nur begrenzt auch eine Fachfunktion sein kann. Daher ergänzt Ulrich sein Modell um eine dritte Facette, nämlich die Centres of Excellence, die fachliche Lösungen erarbeiten, die die strategischen Bedarfe des Unternehmens umsetzen. Diese inhaltlichen Kompetenzzentren entwickeln also keine Eigendynamik, sondern

1.3 Organisationsformen

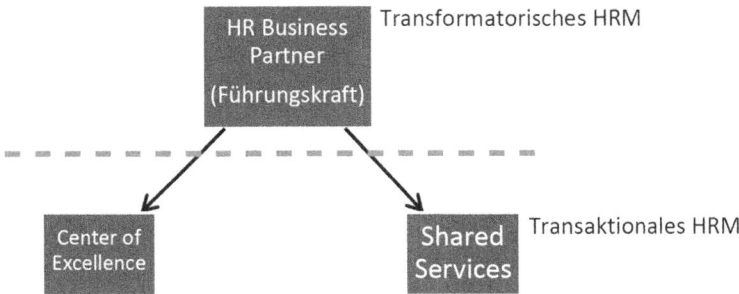

Abb. 1.7 Business-Partner-Modell

erhalten ihre Richtung vom HR Business Partner (Krings 2012, S. 3). Krings hat in einer Untersuchung jedoch herausgearbeitet, dass dies in der Realität meistens nicht umgesetzt wird. Tatsächlich wird zwar Ulrichs Terminologie verwendet, nicht jedoch das inhaltliche Konzept. So wird der Begriff HR Business Partner meist als Synonym für „Personalreferent" verwendet. So gut wie nie wurden in Stellenanzeigen HR Business Partner gesucht, die Erfahrung im Kerngeschäft eines Unternehmens hatten, sondern fast ausschließlich generalistisch ausgerichtete Personaler (Krings 2015, S. 8 ff.).

In der Summe zeigt sich, dass Ulrichs Konzept entweder nicht wirklich verstanden wurde oder aber eben doch erhebliche Vorbehalte gegen eine Involvierung des Personalers auf strategischer Ebene vorherrschen. Der Ruf nach dem Wandel vom Verwalter zum Gestalter bleibt also in vielen Fällen ein reines Lippenbekenntnis. Trotz anderslautender vollmundiger Aussagen vieler Unternehmen ist ein Rollenwandel vom Verwalter zum Gestalter in der Summe also nicht festzustellen (Krings 2015, S. 6; Abb. 1.7).

▶ Besuchen Sie eine der großen Jobbörsen und prüfen Sie, ob die dort ausgeschriebenen HR-Business-Partner-Positionen dem Modell Ulrichs entsprechen.

Folgende Anzeige zeigt, dass das Modell oft nicht verstanden oder gewünscht wird. In der Realität suchen Unternehmen eher einen klassischen Personalreferenten mit einem Fokus auf transaktionalen Tätigkeiten, der jedoch Affinitäten zum Kerngeschäft haben soll.

Beispiel

Senior HR Business Partner/Personalreferent (w/m)

Die Kass-Gruppe bietet Maschinen zur thermischen Behandlung und ist Weltmarktführer. Als börsennotiertes Unternehmen denken und handeln wir langfristig. Gemeinsam sind wir erfolgreich.

Ihre Aufgaben

Beratung und Betreuung der Führungskräfte einer Geschäftseinheit als Managementpartner in allen personalrelevanten Fragestellungen sowie Unterstützung bei der weiteren Entwicklung der Organisation mit Fokus auf Wachstum

Begleitung des Managements bei allen Veränderungs- und Organisationsentwicklungsprozessen

Proaktives Gestalten aller personalrelevanten Themen entlang der Wertschöpfungskette: Personalplanung, -beschaffung, -steuerung und -entwicklung

Vertrauensvolle und zielorientierte Zusammenarbeit mit den Interessenvertretungen

Verantwortung für die Anpassung, Weiterentwicklung der HR-Prozesse in enger Zusammenarbeit mit der globalen HR-Organisation

Mitarbeit bei der strategischen HR-Ausrichtung und Erarbeitung von zukunftsorientierten Lösungen

Mitglied des Leadership-Teams im HR-Bereich der Unternehmensgruppe mit Berichtsweg an den Head of Group HR

Führung eines Teams von HR-Businesspartnern/-Referenten

Anforderungen

Abgeschlossenes Studium der Betriebswirtschaft, Wirtschaftswissenschaft oder Psychologie mit Schwerpunkt Personal

Mindestens 5 Jahre Berufserfahrung in einer Führungsfunktion oder als HR-Generalist

Erfahrung im Begleiten von Veränderungsprozessen im Einklang mit der Kultur im Familienunternehmen

Hohes Maß an Leistungsbereitschaft, Teamfähigkeit sowie zielorientierte, proaktive und selbstständige Arbeitsweise unter Berücksichtigung der Unternehmenskultur

Sehr gute Beratungs- und Verhandlungskompetenz sowie situationsgerechte Kommunikation

Verhandlungssichere Englischkenntnisse

1.3.4 Prozessuale Aufteilung

Das Portfolio der Aufgaben im Human Resource Management muss also klar definiert und abgegrenzt sein. Die Trennlinie von transformatorischer zu transaktionaler Personalarbeit hat sich dabei als wenig tauglich erwiesen, da sie Ziele fragmentiert und Aufgaben stückelt, was zu Qualitätsverlusten führt. Folglich muss das Human Resource Management sich auf seine Kernkompetenzen besinnen, nämlich Aufgaben, die auf den Mitarbeiter als Person wirken und mittel- oder unmittelbar den Wert des Humankapitals betreffen. Insofern kann man an dieser Stelle die Kritik äußern, dass Ulrichs Zweiklassengesellschaft im Human Resource Management dazu geführt hat, dass die Aufgaben durch die Wertung zu wenig ganzheitlich betrachtet werden und daher das Human Resource Management an Effektivität verliert.

In den letzten Jahren ist auch vermehrt eine Tendenz zu einer sogenannten „Prozessorientierung" zu beobachten. Hierunter wird verstanden, dass bestimmte (Kern-)Prozesse im Human Resource Management als Vorgabe definiert werden. Für diese Tendenz gibt es zwei Anlässe: Der eine kommt aus den USA, wo der Sarbanes-Oxley Act[1] die Definition solcher Prozesse und die eindeutige Zuordnung von Verantwortlichkeiten erfordert. Ein anderer Grund liegt sicher darin, dass die Tätigkeit des Personalers es grundsätzlich schwer hat, als eigenständiges Berufsbild anerkannt zu werden, und der Versuch, eine Art eigenes Qualitätsmanagement zu etablieren, ein Schritt in Richtung Professionalisierung ist. Grundsätzlich wird Systemen zum Qualitätsmanagement ja die Kritik entgegengebracht, dass es sich letztlich nur um einen bürokratischen Aufwand handelt, der auf die tatsächliche Qualität der Ergebnisse keine Auswirkung hat. Insofern kann bei der Definition fixer Abläufe der Eindruck entstehen, dass die Dienstleistungsqualität sich durch Standardisierung verschlechtert und der Service-Level nicht mehr von den Bedürfnissen der Organisation und der darin arbeitenden Individuen bestimmt wird, sondern vielmehr von der Leistungsbereitschaft des Human Resource Managements. Diese Problematik entsteht dann, wenn solche Prozesse als gesetzt gesehen werden und z. B. auch nach IT-Systemen ausgerichtet werden, statt dass die Systeme die notwendigen Prozesse abbilden.

Qualitätsstandards, zu denen dann aber bilateral vereinbarte Service Level Agreements gehören, können durchaus ein sinnvolles Mittel sein, um die Effektivität und Professionalität des Human Resource Managements zu steigern. Dies funktioniert jedoch nur dann, wenn die Kundenzufriedenheit in den Mittelpunkt dieser Prozessdefinitionen gestellt wird und diese immer wieder überprüft und in Frage gestellt werden, um eine höhere Kundenzufriedenheit bei gleichem oder geringerem Ressourceneinsatz zu gewährleisten.

Eine funktionierende und effiziente Infrastruktur für Kernprozesse, ob nun transformatorisch oder transaktional, ist Grundvoraussetzung für jede Form effektiver Personalarbeit. Insofern werden auch weiterhin funktionsbezogene Abteilungen oder Funktionsbereiche benötigt, insbesondere dort, wo ein tiefes oder breites Fachwissen erforderlich ist. Aber das ist nicht mehr ausreichend, da diejenigen unternehmerischen Funktionen, die Kompetenzen aus mehreren Bereichen erfordern, nicht allein von Funktionsbereichen innerhalb des Human Resource Managements ausgeführt werden. Insofern kann ein Human Resource Management nur dann seine volle Wirksamkeit entfalten, wenn eine Parallelstruktur entsteht. Diese Parallelstruktur besteht aus Teams, die sich von Abteilungen dadurch abgrenzen, dass sie durch die Nutzung der Kompetenzen aller Abteilungen als Teams arbeiten, in denen es keine Hierarchie gibt, sondern nur Teamrollen. Dieser Punkt ist deshalb wichtig, weil nur so die Dominanz eines Funktionsbereichs bei einem Thema vermieden werden kann. Das heißt, dass ein

---

[1] Nach dem Enron-Skandal eingeführtes Gesetz, das Kontrollen zwischen Prozessschritten vorschreibt.

Mitarbeiter eine Funktion innerhalb seines Fachbereichs haben kann und eine weitere, die seine Fachkompetenz erfordert, in einem Team. Dies ist nicht mit Projektteams gleichzusetzen, da Projekte sich dadurch auszeichnen, dass sie einen Anfang und ein Ende haben. In Projektgruppen wird punktuell auf das Fachwissen anderer Bereiche zugegriffen, bevor das Thema in eine Linienfunktion überführt wird. In den übergeordneten Abteilungen, die wie Kreise über den Funktionsbereichen liegen, werden die Themen jedoch auch weiterhin als Linienfunktion wahrgenommen. Diese Abteilungen werden künftig auch zwangsläufig über das Human Resource Management hinausgehen, d. h., andere Abteilungen oder Bereiche bringen ihre Expertise verstärkt bei Themen ein, deren Gesamtverantwortung beim Human Resource Management liegt. Ein konkretes Beispiel soll dies illustrieren: Es ist davon auszugehen, dass Personalmarketing angesichts des demografischen Wandels und der zu erwartenden Personalengpässe in bestimmten Bereichen eine höhere Bedeutung bekommt als früher. Versteht man Marketing als marktgerechte Form der Unternehmensführung, so ist es ohne Zweifel die Aufgabe des Human Resource Managements, Zielgruppen zu identifizieren, zu segmentieren und die personalwirtschaftlichen Instrumente zu entwickeln, die das Unternehmen benötigt, um diese Personengruppe zu gewinnen und zu halten. Doch müssen diese Botschaften auch werblich verarbeitet werden. Es macht wenig Sinn, dass ein Personaler, dessen Kernkompetenzen in ganz anderen Bereichen liegen, nun Anzeigen oder Broschüren gestaltet, Online-Strategien plant und Medienpläne erstellt. Die Kompetenz ist in der Regel in anderen Bereichen des Unternehmens deutlich ausgeprägter vorhanden, wird häufig aber für Personalthemen nicht genutzt. Im Sinne einer effektiven Personalarbeit macht es Sinn, dass der Bereich Marketing/Werbung dauerhaft in die Konzeption und Umsetzung von Personalmarketing involviert ist. Die Rolle des Human Resource Managements bei solchen erfolgskritischen Themen kann sich auch durchaus auf die des Moderators und Prozessverantwortlichen beschränken. Daher sollte die Schnittstelle in das Unternehmen über eine Art vernetztes Key Account System erfolgen. Dies können entweder der klassische Personalreferent oder andere Mitarbeiter des Human Resource Managements sein, die aber in der Zielgruppe eindeutig zugeordnet sind, oder aber der HR Business Partner. Nur auf diese Art kann eine ganzheitliche Betrachtung der Themen erfolgen und Mehrarbeit vermieden werden. Letztlich neigen einzelne Personaler doch dazu, das Unternehmen mit Themen und Projekten zu beglücken, die zwar für sich betrachtet aus der Maßnahmenqualität heraus „gut" sein mögen oder aber „me too"-Themen sind, aber nicht in direktem Bezug zur Unternehmensstrategie oder zu konkreten Zielen stehen. Insofern ist entscheidend, dass ein klarer Prozess zur Strategiefindung des Human Resource Managements vorhanden ist und dieser Prozess aber wiederum in den Entscheidungs- und Kommunikationsstrukturen des Human Resource Managements abgebildet ist.

1.3.5 Outsourcing

Beim sogenannten Outsourcing lagert eine Firma komplette Funktionsbereiche an einen externen Dienstleister aus. Dies ist eine strategische Entscheidung auf der Ebene der Unternehmensführung. Grundsätzlich gilt, dass nur solche Bereiche ausgelagert werden können, die nicht zu den Kernkompetenzen eines Unternehmens gehören, weil über diese Wettbewerbsvorteile geschaffen werden. Per Definition können Wettbewerbsvorteile nur mit internen Ressourcen erreicht werden. In der Regel spielen Kostenerwägungen die wichtigste Rolle bei der Entscheidung, ob man einen Teil der Personalarbeit an einen Outsourcing-Partner abgibt. Dabei kann es um eine Flexibilisierung von Kosten gehen, Kostensenkung durch Synergieeffekte beim Outsourcing-Partner, Wechsel in einen anderen Tarifbereich oder Vermeidung der Anschaffung von Soft- und Hardware.

Man unterscheidet hier zwischen „echtem" und „unechtem" Outsourcing. Beim „echten" Outsourcing wird die Funktion an einen Dritten ausgelagert. Besonders in den 1990er Jahren haben Firmen jedoch auch Teile in Tochtergesellschaften ausgelagert und die Leistungen dann wiederum von diesen zugekauft. Dies hatte teilweise Kostengründe (Tarifflucht). Allerdings gab es auch Firmen, die sich durch den Wettbewerb mit Externen einen Qualitätszuwachs versprachen oder aber ihre eigenen Dienstleistungen an andere Unternehmen verkaufen wollten. Beispiele sind die SHT Schwäbisch Hall Training, Volkswagen Coaching oder AEG Signum.

Typische Bereiche für Outsourcing sind die Gehaltsabrechnung, betriebliches Gesundheitswesen oder aber Servicebereiche. Es gibt Firmen, die z. B. auch die Personalentwicklung oder aber das Recruiting outsourcen. Hier stellt sich die Frage, ob man solche Bereiche, besonders dort, wo mit Mitarbeitern oder Bewerbern interagiert wird, als eine Kernkompetenz bezeichnet und welcher Qualitätsverlust ggf. durch das Schaffen von Schnittstellen droht. Entscheidet man sich als Unternehmen für das Outsourcing, geht diese Aufgabe also auf eine Fremdfirma über und der Leistungsempfänger ist dem Leistungserbringer gegenüber nicht mehr weisungsbefugt. Daher ist bei der Wahl des Outsourcing-Partners nicht nur die Kostenfrage zu berücksichtigen. So ist zum Beispiel beim Vertragskonstrukt darauf zu achten, dass Spielraum für ggf. notwendige Änderungen bleibt und die Interessen des Leistungsempfängers angemessen berücksichtigt sind. Dazu gehören vor allem auch Mindestlaufzeiten und Kündigungsfristen. Es ist auch genau zu hinterfragen, über welche Kapazitäten der Anbieter verfügt und wie leistungsfähig er tatsächlich ist. Nicht jeder Anbieter erbringt alle Dienstleistungen selber, sondern unter Umständen können noch weitere Subunternehmer beteiligt sein. Gibt es kein verlässliches System zum Qualitätsmanagement, so kann dies einen erheblichen Qualitätsverlust zur Folge haben. Dies ist besonders dann zu beachten, wenn Dienstleistungen in mehreren Ländern erbracht werden müssen. Ebenso wichtig ist zu wissen, wer den Leistungsbezieher betreut bzw. die Leistung erbringt. In der Regel werden die Allgemeinen Geschäftsbedingungen der Leistungserbringer besagen, dass dieser frei in der Auswahl ist. Man sollte jedoch die Personen der Betreuer stets zum Vertragsbestandteil machen. Es muss ebenfalls eindeutig geklärt sein, welche Dienstleistungen zu welchen Kosten in welcher Qualität und in welchem Zeitrahmen erbracht werden bzw. an welchem Punkt zusätzliche Kosten anfallen (Service Level Agreement).

Letztlich spielt jedoch auch die kulturelle Passung vom Leistungserbringer zum Leistungsempfänger eine große Rolle. Werden beim Outsourcing Bereiche mit sensiblen Daten an Externe vergeben, so sind die Vorschriften des Datenschutzes zu berücksichtigen. Dies gilt auch, wenn diese Daten von einer zentralen Servicestelle verarbeitet werden, sofern diese rechtlich eine eigenständige Firma ist.

1.3.6 Externe Dienstleister

Abzugrenzen vom Outsourcing ist die Nutzung externer Dienstleister. Hierbei verbleiben die Funktionsbereiche im Unternehmen und es werden einzelne Dienstleistungen hinzugekauft. In der Regel handelt es sich dabei um Dienstleistungen, die nur punktuell (räumlich und/oder zeitlich) benötigt werden, für die das Know-how im Unternehmen nicht vorhanden ist, oder aber solche, bei denen man sich einen Qualitätszuwachs durch die Einbindung eines Externen verspricht (Betriebsblindheit). Typische Bereiche für den Zukauf von Dienstleistungen sind:

Rekrutierung Hierbei handelt es sich um den Prozess der Personalsuche und -auswahl. Dies erfolgt offen durch Anzeigen und es werden Menschen angesprochen, die sich auf Arbeitssuche befinden. Es gibt Unternehmen, die diese Dienstleistung als Ganzes zukaufen bis zur Präsentation der geeigneten Kandidaten. Andere nehmen diese Dienstleistung jedoch nur modular in Anspruch, so z. B. das Schalten einer Anzeige, Bewerbermanagement, Vorauswahl etc. In den letzten Jahren generieren solche Dienstleister auch zunehmend Lebensläufe über Netzwerke in sozialen Medien oder haben Datenbanken. Davon abzugrenzen ist das.

Headhunting Dies ist eine verdeckte Suche. Hier werden Personen direkt angesprochen, die nicht aktiv auf der Suche nach einem neuen Arbeitsplatz sind. Der Berater erstellt mit dem Klienten eine Liste relevanter Zielfirmen (Long List) und identifiziert die potenziellen Kandidaten. Die wechselbereiten Kandidaten (Short List) werden dann interviewt und bei Eignung dem suchenden Unternehmen vorgestellt. Hierbei ist zu beachten, dass eine solche Suche auch für das suchende Unternehmen einen großen Betreuungsaufwand verursacht, denn als Externer hat der Berater nur begrenzt Einblick in das Unternehmen und muss sehr genau über die Position, Branche und harte und weiche Faktoren des Unternehmens informiert werden. Auch für den Berater ist eine solche Suche mit hohem Aufwand verbunden. Daher betragen branchenübliche Honorare ein Drittel des Bruttojahresgehalts. In den letzten Jahren treten vermehrt Berater auf, die angebliche Headhunting-Dienstleistungen zu diesen Konditionen anbieten, die jedoch nicht über die Kapazitäten verfügen, eine solche Suche professionell durchzuführen. Hierbei handelt es sich dann um die Dienstleistung der Rekrutierung, die auch entsprechend niedriger vergütet wird. In der Regel sind Verträge mit Headhuntern nicht erfolgsabhängig. Vergütet wird also in der Regel nicht die Vermittlung, sondern der

Beratungsprozess. Hier ist im Einzelfall zu prüfen, inwiefern Regelungen getroffen werden können, die von den Allgemeinen Geschäftsbedingungen des Anbieters abweichen.

Personalentwicklung Die Erbringung von Dienstleistungen in der Aus- und Weiterbildung (operative Personalentwicklung) wird in vielen Unternehmen an externe Anbieter vergeben. Dazu gehören z. B. der innerbetriebliche Unterricht, Seminare, Trainings, Coaching etc. Gründe für den Zukauf liegen darin, dass diese Dienstleistungen häufig nur punktuell gebraucht werden, aber auch qualitative Aspekte spielen eine Rolle. So möchten viele Unternehmen bewusst Externe einsetzen, da diese über eine breitere Erfahrung verfügen und Experten in ihren Bereichen sind. Hierbei sind jedoch zwei Dinge zu berücksichtigen.

Bezeichnungen wie „Coach" oder „Trainer" sind nicht als Berufsbezeichnung geschützt. Insofern verbirgt sich hinter einer solchen Bezeichnung keine objektive Aussage über die Qualifikation der Person. Folglich ist hier immer eine Einzelprüfung in Bezug auf Qualifikation, Philosophie und Erfahrung vorzunehmen.

Es gibt jedoch auch nicht wenige Anbieter in diesem Bereich, die den Eindruck erwecken, eine Firma zu sein, die die Aufträge mit eigenen Ressourcen abwickelt, tatsächlich jedoch diese Leistungen aus einem Netzwerk abrufen. Dies ist grundsätzlich nicht zu kritisieren, da es auch wirtschaftlich nur bedingt Sinn macht, alle Leistungen selbst vorzuhalten. Es ist allerdings genau zu hinterfragen, welche Systeme zur Qualitätssicherung vorhanden sind. Eine DIN-ISO- oder EFQM(European Foundation for Quality Management)-Zertifizierung kann ein guter Ansatzpunkt sein.

Eignungsdiagnostik Darunter versteht man den Einsatz psychologischer Instrumente, um die berufliche Eignung eines Bewerbers zu testen. Das bekannteste Instrument ist das Assessment Center (AC), das Situationen aus dem Berufsleben simuliert und das Verhalten des Bewerbers beschreib- und beobachtbar macht. Darüber hinaus gibt es weitere Verfahren wie z. B. Wissenstests, psychologische Testverfahren oder (teil)strukturierte Interviews. Es ist aus zwei Gründen sinnvoll, diese Dienstleistungen von externen Anbietern zu beziehen. Zum einen ist der Externe nicht in den Suchprozess involviert und kann daher unbefangener und unabhängiger agieren als ein Interner. Hinzu kommt, dass psychologische Eignungsdiagnostik auch nur von Psychologen bzw. ausgewiesenen Experten angewandt werden sollte und es darüber hinaus auch Richtlinien für die Durchführung von Assessment Centern vom Berufsverband der Psychologen gibt (Krings 2017, S. 85). Deshalb und weil bei unsachgemäßer Anwendung die Validität solcher Instrumente niedrig bis negativ ist, ist es sinnvoll, diese Dienstleistungen von Experten erbringen zu lassen. Wie bei der operativen Personalentwicklung ist jedoch auch hier Vorsicht geboten, da nicht alle Anbieter tatsächlich dazu qualifiziert bzw. berechtigt sind.

Grundsätzlich ist beim Einkauf externer Dienstleistungen Sorgfalt geboten. Es liegt im Interesse des Anbieters, möglichst hohe Umsätze und Erträge zu erzielen. Daher ist genau zu hinterfragen, ob der im Angebot enthaltene Aufwand (z. B. Konzeptionskosten, Aufwand in Tagen, Nebenkosten etc.) gerechtfertigt ist und ob der veranschlagte Honorarsatz marktüblich ist und der Qualität der Dienstleistung entspricht. Hierzu ist eine tiefe Kenntnis des Markts notwendig.

> **Kontrollfragen**
> 1. Was ist der Unterschied zwischen einer divisionalen und einer funktionalen Aufteilung des Human Resource Managements?
> 2. Wie unterscheidet sich das HR Business Partner Modell von o.g. Organisationsformen?
> 3. Warum kann eine prozessuale Organisation effektiver sein als eine funktionale?
> 4. Was ist der Unterschied zwischen Outsourcing und dem Einkauf einer Dienstleistung?
> 5. Welches Risiko bringt Outsourcing mit sich?
> 6. Was ist der Unterschied zwischen Headhunting und Personalvermittlung?

1.4 Aktuelle Tendenzen

1.4.1 Wertewandel

Die Gesellschaft hat sich in den letzten Jahrzehnten sehr schnell und auch grundlegend verändert. Waren die Aufbaujahre der Bundesrepublik noch von Menschen geprägt, die in autoritären Strukturen sozialisiert worden waren, so stellte das Jahr 1968 eine Zäsur dar. Insbesondere an den Universitäten begehrte die junge Generation auf und forderte „mehr Demokratie" und auch eine Aufarbeitung der Nazi-Vergangenheit. Dies führte vor allem dazu, dass Hierarchien und Autorität grundsätzlich in Frage gestellt wurden. Dieser Wertewandel trug dazu bei, dass im Laufe der Jahre sich die Einstellung zum Arbeitgeber und zur Arbeit gewandelt hat. Der Arbeitgeber wird nüchtern als eine Institution betrachtet, die es dem Arbeitnehmer ermöglicht, ein materiell unbesorgtes Leben zu führen und sich selbst zu verwirklichen. Loyalität dem Arbeitgeber gegenüber ist kein Selbstzweck mehr. Trägt die Arbeit nicht zur individuellen Selbstverwirklichung bei oder steht dieser gar im Wege, wird der Arbeitnehmer heute schneller wechselbereit sein als früher. Daher nahm die Zahl fragmentierter Lebensläufe in den letzten Jahren deutlich zu. Auch sinkt die Bereitschaft, Abstriche bei den persönlichen Lebenszielen zu machen, um den Interessen des Arbeitgebers zu genügen. Die Work-Life-Balance gewinnt zunehmend an Bedeutung. Stellte sich in der Vergangenheit für Männer wie Frauen oft die Frage, ob man sich für Beruf oder Familie entscheidet, so wird heute die Vereinbarkeit gefordert.

Aber auch Ansprüche daran, wie der Mitarbeiter Führung erleben will, haben sich deutlich geändert. So findet ein autoritärer Führungsstil zunehmend weniger Akzeptanz. Mitarbeiter sehen ihre Führungskraft eher als Coach bzw. als eine Ressource, die sie stärkenorientiert nutzen wollen. Je nach Firmen- und Branchenkultur werden hier starke Veränderungsprozesse einsetzen müssen, wenn man sich als attraktiver Arbeitgeber positionieren will.

In diesem Zusammenhang begann sich auch die Rolle der Frau zu verändern. So ging in der Vergangenheit das Gesetz davon aus, dass der Mann der Ernährer der Familie ist und Frauen auch bei gleicher Arbeit niedriger entlohnt werden dürfen („Leichtlohngruppe").

Zwar sind auch heute noch große Unterschiede zwischen der Präsenz von Frauen und Männern in bestimmten Positionen zu beobachten und auch Löhne und Gehälter unterscheiden sich statistisch betrachtet zu Ungunsten von Frauen. Trotzdem hat hier ein fundamentaler Wertewandel stattgefunden. Aktuell wird das Thema Sexismus am Arbeitsplatz sehr stark diskutiert. Von Firmen wird heute gefordert, nicht nur bei Fehlverhalten einzugreifen, sondern auch präventiv tätig zu werden und ein Umfeld zu schaffen, das diskriminierungsfrei ist. Dazu gehört auch, dass das Rollenverständnis junger Frauen und Männer sich verändert. Die Vereinbarkeit von Beruf und Familie ist kein reines Frauenthema mehr. Junge Männer möchten sich aktiver in die Familie einbringen, als dies früher der Fall war. Das wird an Unternehmen die Herausforderung stellen, flächendeckend personalwirtschaftliche Instrumente einzuführen, die eine Flexibilisierung von Arbeit ermöglichen, so z. B. Sabbaticals, Lebensarbeitszeitkonten, Job Sharing, Teilzeitmodelle etc.

Obschon Deutschland im internationalen Vergleich bei Antidiskriminierung nicht zu den Vorreitern gehört, ist auch hier ein Wertewandel zu beobachten. Rassismus in jeder Form gilt als unakzeptabel und auch hier wird ein proaktives Vorgehen von Organisationen eingefordert.

Welchen Einfluss die zunehmende Digitalisierung des Lebens und damit auch der Arbeit auf die Werte der Gesellschaft haben wird, ist schwer absehbar. Auch sollte man den häufig sehr plakativ vorgetragenen Äußerungen über Generation Y und Z mit Vorsicht begegnen, da vieles nicht auf empirischen Studien beruht und die Aussagen letztlich oft sehr widersprüchlich sind.

1.4.2 Demografischer Wandel

Der gesellschaftliche Wertewandel gewinnt nicht zuletzt auch dadurch an Bedeutung, dass der Arbeitsmarkt sich stark verändert. In Deutschland ist die Geburtenrate stark rückläufig und liegt deutlich unter dem Durchschnitt der EU (https://www.destatis.de). Das bedeutet, dass bei einer starken wirtschaftlichen Lage immer weniger junge Menschen nachkommen, der Bedarf zunächst jedoch steigt. Unternehmen stehen nun also im Wettbewerb um junge Mitarbeiter. Man spricht hier auch vom „War for Talents" (Michaels 2001, S. X). Inwiefern diese Entwicklung dauerhaft ist, kann augenblicklich kaum vorausgesagt werden, da die Digitalisierung der Arbeit in den nächsten Jahren heute fast nicht vorstellbare Veränderungen in der Arbeitswelt mit sich bringen wird und dies auch Auswirkungen auf Quantität und Qualität der benötigten Human Resources haben wird. Abschn. 1.4.1 hat gezeigt, dass diese neue Generation ein anderes Werte- und Motivationssystem hat als vorangegangene. Unternehmen werden also künftig ihre Personalarbeit intensivieren müssen, um die personalwirtschaftlichen Instrumente zu bieten, die sie für die Generation Y und Z attraktiv machen. Diese Klassifizierungen sind keine wissenschaftlichen Kategorien, sondern plakative Bezeichnungen aus der Populärwissenschaft. In der Summe scheint sich jedoch abzuzeichnen, dass diese Generationen wesentlich weniger homogen sind, als manche Autoren glauben machen wollen.

Dennoch erkennt man ohne Zweifel eine Veränderung in Bezug auf die Anforderungen junger Menschen an Arbeit und Arbeitgeber.

Da sich dieser Wandel auf breiter Front abzeichnet, müssen nun auch solche Unternehmen strategisches Human Resource Management betreiben, die dies in der Vergangenheit nicht getan haben, weil sie sich als zu klein begreifen oder aber die Notwendigkeit nicht sehen. Tatsächlich betrachten viele Unternehmen das Thema nur unter dem Aspekt der mangelnden Verfügbarkeit junger Arbeitskräfte. Ältere Arbeitskräfte stehen kaum im Fokus der Unternehmen, sondern auch heute werden Mitarbeiter über 55 Jahre häufig nicht mehr als wertvolles Human-Kapital betrachtet (https://statistik.arbeitsagentur.de). Es ist noch nicht allgemeiner Bewusstseinsstand, dass die veränderte demografische Entwicklung eben nicht nur einen verstärkten Wettbewerb um jüngere Mitarbeiter zur Folge haben wird, sondern dass (nicht zuletzt auch in Wechselwirkung mit der Entwicklung der Renten) es auch darum gehen wird, ältere Mitarbeiter möglichst lange produktiv nutzen zu können. War in der jüngeren Vergangenheit also ein Trend zu beobachten, „ältere" Mitarbeiter durch attraktive Angebote zur Frühverrentung möglichst früh aus dem Erwerbsleben zu entfernen, so hat sich dies als strategisch äußerst kurzsichtig erwiesen. Eine der großen Herausforderungen der Zukunft wird es sein, tatsächlich eine Kultur von lebenslangem Lernen und Entwicklung zu etablieren. Hierbei wird es weniger darum gehen, nur auf die Zielgruppe der „älteren" Mitarbeiter einzuwirken, sondern vielmehr eine Kultur der Gemeinsamkeit über die Generationen hinweg zu schaffen. Tatsächlich sind die meisten Defizite, die man der Generation 55+ nachsagt, bei einer wissenschaftlichen Betrachtung nicht haltbar und entpuppen sich als reine Vorurteile. Weder lässt in diesem Alter die fluide Intelligenz (abstraktes Denken) nach, noch das Interesse daran, sich weiterzuentwickeln. Auch körperliche Einschränkungen sind in den meisten Berufsbildern selten bzw. vermeidbar. Dennoch führen die verbreiteten Vorurteile dazu, dass ältere Menschen sich ausgegrenzt fühlen und innerlich kündigen. Insofern muss einerseits eine altersgerechte Infrastruktur geschaffen werden, vor allem aber müssen Unternehmen deutlich die Wahrnehmung des Alters verändern. Hierbei handelt es sich nicht um ein gesellschaftspolitisches Ziel, sondern vielmehr um ein unternehmerisches. Organisationen werden es sich nicht mehr leisten können, auf die Mitarbeiter der Generation 55+ zu verzichten.

Aber es handelt sich nicht ausschließlich um ein Thema der Personal- und Organisationsentwicklung. Je nach Lebensphase verändern sich Bedürfnisse von Mitarbeitern. So wird ein Berufseinsteiger zunächst an einer möglichst hohen Vergütung interessiert sein, weil man sich eben etwas leisten möchte oder auch Investitionen bzw. Anschaffungen tätigt. In einer späteren Lebensphase gewinnen Themen wie Arbeitgeberdarlehen zur Immobilienfinanzierung, betriebliche Altersvorsorge und flexible Arbeitszeiten (z. B. Sabbaticals) zur Vereinbarkeit von Beruf und Familie an Bedeutung. Die Generation 55+ hat auch klare Bedürfnisse, die der Lebensphase zuzuschreiben sind. So wird diese Generation, besonders wenn die Kinder erwachsen sind, wieder mehr unternehmen wollen. Dafür benötigt man Zeit und Geld. Also wird es ein großes Interesse sein, über Lebensarbeitszeitkonten Puffer aufzubauen, die den Bezug von Freizeit ohne den Verlust von Geld ermöglichen. In einigen Fällen werden sicherlich auch die Qualität und die Quantität der Arbeit eine Rolle spielen. Arbeit „von der Stange" wird in Zukunft nicht mehr funktionieren. Es wird eine entscheidende Aufgabe des Human Resource Managements sein, lebensphasengerechte personalwirtschaftliche Instrumente zu finden und umzusetzen. Auch hier gilt: Der Aufwand, den Unternehmen, egal welcher Größe, für Human Resource Management betreiben müssen, wird deutlich höher sein, als dies heute der Fall ist. Daher können Unternehmen es sich nicht mehr leisten, ihr Human Resource Management als reinen Kostenfaktor zu sehen.

1.4.3 Internationalisierung und Globalisierung

Seit den 1990er Jahren ist der wohl prägendste Mega-Trend für die Wirtschaft die Globalisierung. Diese hat zahlreiche Facetten. Zunächst öffneten sich Länder wie China als Produktionsstätten. Dies wurde wichtig, weil die Ressource Arbeit in entwickelten Industrienationen bzw. Dienstleistungsgesellschaften immer teurer wurde. So kam es zu einer Verlagerung von arbeitsintensiven Tätigkeiten von niedriger Komplexität zunächst nach China. Mittlerweile zeichnet sich jedoch ab, dass mit zunehmendem Wohlstand höhere Lohnkosten einhergehen und China nun zahlreiche Arbeitsplätze an Länder wie Kambodscha oder Bangladesch verliert. So waren die 1990er Jahre in zahlreichen Ländern Europas von einem massiven Stellenabbau vor allem im Produktionsbereich geprägt. Die Insolvenz der Firma Solarworld, die gegen die deutlich günstiger produzierende Konkurrenz aus Fernost nicht mehr wettbewerbsfähig war, hat jedoch sehr klar gezeigt, was passiert, wenn Firmen es versäumen, ihre Produktionskosten bei vergleich- bzw. substituierbaren Produkten nicht anzupassen. Allerdings zeichnet sich auch wieder eine Tendenz zur Rückverlagerung von Produktion nach Deutschland ab. Dies hat zwei Gründe: Zum einen steht bei hochwertigen Produkten die Qualität im Vordergrund. Bei einer ausgelagerten Produktion kann diese nicht immer garantiert und oft nur schwer kontrolliert werden. Zum anderen führt die Digitalisierung der Produktion dazu, dass Personalkosten zunehmend einen geringeren Anteil an den Gesamtkosten ausmachen (https://www.vdi.de).

Ein anderer Aspekt von Internationalisierung und Globalisierung ist die Verfügbarkeit neuer Märkte. Mit dem Fall des „Eisernen Vorhangs" 1990 wurden nach einer Transitionsperiode die ehemaligen Ostblockstaaten zu Zielmärkten für zahlreiche internationale Konzerne. Besonders im Einzelhandel mit weitestgehend saturierten Märkten boten diese Staaten wie auch das nun boomende Asien attraktive Zielmärkte. Dies wiederum hatte zur Folge, dass Firmen sich sehr schnell internationalisierten. Die nächste Phase der Internationalisierung wurde von der Euro-Einführung eingeläutet, die insbesondere die deutschen Exporte massiv beflügelte (https://de.statista.com).

Grundsätzlich stehen nach Heenan und Perlmutter (1979) Unternehmen vier Basisstrategien zur Internationalisierung zur Verfügung:

Ethnozentrisch Die national geprägte Kultur des Mutterkonzerns wird auf alle internationalen Organisationen übertragen. Schlüsselpositionen werden mit Angehörigen des Stammlandes besetzt. Strategisch fährt man einen „One size fits all"-Ansatz, bei dem die nationalen Strategien nicht oder nur in geringem Umfang angepasst werden.

Polyzentrisch Bei diesem Ansatz genießen die ausländischen Organisationen ein Maß an Eigenständigkeit, um sich an lokale Marktbedürfnisse anzupassen. Die Führungskräfte stammen zu einem großen Teil aus dem jeweiligen Land.

Regiozentrisch Die oben genannten Elemente werden nicht für Länder, sondern für Regionen adaptiert.

Geozentrisch Das Unternehmen findet eine Balance zwischen nationalen Besonderheiten und globalen Zielen und Standards. Die Human Resources werden international leistungsbezogen eingesetzt. Die Herkunft spielt dabei keine Rolle.

In den meisten Fällen hat eine ethnozentrische Strategie sich als wenig erfolgreich erwiesen, weil Synergien nicht genutzt werden können und die normative Ebene der Unternehmensführung (Werte, Vision, Mission) nicht konsequent gelebt werden kann. In vielen Unternehmen gibt es durchaus Wellenbewegungen von der einen zur anderen Strategie. Immer wieder wird nicht zuletzt auch aus Kostengründen versucht, auf regiozentrische Konzepte auszuweichen. Dennoch sind die meisten Firmen so weit, dass sie in Bezug auf ihre Human Resources (nicht zuletzt auch wegen der schwierigen Arbeitsmarktsituation in Deutschland und aus motivatorischen Gründen) einen konsequent geozentrischen Ansatz wählen. Hinzu kommt ein Trend, dass nicht nur Unternehmen den internationalen Personaleinsatz benötigen, sondern dass Mitarbeiter dies im Rahmen ihrer Karriereentwicklung auch aktiv einfordern. Gerade hier ist natürlich eine Nutzenabwägung zwischen den Unternehmensinteressen und den Individualinteressen vorzunehmen.

Häufig wird beim internationalen Einsatz von Personal über weiche Faktoren wie interkulturelle Kompetenz gesprochen. Tatsächlich sind jedoch die harten Faktoren wesentlich erfolgskritischer. Zum einen muss das Human Resource Management über Instrumente zur Potenzialmessung und -erfassung verfügen, die über Kulturgrenzen hinweg valide sind. Qualitätsstandards im Human Resource Management müssen einerseits überall gleich hoch sein und trotzdem lokalen Rahmenbedingungen (z. B. Recht) genügen. Gehälter müssen an der Kaufkraft orientiert umgerechnet werden und vor allem müssen Lösungen gefunden werden, die Risiken ausgleichen, die für Mitarbeiter durch die Inkompatibilität der Sozialversicherungssysteme entstehen. Aber auch Aspekte der Integration von Familien im Ausland und Re-Entry-Strategien sind Handlungsfelder des Human Resource Managements. In Zukunft wird internationaler Personaleinsatz, sei es projektbezogen oder dauerhaft, eine immer größere Rolle spielen. Dies effektiv zu gestalten wird eines der wichtigsten Handlungsfelder in der Personalarbeit sein. Das wird jedoch auch zur Folge haben, dass Personalarbeit komplexer und aufwändiger wird.

1.4.4 Electronic HRM

Die letzten Jahre haben eine zunehmende Digitalisierung der Arbeitswelt mit sich gebracht, die sicher in den nächsten Jahren noch enorm fortschreiten wird. Natürlich ist auch das Human Resource Management von diesem Trend zur Digitalisierung betroffen. Allerdings scheint sich abzuzeichnen, dass die tatsächlich realisierten Effizienzsteigerungen in der transaktionalen Personalarbeit hinter den Erwartungen zurückbleiben (Krings 2015, S. 64).

Grundsätzlich geht diese Digitalisierung der Personalarbeit in zwei Richtungen: Man unterscheidet zwischen Employee-(Mitarbeiter-)Self-Service(ESS)- und Management-(Führungskräfte-)Self-Service-Systemen.

Unter ESS versteht man meist webbasierte Programme, mittlerweile jedoch häufig auch in Form sogenannter Apps, mit denen der Mitarbeiter in einer ersten Stufe die eigenen Daten abrufen kann (z. B. Gehaltsabrechnung, Urlaubstage), sie eventuell auch selbst anlegen bzw. verändern kann und/oder Workflows im Rahmen von Genehmigungsprozessen auslösen kann (z. B. Dienstreisen). Der Grundgedanke dahinter ist eine Vereinfachung von Prozessen und Abläufen, eine Entlastung des Human Resource Managements von einfachen, jedoch zeitintensiven Aufgaben und somit eine Effizienzsteigerung. In einer Büroumgebung greifen Mitarbeiter über Intranet oder ein spezielles Programm über den eigenen Computer auf das System zu. Dort, wo es keine Computerarbeitsplätze gibt, erhalten Mitarbeiter mit sogenannten Kiosksystemen Zugriff. Dabei handelt es sich um interaktive Computereinheiten, die an zentralen Stellen aufgestellt werden und allen Nutzern zur Verfügung stehen. Hierbei ist jedoch die Problematik des Datenschutzes zu beachten, da auch rein baulich die Möglichkeit zur Vertraulichkeit gewährleistet sein muss. Die Einführung solcher Systeme ist immer mit hohen Kosten verbunden.

Hier zeichnet sich jedoch eine Veränderung ab. Waren in der Vergangenheit kostenaufwändige On-Premises-Lösungen gerade für kleinere Unternehmen ein Hinderungsgrund, so zeichnet sich ein Wandel zu Cloud-Lösungen ab. Bei einer Cloud-Lösung werden Software und Infrastruktur von einem IT-Dienstleister betrieben. Es handelt sich also um einen speziellen Fall des Outsourcings. Dennoch gibt es bei zahlreichen Firmen erhebliche Vorbehalte gegenüber Cloud-Lösungen, nicht zuletzt auch aus Gründen des Datenschutzes. Dennoch forcieren Anbieter Cloud-Lösungen stark, so dass davon auszugehen ist, dass dieser Trend nicht reversibel ist.

Typische ESS-Funktionen sind:

- Urlaubsgenehmigung
- Dienstreiseanträge
- Spesenabrechnungen
- Änderung der Stammdaten
- Erfassung von Arbeitszeiten

- Lohn- bzw. Gehaltsabrechnung
- Anmeldungen zu Personalentwicklungsmaßnahmen.

Lag bei der Einführung von ESS der Fokus hauptsächlich auf relativ simplen Vorgängen wie Gehaltsbescheinigungen, Urlaubsbeantragungen und standardisierter Kommunikation, so können moderne Systeme deutlich komplexere Themenbereiche abbilden, wie z. B. auch Personalentwicklung, Zielerreichung oder Leistungseinschätzungen.

Employee Self Services werden ergänzt durch Management Self Services. Zum einen stellen diese die direkte Schnittstelle zum Mitarbeiter dar und optimieren somit den Workflow, da weitere Schnittstellen eliminiert werden. Darüber hinaus sind solche MSS jedoch auch ein Management Cockpit, das einerseits zur systematischen Erfassung von quantitativen wie auch qualitativen Daten (z. B. Überwachung von Arbeitszeiten, Genehmigung von Reisen, Entwicklungsgespräche, Talent Management, Entwicklungsfortschritte oder Personalkosten) dient und andererseits auch eine systematische Evaluierung des Human-Kapitals durch zentrale Auswertungen ermöglicht. Dies wiederum vereinfacht und verbessert den Prozess der qualitativen und quantitativen Planung.

Auch im Rahmen der Personalauswahl spielt die Digitalisierung eine entscheidende Rolle. Unternehmen vernetzen sich zunehmend mit Business-Plattformen wie Xing und LinkedIn, um direkt Kontakt zu interessanten Kandidaten aufzubauen, oder nutzen auch Netzwerke wie Facebook, um über hochwertigen Content dauerhaft eine Arbeitgebermarke aufzubauen (vgl. https://www.uni-bamberg.de). Systeme zum Bewerbermanagement sind heute eigentlich in fast jedem Unternehmen Standard. Betrachtet man jedoch die Bewertung von Arbeitgebern im Bewerbungsprozess auf den einschlägigen Online-Portalen, so wird deutlich, dass dies nicht grundsätzlich zu einer Steigerung der Transaktionsqualität geführt hat. Viele der am Markt angebotenen Softwarelösungen bieten die Möglichkeit, mittels sogenannter Scoring-Modelle eine Vorauswahl zu treffen. Dabei schätzt der Kandidat sich selber ein (z. B. Fremdsprachenkenntnisse) und/oder überträgt seine Daten in eine Maske. So wird dann über eine Nutzwertanalyse eine Vorauswahl getroffen. Diese Form der Kandidatenauswahl kann dann durch Online-Testverfahren ergänzt werden. Im einfachsten Fall werden Wissenstests durchgeführt. Dies wird häufig bei der Auswahl von Auszubildenden getan, da man standardisiert das ausbildungsrelevante Schulwissen abprüfen kann und mit relativ einfachen Mitteln große Mengen von Bewerbern durchleuchten kann. Darüber hinaus werden auch sogenannte Situational-Judgement-Tests eingesetzt (Krings 2017, S. 81 ff.), in denen typische Situationen aus der Zielposition dargestellt werden und der Bewerber diese einschätzen muss. Trotz der Vorteile gilt bei beiden Testformen, dass sie nur für eine sehr grobe Vorauswahl nützlich sein können und die Möglichkeit zur Manipulation bieten.

So wie die gesamte Wirtschaft im Augenblick vor einer digitalen Revolution steht, deren Ausmaße kaum abzusehen ist, betrifft dies auch das HRM. In sehr kurzer Zeit sind viele Themen angestoßen worden, die weit über ESS oder MSS Modelle hinausgehen. So ging 2018 WhatsApp mit einer Business Version auf den Markt, die z. B. auch das Bewerbermanagement auf diesem Weg ermöglichen soll. Reaktionszeiten werden sich verkürzen, aber dieser technologische Wandel wird auch die Kultur des Bewerbens grundlegend verändern. Werden Anschreiben in Zukunft noch üblich sein? Da hier allerdings auch datenschutzrechtliche Aspekte zu beachten sind, ist im Augenblick nicht abzusehen, wie und in welchem Zeitrahmen diese neuen Technologien wirksam werden.

Das Kapitel Personalentwicklung wird aufzeigen, dass künftig selbstgesteuerte, informelle Lernprozesse immer wichtiger werden. Personalentwicklung wird also entinstitutionalisiert und gewissermaßen demokratisiert. Peer Group Learning wird immer wichtiger, d. h. Inhalte werden nicht weniger von Externen in die Organisation hineingetragen, sondern die Zukunft wird einer Kultur des Teilens von Wissen gehören. Mitarbeiter werden ihr Wissen ihren Organisationen zugänglich machen. Dies funktioniert natürlich nur dann, wenn eine Organisation eine digitale Lerninfrastruktur hat, die dies auch ermöglicht. Gerade dieses Beispiel zeigt aber auch, dass digitale Kompetenz nicht mit IT Kenntnissen gleichzusetzen ist. Vielmehr hat ein Individuum und eine Organisation dann digitale Kompetenz, wenn Verhaltensweisen an den Tag gelegt werden, die agiles, schnelles, flexibles und kooperatives Agieren ermöglicht.

Gerade in den USA ist seit kurzem ein Trend zur Digitalisierung und Standardisierung von Auswahlprozessen zu beobachten. Kandidaten werden aufgezeichnet und per Computer analysiert. Dabei wird mit Spracherkennungssoftware und Programmen zur Entschlüsselung von Mimik und Gestik gearbeitet. Inwiefern dies sinnvoll ist kann im Augenblick nicht beurteilt werden, da keine belastbaren Studien vorliegen.

Ein weiteres Thema ist HR oder People Analytics, das seit 2016 immer wieder erwähnt wird und zunehmend mehr im Fokus steht. Hierbei geht es darum, Big Data einzusetzen, um vorhandene Informationen wie Vorgesetztenbewertungen, Leistungsbeurteilungen, Assessment Center Ergebnisse, demografische Daten etc. nutzbar zu machen, um Prognosen für die Zukunft abzugeben. Dabei kann es z. B. um Risikomanagement gehen, wenn man z. B. identifizieren möchte, welche Gruppe eventuell das Unternehmen verlässt. Aber mittels dieser Auswertungen können z. B. auch Talente identifiziert und gefördert werden. Zum einen gibt es bei diesem Thema natürlich sehr viele ethische Fragestellungen, die berücksichtigt werden müssen. Auf einer rein praktischen Ebene ist jedoch vor allem zu hinterfragen, wie die Qualität der Datengrundlage ist. Führen Führungskräfte Einschätzungen nicht sorgfältig durch oder wird z. B. eine Assessment Center unsachgemäß durchgeführt, so arbeitet der Algorithmus schlicht mit falschen Informationen. Auch dürfte sich eine Evaluierung der Validität sehr schwierig gestalten. Eine Verifizierung ist sicher möglich (Wurden die richtigen Leute befördert?), aber der Fehler 2. Art (Wurden die falschen Leute aussortiert) dürfte kaum messbar sein.

1.4.5 Politische Veränderungen

Arbeit ist in jedem System und in jedem Staat ein entscheidender Faktor für die politische Gesundheit eines Gemeinwesens. Nur wirtschaftlich stabile Staaten sind auch politisch stabil. Insofern ist es einleuchtend, dass die Politik einerseits Ansprüche an

Unternehmen stellt, andererseits durch die Gesetzgebung Einfluss auf die Gestaltung von Arbeit nimmt. Auch kulturelle Veränderungen im Wertesystem haben immer eine Auswirkung auf die Politik und deren Einwirkung auf Arbeit. Im Augenblick wird sehr stark eine Debatte über „Gerechtigkeit" und gesellschaftliche Teilhabe geführt. Der Begriff Gerechtigkeit wurde in Anführungsstriche gesetzt, weil er letztlich subjektiv und von eigenen Wertehaltungen und/oder politischen Überzeugungen geprägt ist und sich daher der Diskussion entzieht.

Jedoch hat die Gesellschaft sich seit 1949 stark verändert. Lange Zeit waren Teile der Bevölkerung nicht gleichberechtigt am Erwerbsleben beteiligt. So mussten Frauen z. B. ihren Arbeitsvertrag vom Ehemann unterschreiben lassen und durften als sogenannte Leichtlohngruppe niedriger bezahlt werden, weil man postulierte, dass eine Frau weniger leistungsfähig ist als ein Mann. Auch diente Arbeit nur sehr bedingt der sozialen Mobilität. Der soziale Aufstieg durch Bildung und einen entsprechenden Beruf war eher die Ausnahme, insbesondere für die Landbevölkerung (Fegert 2012). Heute stellt sich die Situation vollkommen anders dar. Gerade die Diskussion um vermeintliche Chancengleichheit dominiert bildungspolitische Diskussionen. Hierbei geht es nicht nur um soziale Herkunft, sondern auch andere demografische Merkmale werden thematisiert (Herkunft, Geschlecht etc.). Dies hat zur Folge, dass eine klare Tendenz zu immer höheren Bildungsabschlüssen zu beobachten ist. Dies wird jedoch auch dadurch erreicht, dass z. B. Schulempfehlungen nicht mehr überall verbindlich sind. Für Firmen bedeutet dies einerseits, dass ein bestimmter Abschluss nicht mehr einen bestimmten Kenntnis- oder Fertigkeitsstand garantiert, wie dies früher der Fall war. Mehr Aufgaben, die früher Schule oder Elternhaus wahrgenommen haben, werden nun vom Unternehmen wahrgenommen werden müssen. Eine ebenso große Herausforderung wird es sein, mit höheren Bildungsabschlüssen Positionen dauerhaft zu besetzen, für die diese Abschlüsse nicht notwendig sind.

Als das Allgemeine Gleichbehandlungsgesetz 2006 in Kraft trat, war dies die erste konsequente gesetzliche Umsetzung europäischer Antidiskriminierungsrichtlinien in Deutschland. Das AGG verbietet Diskriminierung auf Basis folgender Merkmale (Schaub und Koch 2014, S. 25 ff.):

- „Rasse"
- Ethnische Herkunft
- Geschlecht
- Religion
- Weltanschauung
- Behinderung
- Alter
- Sexuelle Identität.

Im Augenblick ist das AGG in der Realität der deutschen Rechtsprechung eher ein „zahnloser Tiger". Betrachtet man jedoch andere Länder in Europa, so spielt das Thema

1.4 Aktuelle Tendenzen

Antidiskriminierungsrechtsprechung eine wesentlich größere Rolle. Dies betrifft nicht nur die rechtliche Umsetzung des AGG, sondern vor allem auch den Anspruch an die Gesetzgebung, Diversität als eine staatliche Aufgabe zu definieren. Als Beispiel sei hier nur das Thema Frauenquote genannt. In dem Maß, in dem Regierungen „social engineering" als ihre Aufgabe begreifen, ist damit zu rechnen, dass Diversität per Gesetz verordnet wird und diese Aufgaben zum großen Teil beim Human Resource Management landen werden. So gibt es bereits heute schon Länder, in denen Firmen, die Aufträge des öffentlichen Dienstes erhalten, regelmäßig einen Diversitätsbericht abliefern müssen. Können sie nicht nachweisen, dass ihre Belegschaft den Ansprüchen genügt, verlieren sie staatliche Aufträge. Insofern ist vor allem auch mit einer erheblichen Bürokratisierung der Personalarbeit zu rechnen und mit einer stetigen Abwehr der Gefahr, mit der Antidiskriminierungsgesetzgebung in Konflikt zu kommen. Wenn man das Thema Diversität ernst nimmt, dann ist dies natürlich nichts, was per Gesetz verordnet werden kann, sondern es handelt sich vielmehr um einen umfassenden Kulturwandel. Vor dem Hintergrund der sich ändernden demografischen Situation ist es aber tatsächlich sinnvoll, zu fragen, ob Unternehmen es sich überhaupt leisten können, das Thema Diversität zu ignorieren (Thomas 2010, S. 99 ff.).

Ein weiteres Thema, das das Human Resource Management in den nächsten Jahren oder vielleicht Jahrzehnten beeinflussen wird, ist die Digitalisierung der Arbeit, auch unter dem Schlagwort Industrie 4.0 bekannt. Das „Weißbuch Arbeit 4.0" des Bundesministeriums für Arbeit zeigt sehr deutlich, dass große Teile der Politik sich offensichtlich noch nicht darüber im Klaren sind, welche fundamentalen Umwälzungen in der Zukunft auf die Gesellschaft zukommen (http://www.bmas.de). Diese Umwälzungen werden nicht nur die Arbeit im Betrieb betreffen (Wegfall manueller Arbeitsplätze, Home Office, Flexibilisierung, Verschmelzung von Mensch und Maschine), sondern vor allem auch die sozialen Sicherungssysteme. Gerade die Tatsache, dass die Politik in Deutschland das so gut wie nicht auf der Agenda hat, stellt umso größere Anforderungen an Unternehmen.

Ein weiterer Themenblock auf der politischen Ebene ist das Thema Migration. Ein Teilbereich davon betrifft auch die Frage nach Diversity, da Menschen mit Migrationshintergrund wie bereits erwähnt weniger im Erwerbsleben, insbesondere bei Fach- und Führungspositionen, vertreten sind als andere Bevölkerungsgruppen. Gerade der starke Zustrom von Flüchtlingen in den letzten Jahren wird eine engere Zusammenarbeit zwischen Wirtschaft und Politik erfordern, um diese Personengruppe zu qualifizieren und zu integrieren. Im Augenblick beschränkt sich diese Zusammenarbeit auf einzelne Projekte. Hier wird sicherlich vor allem auch ein Mehr an Dienstleistungen durch staatliche Institutionen erforderlich sein, so z. B. im Bereich Eignungsdiagnostik. Aber nicht nur das Ankommen von Menschen aus anderen Ländern wird eine Herausforderung sein, sondern auch das Gegenteil davon. Bedingt durch den demografischen Wandel, aber auch durch den Trend zu Akademisierung kann man jetzt schon einen Mangel an Fachkräften auf verschiedenen Ebenen feststellen, der sich in Zukunft erheblich vergrößern wird. Zwar gibt es mittlerweile die Möglichkeit, relativ unkompliziert Mitarbeiter innerhalb der EU zu gewinnen, doch ist fraglich, ob dies ausreicht. Insofern ist das Fehlen eines

Einwanderungsgesetzes ein Problem für Unternehmen, da es hochqualifizierten Kräften aus dem Nicht-EU-Ausland (z. B. Indien, Bangladesch) kaum möglich ist, in den deutschen Arbeitsmarkt einzutreten. Ob hier eine Veränderung zu erwarten ist, kann man schwer einschätzen, da die Debatte sehr stark ideologisch geführt wird und die Frage, ob Deutschland ein Einwanderungsland sein darf, im Mittelpunkt steht.

> **Kontrollfragen**
> 1. Was bedeutet demografischer Wandel?
> 2. Was sind wesentliche Kennzeichen des Wertewandels in der Gesellschaft?
> 3. Was ist der Unterschied zwischen ESS und MSS?
> 4. Was ist eine Cloud-Lösung?
> 5. Warum ist Altersdiskriminierung aus unternehmerischer Sicht ein Problem?

Literatur

Bleicher, K., & Abegglen, C. (2017). *Das Konzept Integriertes Management*. Frankfurt: Campus.
Fegert, C. (2012). *Die gymnasiale Ganztagsschule in Deutschland*. München: AVM.
Heenan, D. A., & Perlmutter, H. V. (1979). *Multinational organization development – a social architectural perspective*. Boston: Addison-Wesley.
Krings, T. (2012). Der HR Business Partner – Ein Missverständnis? *Personalwirtschaft, 7*(2012), 36–42.
Krings, T. (2015). *Erfolgsfaktoren strategischen Personalmanagements*. Wiesbaden: Springer Gabler.
Krings, T. (2017). *Erfolgsfaktoren effektiver Personalauswahl*. Wiesbaden: Springer Gabler.
Lindner-Lohmann, D., Lohmann, F., & Schirmer, U. (2016). *Personalanagement*. Wiesbaden: Springer Gabler.
Michaels, E. (2001). *The war for talent*. Boston: Harvard Business Review Press.
Schaub, G., & Koch, U. (2014). *Arbeitsrecht von A–Z*. München: dtv.
Scholz, C. (1993). *Personalmanagement*. München: Vahlen.
Scholz, C. (2014). *Generation Z*. Zürich: Wiley.
Thomas, R. R. (2010). *World class diversity management*. Oakland: Berrett-Koehler.
Ulrich, D., & Brockbank, W. (1997). *Human resource champions*. Boston: Harvard Business review Press.
Wöhe, G. (2010). *Einführung in die Allgemeine Beriebswirtschaftslehre*. München: Vahlen.

Internetquellen

Berwanger, J. (o. J.). Geschäftsführung. Gabler Wirtschaftslexikon. http://wirtschaftslexikon.gabler.de/Definition/geschaeftsfuehrung.html. Zugegriffen: 21. Aug. 2017.
o. V. Trader Joe's Founder Joe Coulombe. Entrepreneur. https://www.youtube.com/watch?v=NRy-1YLaAAgA. Zugegriffen: 8. Dez. 2017.
o. V. (2004). Betriebsverfassungsgesetz. https://www.gesetze-im-internet.de/betrvg/__5.html. Zugegriffen: 21. Aug. 2017.

Literatur

o. V. (2015). Ältere am Arbeitsmarkt. Bundesagentur für Arbeit. https://statistik.arbeitsagentur.de/Statischer-Content/Arbeitsmarktberichte/Personengruppen/generische-Publikationen/Aeltere-amArbeitsmarkt-2015.pdf. Zugegriffen: 2. Sept. 2017.

o. V. (2016a). Weißbuch Arbeiten 4.0. Bundesministerium für Arbeit. http://www.bmas.de/DE/Service/Medien/Publikationen/a883-weissbuch.html;jsessionid=E002BFA7EC78F71E242A-01D4943AC7EB. Zugegriffen: 4. Sept. 2017.

o. V. (2016b). Geburtenziffer in Deutschland unter EU-Durchschnitt. Statistisches Bundesamt. https://www.destatis.de/Europa/DE/Thema/BevoelkerungSoziales/Bevoelkerung/Geburtenziffer.html;jsessionid=86B338873BEB618020791C14E650C7F0.cae3. Zugegriffen: 1. Okt. 2017.

o. V. (2016c). Digitalisierung bringt die Produktion zurück nach Deutschland. Studien zur Hannover Messe. https://www.vdi.de/presse/artikel/digitalisierung-bringt-die-produktion-zurueck-nach-deutschland/. Zugegriffen: 4. Sept. 2017.

o. V. (2017). Wert der deutschen Exporte von 1991 bis 2016. https://de.statista.com/statistik/daten/studie/165463/umfrage/deutsche-exporte-wert-jahreszahlen/. Zugegriffen: 4. Okt. 2017.

Weitzel, T. (u. a.). (2016). Bewerbung der Zukunft. Universität Bamberg- Themenspecial. https://www.uni-bamberg.de/fileadmin/uni/fakultaeten/wiai_lehrstuehle/isdl/Recruiting_Trends_2016_-_Bewerbung_der_Zukunft_v_WEB.PDF. Zugegriffen: 10. Okt. 2017.

Personalpolitik und Personalplanung 2

Zusammenfassung

In diesem Kapitel geht es um Personalpolitik im weiteren und im engeren Sinne, die die Rolle des HRM im Unternehmen definiert. Es geht um die Ableitung von Strategien, Strukturen und Aufgaben des HRM aus der Unternehmensstrategie. Hierbei wird herausgestellt, dass effektives HRM nur auf Basis quantitativer und qualitativer Planungsprozesse seine Wirkung entfalten kann. Sie lernen hierbei die wesentlichen Planungstools und ihre Schnittstellen zu allgemeinen strategischen Planungstechniken kennen und verstehen anhand von Praxisbeispielen, wie diese angewandt werden. Ein Ergebnis von qualitativer und quantitativer Planung kann auch die Notwendigkeit der Trennung von einzelnen oder aber ganzer Gruppen von Mitarbeitern sein. Sie lernen die Grundzüge der individuellen und kollektiven Personalfreisetzung kennen und sind mit den personalwirtschaftlichen Instrumenten für letztere vertraut. Personalpolitik beschreibt die Bündelung aller personalwirtschaftlichen Maßnahmen, die zur Erreichung der Unternehmensziele notwendig sind. In der Realität neigen HRM-Verantwortliche nicht selten zu Aktionismus, da sie auch häufig nicht in Planungsprozesse eingebunden sind. Voraussetzung für ein effektives HRM ist jedoch eine sinnvolle Planung, sowohl auf qualitativer als auch auf quantitativer Ebene. Insofern geht es also um eine Verankerung der Personalpolitik in der Unternehmensstrategie und die konsequente Ableitung notwendiger Maßnahmen unter Berücksichtigung der wesentlichen internen und externen Einflussfaktoren.

2.1 Personalpolitik

▶ **Personalpolitik** In diesem Buch ist unter „Personalpolitik" die sinnvolle Ableitung und Umsetzung aller mittel- und unmittelbar auf den Mitarbeiter wirkenden Maßnahmen aus der Unternehmensstrategie zu verstehen bzw. die Ergänzung der Unternehmensstrategie um die Komponente Personal.

Man unterscheidet zwischen dem Begriff der Personalpolitik im engeren und im weiteren Sinne (Abb. 2.1). Im weiteren Sinne ist er ein inhaltlich relativ unbestimmter Begriff, der als gleichbedeutend mit Human Resource Management oder Personalwirtschaft verwendet wird. Letztlich stellt sich die Frage, ob man den Begriff „Politik" als übergeordnet (also der normativen oder strategischen Ebene der Unternehmensführung zugehörig) sieht oder aber ob man ausschließlich eine Ziel- und Maßnahmenplanung darunter versteht. In einigen Unternehmen wird „Personalpolitik" auch mit „Personal & Soziales" gleichgesetzt und von den scheinbar weichen Themen der Personalarbeit wie z. B. Personalentwicklung abgegrenzt. In diesem Kapitel werden vor allem qualitative und quantitative Methoden der Personalplanung betrachtet. Zum Schluss werden Arten und Rahmenbedingungen der Personalfreisetzung dargestellt.

Abb. 2.1 Personalpolitik

2.2 Strategisches Human Resource Management: ganzheitliche Betrachtung der Unternehmensstrategie

Ob Human Resource Management „gut" oder „schlecht" ist, entscheidet sich nicht daraus, ob bestimmte Modethemen angesprochen werden oder aber ob es vermeintlich innovativ ist. Human Resource Management ist dann gut, wenn es effektiv ist, also dem Unternehmen bei der Umsetzung seiner strategischen und operativen Ziele hilft. Hierbei hat Human Resource Management zwei Komponenten, nämlich eine transaktionale und eine transformatorische. Auch wenn in den letzten Jahren die transaktionale Personalarbeit abgewertet wurde und ausschließlich unter Kostenaspekten gesehen wird, so ist sie Grundvoraussetzung für das Funktionieren des Unternehmens und für die grundsätzliche Akzeptanz des Human Resource Managements. Dennoch wird Wertschöpfung im Human Resource Management nur dann erreicht, wenn die Personalstrategie ein integraler Bestandteil der Unternehmensstrategie ist. Da in vielen Unternehmen der Personalverantwortliche nicht an strategischen Planungsprozessen beteiligt ist, versucht man häufig, solche Strategien nachgelagert zu entwickeln. Dies ist zwar eine Möglichkeit, Struktur in das Human Resource Management zu bringen, greift jedoch deutlich zu kurz und reduziert das institutionalisierte Human Resource Management zum ausführenden Organ. Tatsächlich ist es jedoch so, dass eigentlich nach jeder orthodoxen Betrachtung des Strategieprozesses die Human-Ressourcen auf der strategischen und vor allem auch der normativen Ebene der Unternehmensführung ein entscheidender Einflussfaktor sind (Krings 2015, S. 4 ff.).

Beispiel

Die Firma Taktiker AG ist ein filialisiertes Einzelhandelsunternehmen in der Baumarktbranche. In seinem fast 20-jährigen Bestehen hat das Unternehmen ein Auf und Ab erlebt. Waren die 90er Jahre von starker Expansion und Zukäufen geprägt, scheiterte der Börsengang jedoch und der Mutterkonzern ACME AG kaufte die Aktien zurück. Bedingt durch das Flächenwachstum in der Baumarktbranche brachen die Profite weg. Das Unternehmen hatte im Gegensatz zu anderen Baumärkten auch kein klares Profil am Markt. Herrenpilz und A&T hatten sich als Fachhändler auf großer Fläche positioniert, Boom war im dekorativen Bereich stark und HobbyMax war der Edel-Baumarkt. Taktiker hatte versucht, alles für jeden zu sein, und war damit gescheitert. Jeder neue Vorstandsvorsitzende hatte ein neues Konzept mitgebracht und konnte es letztlich nicht umsetzen. So kam es dann auch, dass der Aufsichtsrat in einer Art Panikreaktion die Vorstandsvorsitzenden im Jahresrhythmus austauschte.

Im Jahr 1999 war die Situation dann einigermaßen desolat. Die Märkte hatten weitestgehend autonom agiert, und das mit wenig Erfolg. Es war keine klare Linie zu erkennen und es fehlten firmenübergreifende Systeme. Im IT-Bereich war das Unternehmen den Mitbewerbern 10 Jahre hinterher. In den Hochregalzonen lagerte Ware im Wert von rd. 200 Mio. DM, was massive Auswirkungen auf die Cash-Flow-Situation hatte. Dadurch, dass jeder Marktleiter selbst einkaufte, waren die Einkaufskonditionen schlechter geworden und Taktiker war nicht nur unattraktiv, sondern auch zu teuer, und das mit dem Slogan „Wir können nur billig".

Im Jahr 2000 trat Wolfgang Weiner die Stelle des Vertriebsvorstands an. Er setzte das straffe Konzept des diskontierenden Baumarkts mit standardisierten Konzepten und Sortimenten mit eiserner Faust durch und sorgte für einen zügigen Abverkauf der Altware. Prozesse wurden standardisiert und IT-Systeme eingeführt. 2001 stand das Unternehmen zwar wirtschaftlich immer noch nicht solide da, aber es hatte einen ganzen Schritt nach vorne getan.

Da Weiner für seinen äußerst ruppigen Führungsstil bekannt ist, verließ der Leiter der Personalentwicklung das Unternehmen. Der Vorstand war darüber nicht unglücklich, denn es wurde schnell klar, dass neben der Quantität vor allem die mangelnde Qualität der Führungskräfte eines der Probleme des Unternehmens war. In Zeiten, als es dem Unternehmen gut ging und das Baumarktgeschäft ein Selbstläufer war, hatte man einen zu großen Wasserkopf in der Zentrale aufgebaut. Insofern hatte man in der Zentrale pauschal 20 % des Personals abgebaut. Da die Aufgaben nun durch die bestehenden Mitarbeiter durchgeführt werden müssen, entsteht ein erheblicher Qualifikationsbedarf. Dies liegt nicht zuletzt daran, dass viele Führungskräfte formal einen sehr niedrigen Bildungsabschluss haben und sich auch nicht weiterentwickeln wollen oder können, da das Unternehmen hier keine Konzepte hat. Bestimmte Schlüsselpositionen wurden bewusst mit Mitarbeitern von außen oder aus dem Mutterkonzern besetzt. Bei den Marktleitern hatte es eine erhebliche Fluktuation gegeben. Teilweise war diese vom Unternehmen gewünscht. Teilweise verließen jedoch auch gute Marktleiter das Unternehmen, weil sie sich durch die Zentralisierung in ihren Entscheidungskompetenzen beschnitten sahen. Das Problem daran ist jedoch, dass es oft über lange Zeit nicht gelingt, die Stellen intern nachzubesetzen. Es wird argumentiert, dass es entweder keine geeigneten Kandidaten gebe oder aber dass diese noch nicht so weit seien. Man hat sich bisher immer gescheut, Förderprogramme aufzulegen, da man keine Erwartungen wecken wollte. Beförderungen erfolgen nach Gutsherrenart: Der Regionalleiter entscheidet allein. Oder wie ein Betriebsrat es spöttisch kommentierte: Befördert wird, wer die Hacken zusammenschlagen kann und am lautesten „Ja" ruft. Dadurch sind einige Marktleitungen vakant und werden als Doppel- oder sogar Dreifachstandorte betrieben. Andere wurden durch Personalberater besetzt. Zum einen ist dies eine sehr teure Vorgehensweise und zum anderen ist die Fluktuation in dieser Zielgruppe sehr hoch. Aufgefallen ist ebenfalls, dass die Übernahmequote der Azubis im Vertrieb von 80 % auf unter 50 % abgerutscht ist. Über die Ursachen ist nichts bekannt. Bei den Berufsakademie-Studierenden ist die Übernahmequote gar auf 0 % abgestürzt. Als Grund werden meistens schlechte Leistungen angegeben, aber das ist nicht nachprüfbar.

Es zeigt sich also, dass das Thema Qualifizierung und Weiterbildung ein entscheidender Erfolgsfaktor für die Zukunft des Unternehmens ist. 2003 hat ein neuer Leiter der Personalentwicklung im Unternehmen angefangen. Torben Brings ist Anfang dreißig und bringt 5 Jahre Berufserfahrung in diesem Bereich mit. Er ist zwar relativ jung und unerfahren für eine Position, die auf der dritten Führungsebene angesiedelt ist. Er ist jedoch in Personalentwicklerkreisen ziemlich bekannt, weil er in relativ kurzer Zeit die sehr veraltete Personalentwicklung einer großen Gießerei komplett neu aufgestellt hat.

In den ersten Wochen hat er eine Bestandsaufnahme gemacht, was Prozesse und Organisation angeht. In seiner Abteilung sind drei Mitarbeiterinnen tätig. Hauptsächlich organisieren diese Seminare, von denen die meisten jedoch aufgrund mangelnder Teilnehmerzahlen wieder abgesagt werden. Eine Halbtagskraft kümmert sich um Weiterbildungen zum Handelsfachwirt und zum Handelsassistenten. Eine Mitarbeiterin ist zu 50 % an den Bereich Personalwirtschaft ausgeliehen und kümmert sich um Zeitwirtschaft. Ferner ist sie für die Betreuung der 7 dezentralen IT-Schulungszentren zuständig. Hier geht es auch um das Facility Management. Ob diese Zentren genutzt werden und welche Software bzw. welche Version der jeweiligen Software sich dort befinden, ist nicht bekannt. Die dritte Mitarbeiterin kümmert sich neben Seminaren um die Betreuung der dualen Studenten. Die Verantwortung für die Studenten ist nicht geklärt. Inhaltlich ist das Thema bei der Personalentwicklung angesiedelt und sie sind auch auf dieser Kostenstelle. Disziplinarisch werden sie bei Praxisphasen im Vertrieb von Marktleitern geführt. Sind sie in der Zentrale, werden sie vom Personalleiter der Zentrale geführt. Das Ergebnis ist, wie bereits erwähnt, katastrophal.

Personalentwicklung wird nicht zentral gesteuert. Der Seminarkatalog ist im Wesentlichen seit 10 Jahren unverändert und liegt nur in digitaler Form vor. Es gibt zwar immer wieder Anmeldungen, aber auch viele Stornierungen. Die Seminare werden zum Großteil von einem Weiterbildungsanbieter durchgeführt, der auch den innerbetrieblichen Unterricht für die Azubis macht. Über die Qualität der Trainings und Seminare ist wenig bekannt. Brings ist beim Durchlesen aufgefallen, dass in den Seminarbeschreibungen Ziele und Inhalte fast identisch sind. Beispiel: Seminarziel: Wir beschäftigen uns mit den Grundlagen der Kommunikation nach Schultz von Thun. Die Aufstiegsförderung wird in jeder Region unterschiedlich gehandhabt. Es gibt drei Regionen mit je einem Personalreferenten, der zwar an den Leiter der Personalwirtschaft berichtet, jedoch faktisch ein Mitarbeiter des Vertriebsdirektors vor Ort ist. Im Markt gibt es folgende Hierarchieebenen:

a. Marktleiter
b. Stellvertretender Marktleiter
c. Substitut (nur in großen Märkten) und/oder Kassenaufsicht
d. Abteilungsleiter
e. Verkäufer

Es gibt ein jährliches Mitarbeitergespräch, das mit dem Mitarbeiter im Monat seines Geburtstags geführt werden muss. Für Mitarbeiter ab 55 ist die Teilnahme an diesem Gespräch fakultativ. Da es eine Betriebsvereinbarung dazu gibt, werden die

Gespräche quantitativ ausgewertet und dem Betriebsrat gemeldet. Was ansonsten mit diesen Gesprächen passiert, ist nicht bekannt. Angeblich wertet die Region Süd sie auch qualitativ aus.

Ein weiterer Bereich ist der innerbetriebliche Unterricht für die Azubis. Grundsätzlich hat die Zentrale keinen Einblick in die Ausbildung im Vertrieb. Man vermutet, dass in einzelnen Märkten zu viele Azubis ausgebildet werden und auch in Ausbildungsberufen, die das Unternehmen eigentlich gar nicht anbietet. Auf Nachfrage hat Brings eine Tendenz wahrgenommen, dass einer der Gründe für die Nichtübernahme im enormen Kostendruck der Märkte liegt. Daher ist auch die Zahl der neuen Azubis rückläufig. Das ist kritisch, weil man weiß, dass aufgrund der Altersstruktur definitiv Nachwuchs benötigt wird. Aber es gibt auch Stimmen, die sagen, dass die Qualität der Ausbildungsleistung der Azubis schlechter geworden ist. Man vermutet, dass dies daran liegt, dass kaum noch Warenkundeunterweisungen in den Märkten stattfinden. Aber auch die Berufsschulleistungen sind angeblich deutlich schlechter geworden. Der innerbetriebliche Unterricht ist auch ein enormer Kostenblock, der pro Jahr mit rd. 250.000 EUR zu Buche schlägt. Dieser wird von einem externen Dienstleister durchgeführt. Brings hält diese Kosten für deutlich zu hoch. Er hatte schon überlegt, dafür eigene Mitarbeiter einzustellen. Das hätte sich jedoch nicht gerechnet, da die Schulungen dezentral stattfinden und relativ viel Zeit für Reisen notwendig gewesen wäre. Ihm ist aber aufgefallen, dass die meisten Schulungen zwei oder drei Tage dauern, der Trainer dann abreist und er den Leerlauf auch bezahlen muss, da die Trainer ausschließlich für Taktiker tätig sind.

Diese Fallstudie illustriert sehr deutlich, dass das Fehlen qualitativer wie quantitativer Planungsprozesse einen Teil der Probleme des Unternehmens darstellt. Zwar scheint das Thema der Personalkosten bzw. des Personalbestands seit der Straffung der Führung zumindest zentral erfasst zu werden. Dennoch ist eine Zeitwirtschaft gerade erst im Aufbau. Damit ist man natürlich weit hinter dem, was in anderen Unternehmen bereits Standard ist, und vergibt sich die Chance zur wirtschaftlich notwendigen Flexibilisierung der Arbeitskosten. Ebenso scheint die Planung der Auszubildenden und Studierenden nicht in irgendeiner Weise mit einem quantitativen Planungsansatz verknüpft zu sein, so dass man letztlich über die Effektivität der Kosten nur spekulieren kann. Daher ist auch unklar, ob der innerbetriebliche Unterricht, der ja einen enormen Kostenfaktor darstellt, in dieser Form sinnvoll ist oder effektiv genutzt wird.

An dieser Stelle zeigt sich jedoch auch, dass vor allem keine qualitativen Daten erfasst werden. Weder werden die Theorie- und Praxisleistungen der Studierenden und Azubis an einer zentralen Stelle erfasst, noch die Ergebnisse der Mitarbeitergespräche. Das bedeutet, dass es keine Stellhebel zur Optimierung der Ausbildung gibt, da der Status quo nicht bekannt ist. Bei den Mitarbeitergesprächen ist dies fast noch dramatischer. Dadurch, dass keine im Unternehmen vorhandenen Fähigkeiten, Kenntnisse und Erfahrungen erfasst werden, beraubt sich das Unternehmen in einer Branche mit sehr hartem Wettbewerb und daraus resultierendem Margendruck der

Chance, durch effektive Nutzung der vorhandenen Human Resources mehr mit weniger zu leisten. Dazu passt auch, dass das Weiterbildungsangebot nichts mit einer systematischen Personalentwicklung zu tun hat, da ja auch Entwicklungsbedarfe nicht erfasst bzw. ausgewertet werden. Das Fehlen einer effektiven Personalentwicklung ist dann natürlich auch die Ursache dafür, dass Positionen oft nicht aus den eigenen Reihen besetzt werden können. Externe Besetzungen sind zum einen teuer, zum anderen aber auch weniger effektiv und senden das falsche Signal in die Organisation.

Wenn Brings also eine Personalentwicklung aufbauen will, dann geht es dabei zunächst weniger um die Instrumente der Personalentwicklung, sondern um eine stringente Personalpolitik. Dies wird nicht ganz einfach werden, denn zum einen ist das Unternehmen selbst offensichtlich zumindest bei Personalfragen in drei mehr oder weniger unabhängige Organisationen aufgeteilt. Diese zusammenzuführen wird eine Herausforderung werden, besonders dann, wenn ein Unternehmen, das letztlich fast ausschließlich vom Vertrieb gesteuert wird, wahrscheinlich wenig Interesse an einer zentralseitigen Personalentwicklung hat. Die Frage ist also, ob der Reifegrad des Unternehmens die dringend notwendige Transparenz und Standardisierung überhaupt zulässt. Entscheidend ist also, dass transparent qualitative wie quantitative Planungsprozesse durchgeführt werden. Hierbei ist es entscheidend, im ersten Schritt einen Überblick über die im Unternehmen vorhandenen Ressourcen (quantitativ und qualitativ) zu bekommen und gleichzeitig aber auch nach vorne gerichtet künftige Bedarfe zu antizipieren, um diese mit personalwirtschaftlichen Instrumenten abzudecken.

2.2.1 Strategische Personalplanung

Wie bereits dargelegt, gehen moderne Ansätze der Unternehmensführung davon aus, dass über der strategischen Ebene noch die normative Ebene der Unternehmensführung liegt. Dabei geht es darum, Sinnfragen zu beantworten und die „DNA" des Unternehmens festzulegen. Dies soll natürlich nicht heißen, dass – wie in der Realität nicht unüblich – Aufgaben wie das Entwickeln von Mission (Warum gibt es uns?) und Vision (Wohin wollen wir?) beim Human Resource Management abgeladen werden. Hierbei handelt es sich um fundamentale Führungsaufgaben auf der obersten Ebene der Hierarchie, die auch nur sehr begrenzt sinnvoll im beliebten partizipativen Workshop-Format erarbeitet werden können. Hierbei handelt es sich vielmehr um eine Willenserklärung der Unternehmensführung. Jedoch spielt der Faktor Mensch hier eine ganz entscheidende Rolle, da auf der normativen Ebene der Unternehmensführung auch das Menschenbild der Organisation verankert ist.

Zum einen wirkt dies nach außen. Die Mission ist das Nutzenversprechen für den Kunden und die Umwelt. Zu dieser Umwelt gehören als wichtige Stakeholder natürlich auch bereits die Mitarbeiter. Die Vision – ein möglichst motivierendes Bild der Zukunft – wendet sich schließlich auch an die Belegschaft und bietet einerseits Orientierung auf der Sachebene, soll jedoch auch die Mitarbeiter aktivieren und motivieren. Gleichzeitig werden auf der normativen Ebene die Werte des Unternehmens definiert sowie die gewollte Kultur. Eines der vielen frei erfundenen Zitate im Internet, das fälschlicherweise oft Peter Drucker zugeschrieben wird, lautet: „Culture eats strategy for breakfast." Dennoch handelt es sich dabei um eines der am häufigsten weiterverbreiteten Zitate, weil es scheinbar zum Ausdruck bringt, was viele Unternehmer erleben, nämlich dass eine Organisation nur dann steuerbar ist, wenn klar ist, welches Verhalten akzeptabel ist und welches nicht.

> **Beispiel**
>
> Als Beispiel für die Bedeutung von Kultur und Werten für den Unternehmenserfolg kann ein bekannter Discounter dienen. Vor einigen Jahren erkundigten übereifrige Verkaufsleiter sich bei Ärzten nach Krankheitsgründen von Mitarbeitern und andere spionierten Mitarbeiter mittels Videokameras aus. Dies war mit Sicherheit von Seiten der Unternehmensleitung kein gewolltes Verhalten, da es ja eindeutig illegal war. Als die Presse darüber berichtete, erlebte das Unternehmen erhebliche Umsatzeinbußen und trug einen empfindlichen Imageschaden davon.
>
> Dies hängt in zweierlei Hinsicht mit dem Thema Personalpolitik zusammen. Zum einen hatte man sich keine Gedanken über das eigene Menschenbild und die daraus resultierenden Konsequenzen für das von Führungskräften geforderte Verhalten gemacht. In anderen Worten: Es war also nicht klar definiert, was eine Führungskraft (außer dem Erreichen von Kennzahlen) im Unternehmen erfolgreich macht. Zum einen bedeutet dies, dass Steuerungsinstrumente fehlen, da es keine eindeutigen Regeln gibt. Zum anderen ist es natürlich unter motivatorischen und Entwicklungsaspekten ein Problem, denn wenn man jemandem nicht erläutern kann, was er richtig oder falsch macht, fehlt jeglicher Bezugsrahmen für Personalentwicklung.
>
> Aber die Ursachen für das letztlich unternehmensschädigende Verhalten der Führungskräfte liegt nicht nur in deren Menschenbild oder am Wertevakuum, das die Unternehmensführung hat entstehen lassen. Vielmehr war es auch eine Frage der richtigen Qualifikation der „Führungskräfte", da diese offensichtlich nichts über Datenschutz wussten. Insofern zeigt sich sehr deutlich, welche Probleme entstehen, wenn das Human Resource Management nicht einbezogen wird. Das bedeutet aber auch ganz klar, dass die Themen nicht von außen vorgegeben werden dürfen oder aber dass Modethemen die Prioritäten bestimmen, auch wenn dies in der Realität oft der Fall ist. Man kann dies sehr deutlich an den oft wechselnden Prioritäten der Personaler ablesen, wie sie in verschiedenen Studien beschrieben werden. Die Prioritäten im Human Resource Management bestimmen sich jedoch aus den Bedarfen der Organisation in Relation zum externen Umfeld.

Themen des Human Resource Managements und der Personalpolitik müssen stringent aus der Unternehmensstrategie abgeleitet werden. Hier finden sich dann natürlich auch Umfeldfaktoren wieder, da alle Werkzeuge zur Strategiefindung ja externe Faktoren berücksichtigen. Als Beispiel kann hier die SWOT(Strengths–Weaknesses–Opportunities–Threats)-Analyse dienen, in der interne Stärken (Strengths) und interne Schwächen

(Weaknesses) externen Chancen (Opportunities) und Risiken (Threats) gegenübergestellt werden. Jede Form der Strategiefindung stellt also immer eine Reaktion auf sich ändernde Umfeldfaktoren dar. Gerade hier zeigt sich deutlich, dass Personal zwangsläufig auf der strategischen Ebene des Unternehmens verankert sein muss, da Menschen sowohl extern (Stakeholder) wie intern (Mitarbeiter) ein herausragender Einflussfaktor sind.

Aktuelle Umfragen zeigen seit Jahren den kontinuierlichen Trend, dass Unternehmen zwar einerseits bekunden, dass sie die strategische Bedeutung des Human Resource Managements für die Zukunft als sehr hoch betrachten, gleichzeitig aber ihre eigenen Personalbereiche primär als Kostenfaktor sehen. Diese widersprüchliche Haltung findet sich auch in Befragungen von Personalern wieder. Einerseits beschreiben Personaler sich überwiegend als in der Rolle des Beraters wertgeschätzt, erleben aber andererseits gleichzeitig, dass ihre Bedeutung in der Unternehmensführung abnimmt. Es zeichnet sich der Trend ab, dass der ranghöchste Personaler den geringsten Einfluss aller vergleichbaren Führungskräfte auf die Unternehmensstrategie hat. Parallel dazu hat die Wahrnehmung des Human Resource Managements als Kostenfaktor jedoch dazu geführt, dass entweder der transaktionale Bereich des Human Resource Managements ausgedünnt wurde und Aufgaben von niedrigem Komplexitätsgrad nun bei Führungskräften des Human Resource Managements angesiedelt werden, weil die Sachbearbeitungsebene fehlt. Untersuchungen zeigen, dass der Zeitanteil, den hochrangige Personaler mit wertschöpfenden Tätigkeiten verbringen, seit Jahren kontinuierlich rückläufig ist. Andererseits wurden in anderen Firmen transaktionale Tätigkeiten in die Linie zurückverlagert. In der Wahrnehmung vieler Führungskräfte führt dies dazu, dass das Human Resource Management als überflüssig wahrgenommen wird, da es das, was die internen Kunden erwarten, nicht liefert (Krings 2015, S. 53).

Die aktuellen Studien und Untersuchungen sind sich daher weitestgehend einig darüber, dass in den letzten Jahren keine entscheidenden Impulse für die Personalarbeit gesetzt wurden. Es wird sogar von einer „bleiernen Zeit" geredet (Krings 2012, S. 36). Gleichzeitig ist es jedoch unbestritten, dass die entscheidenden Herausforderungen der Zukunft es verlangen, dass das Human Resource Management als integraler Bestandteil der Unternehmensstrategie gesehen wird. In den meisten Gesellschaften wird die Ressource Mensch knapper werden, und die moderne Wissensgesellschaft stellt immer höhere Ansprüche an Wissen, Fähigkeiten und Fertigkeiten sowie deren stetige Weiterentwicklung. Die Verknappung der Ressource Mensch hat weitreichende Auswirkungen auf das gesamte Human Resource Management. Durch die komplett veränderte Marktsituation werden personalwirtschaftliche Instrumente entwickelt werden müssen, um im Wettbewerb auf dem Arbeitsmarkt standzuhalten. Das Human Resource Management der Zukunft wird wesentlich vernetzter agieren müssen, als dies bisher der Fall war. Hierfür sind jedoch wenige Ansätze zu erkennen, denn die Kostenorientierung zahlreicher Unternehmen verhindert dies. Auf einer übergeordneten Ebene zeigt sich in Deutschland auch eine Zersplitterung der Standesvertretungen von HR Professionals ab, so dass auch hier wenige Impulse zu erkennen sind. Im Gegenteil: Zahlreiche Protagonisten der "neuen Personalarbeit" kommen aus dem Umfeld von Staatsunternehmen, sind eher wirtschaftsfern und beschäftigen sich in ihren oft visionären Aussagen wenig mit der tatsächlichen Professionalisierung der Personalarbeit, sondern vertreten an vielen Punkten gesellschaftspolitische Fragestellungen, die häufig nur am Rande mit betrieblicher Personalarbeit zu tun haben. Die Realität scheint jedoch zu sein, dass, selbst wenn diese gesellschaftlichen Rahmenbedingungen gegeben wären, diese nicht die Schwächen oder die Ohnmacht betrieblicher Personalarbeit aufwiegen können.

Auf der einen Seite führt dies natürlich zu Frustrationen bei Personalern und führt zur Frage, wie man denn nun in den Strategiefindungsprozess integriert werden kann. Stellenanzeigen zeigen sehr deutlich, dass die meisten Unternehmen in der Summe kein Konzept zur Einbindung der HR in die Unternehmensführung haben bzw. dies sogar ablehnen (Krings 2015, S. 9).

Insofern stellt sich durchaus die Frage, weshalb es Personalern nicht gelingt, ihre Wertigkeit für das Unternehmen zu demonstrieren. Dies hängt sicherlich zum einen mit dem Selbstverständnis des Personalers im Spannungsfeld zwischen Individuum und Firma ab. Dies betrifft nicht nur die Wirkweise seiner Tätigkeit (Nutzen für das Unternehmen vs. Nutzen für das Individuum), sondern auch die Vorgehensweise zwischen Maßnahme und Prozess. Mit der Ankunft zahlreicher ehemaliger Berater im Human Resource Management Ende der 90er Jahre bis heute hat sich der traditionelle Fokus von Einzelmaßnahmen deutlich hin zur Prozessgestaltung verschoben. Dies scheint zwar auf der einen Seite besser zum Begriff des „Talent Managements" zu passen, dessen Abgrenzung von der klassischen Personalentwicklung jedoch unklar ist. Aber dies führt auch dazu, dass Personalarbeit als in ihren Formen erstarrt wahrgenommen wird und trotz Systematisierung die Effektivität für das Individuum nicht mehr wahrgenommen wird. So muss der Personaler sich zwischen den Rollen „Psychologe", „Berater" und „Betriebswirt" bewegen können. Da dies jedoch häufig als sich gegenseitig ausschließend wahrgenommen wird, stagniert der Personaler in der Entwicklung der eigenen Rolle (Krings 2015, S. 33).

Ein weiterer Faktor, der die Akzeptanz der Personalarbeit als wertschöpfend behindert, ist die Frage nach der Messbarkeit. Hier muss man jedoch konstatieren, dass gerade in der Vergangenheit viele Personaler selbst Probleme mit der Messbarkeit hatten und diese für ihren Bereich teilweise ablehnten (Krings 2015, S. 29 ff.). Diese Grundeinstellung hat sich heute teilweise verändert und man bemüht sich um Quantifizierung des Erfolgs. Betrachtet man jedoch die Kennzahlen, mit denen das Human Resource Management arbeitet, dann ist es häufig die reine Binnensicht, die gemessen wird. Messgröße ist also meist nicht der Wertbeitrag der Maßnahme, sondern die wahrgenommene Qualität der Maßnahme. Ansätze zur Humankapitalbewertung sind in der Summe so komplex, dass sie in der Praxis wenig Anwendung finden, und auch ROI-Rechnungen können nicht wirklich überzeugen, denn „ein konkreter Nutzen (…) ist nicht eindeutig zu bewerten, zumindest nicht monetär und nicht unmittelbar" (Krings 2015, S. 37). Es wird auch mittlerweile davor gewarnt, Pseudo-Kennzahlen einzuführen (z. B. Messbarkeiten, die keinen direkten Bezug zur Wertschöpfung haben), die letztlich schwer zu belegen sind (Krings 2015, S. 37).

2.2 Strategisches Human Resource Management …

Dazu passt, dass die meisten Darstellungen betrieblicher Personalarbeit tätigkeits- und nicht zielorientiert aufgebaut sind. Dabei wird oft mit dem Employee Life Cycle gearbeitet, was zeigt, dass das vorherrschende Verständnis von Human Resource Management nicht an Ergebnissen oder Wertbeitrag, sondern an Funktionen orientiert ist. Dem entgegen steht das bereits erwähnte Konzept Dave Ulrichs, in dem Personal als HR Business Partner die Verantwortung zukommt, wertschöpfend und strategisch zu arbeiten. Transaktionale Tätigkeiten werden in sogenannte Shared Services Center ausgelagert, deren Aufgabe darin besteht, diese Dienstleistungen in hoher Qualität zu günstigen Kosten zu erbringen. Fachfunktionen finden sich in Centres of Excellence, die jedoch keine Eigendynamik entwickeln, sondern vom HR Business Partner gesteuert werden, um tatsächlich nur die Aufgaben zu erbringen, die strategisch sinnvoll sind. In der Praxis wurde die Terminologie zwar aufgenommen, das dahinterliegende Konzept jedoch nur in den wenigsten Fällen. Die fast schon als schizophren zu bezeichnende Haltung mancher Unternehmen hat vor allem zwei Ursachen. Zum einen mag explizit oder implizit tatsächlich ein gewisses Maß an Misstrauen dem Personaler gegenüber vorhanden sein, weil man ihm unterstellt, dass er den Interessen der Mitarbeiter zugeneigter ist als denen des Unternehmens. Auf der anderen Seite ist es aber auch tatsächlich die Frage nach der Qualifikation der handelnden Personen. Traditionell hatte der Personaler immer schon das Problem, dass er eine Funktion ausübt, für die es in der Vergangenheit eigentlich kaum zielgerichtete Ausbildungsmöglichkeiten gab. Im nichtakademischen Bereich war das Angebot an fachspezifischen Weiterbildungen zwar relativ groß, doch Studiengänge, die die ganze Breite der Personalarbeit in akademisch angemessener Tiefe behandeln, gab es kaum. So waren häufig Juristen in der Gesamtleitungsfunktion, da sie über das Thema Arbeitsrecht kamen, oder aber Betriebswirte, die eher aus dem Bereich der Abrechnung kamen. Seltener fanden sich Psychologen in der Gesamtpersonalverantwortung, dominierten jedoch lange Zeit die Personalentwicklung. Daher war die Fragmentierung der fachlichen Kompetenz in der Vergangenheit ein Problem. Dies hat sich in den letzten Jahren deutlich verändert, da es viele Studienangebote gibt, die in generalistische BWL-Studiengänge eingebunden sind und so umfangreiches Managementwissen vermitteln. Der Bologna-Prozess bietet zusätzlich mit differenzierten Master-Angeboten die Möglichkeit zur fachlichen Vertiefung. Aber der andere Aspekt sind die Leadership-Kompetenz und die Affinität zum Kerngeschäft. Studien zeigen, dass viele Personaler eine Existenz abgekoppelt vom eigentlichen Geschäft des Unternehmens führen und es auch gar nicht ihrem Selbstverständnis entspricht, dass sie einen Wertbeitrag leisten müssen (Krings 2015, S. 6). „Dabei fehlt es beim ‚Gesicht zum Kunden', dem Business Partner, noch am Geschäftsbezug, an Standing und Change Management-Kompetenzen" (Krings 2015, S. 7). Damit nimmt die Studie von Kienbaum hier die zentrale Forderung Dave Ulrichs nach der umfassenden Leadership-Kompetenz des HR Business Partners auf. Wenn der Personaler also aus Gründen, die in seiner Person liegen, nicht am Strategieprozess beteiligt ist, dann hat dies sowohl die Dimension „Können" als auch die Dimension „Wollen". Im ersten Fall kann Abhilfe geschaffen werden. Im zweiten Fall kann man nur konstatieren, dass effektives Human Resource Management einen anderen Typus des Personalers braucht.

Eine Personalstrategie kann also nur dann effektiv sein, wenn sie in einem direkten Zusammenhang mit der Unternehmensstrategie steht. Neben der bereits erwähnten PEST- und SWOT-Analyse gibt es zahlreiche weitere Analysetools, in denen der Mitarbeiter ein wichtiger Faktor ist:

Engagement-Analyse (auch Zufriedenheitsanalysen genannt): Hierbei geht es darum, zu erfassen, wie das Umfeld, insbesondere Führung, auf den Mitarbeiter wirkt und wie das die Leistungsfähigkeit beeinflusst. Ebenso wird erfragt, wie das Verhalten der Mitarbeiter sich auf die Kundenbindung und -gewinnung auswirkt (Kehrt und Pütmann 2005, S. 33 ff.).

In einer modernen Wissensgesellschaft spielen die Human Resources natürlich insbesondere bei der **Kernkompetenzanalyse,** die nachhaltige Wettbewerbsvorteile eines Unternehmens aufzeigt, eine große Rolle, da hier vor allem die in der Firma vorhandenen Fähigkeiten beschrieben werden (Kehrt und Pütmann 2005, S. 50 ff.). Daher gehört aber in eine zeitgemäße Konkurrenzanalyse auch der Vergleich der Human-Ressourcen (Kehrt und Pütmann 2005, S. 134 ff.). In diesem Kontext ist auch die Erstellung eines Human-Ressourcen-Portfolios ein wichtiges Instrument.

Auf die Bedeutung der Unternehmenskultur auf der normativen Ebene des Managements wurde ja bereits eingegangen. Daher ist die **Unternehmenskulturanalyse** ein wichtiges Instrument, um einen Soll-Ist-Abgleich vornehmen zu können (Kehrt und Pütmann 2005, S. 40 ff.).

Auch in Bezug auf die **strategische Positionierung** des Unternehmens spielen die Mitarbeiter eine zentrale Rolle (Holbeche 2004, S. 90 f.), sowohl bei Porters generischen **Wettbewerbsstrategien** (Porter 1997, S. 62 ff.) als auch bei den differenzierteren Ansätzen von Treacy und Wiersema (Kehrt und Pütmann 2005, S. 207 ff.).

Wie bereits dargelegt, eignet sich die Balanced Scorecard sehr gut für eine ganzheitliche Planung der Unternehmensstrategie. Dieses Modell wurde in den 1990er Jahren von Robert Kaplan und David Norton entwickelt. Es ging ihnen dabei darum, Widersprüche zu vermeiden, die bei eindimensionalen Planungsmodellen auftreten können. Ein klassisches Beispiel wäre die Fixierung auf den Ertrag, was Einsparungen z. B. bei den Personalkosten zur Folge hätte. Durch das fehlende Personal können dann aber die Wachstumsziele nicht erreicht werden. Es geht also weniger um ein starres Kennzahlensystem als vielmehr darum, Abhängigkeiten und Wirkmechanismen aufzuzeigen und zu verknüpfen. Traditionell umfasst die Balanced Scorecard die Perspektiven „Financial", „Customer", „Internal business process" und „Learning and growth". Die Logik dahinter ist: „Managers in several organizations have noted that when they were evaluated solely on short-term financial performance, they often found it difficult to sustain investments to enhance the capability of their people (…). The adverse long-term consequences of consistent failure to enhance employee, systems, and organizational capabilities will not show up in the short run. (…) The Balanced Scorecard stresses the importance of investing for the future, and not just in traditional areas for investment (…)" (Kaplan und Norton 1996, S. 126). Insofern sind die entscheidenden Faktoren im Human Resource Management die „Employee Capabilities", und wichtige Kennzahlen sind das Mitarbeiter-Engagement,

Fluktuation und Produktivität (Kaplan und Norton 1996, S. 129 f.). Situationsspezifische Treiber für diese Faktoren sind Aus- und Weiterbildung, Information, Motivation, Selbstständigkeit und -verwirklichung (Kaplan und Norton 1996, S. 132). Auch hier wiederum schlagen Kaplan und Norton noch einmal sehr differenzierte Analysemethoden vor. Es zeigt sich, dass in der Analyse zahlreiche Elemente o. g. Werkzeuge zur Strategieentwicklung genutzt werden und die Besonderheit des Balanced-Scorecard-Ansatzes in der konsequenten Verknüpfung mit anderen Aspekten liegt. Letztlich muss man nicht zwangsläufig diesen Ansatz in vollem Formalisierungsgrad auswählen, aber von strategischem Human Resource Management kann man nur bei einer ganzheitlichen Betrachtung des Strategieentwicklungsprozesses reden.

Übung
Bitte prüfen Sie das HR Barometer der Vlerick Business School und vergleichen Sie, wie die Top Themen sich im Vergleich zum Vorjahr verändert haben.

2.2.2 Rechtliche Rahmenbedingungen

Artikel 9 Absatz 3 des Grundgesetzes legt dar, dass Vereinbarungen mit normativer Wirkung (Gesetzeskraft) zwischen zwei Parteien in Bezug auf Arbeit abgeschlossen werden können, ohne dass der Staat hier eingreift. Man spricht in diesem Zusammenhang auch von Tarifautonomie. Tarifverträge werden zwischen den Arbeitgeberverbänden und Gewerkschaften für Branchen und Regionen abgeschlossen (Flächentarifvertrag). Sie können sich auch innerhalb einer Branche je nach Region unterscheiden. Allerdings sind im Schnitt in Deutschland weniger als 50 % aller Unternehmen Mitglied des Arbeitgeberverbands, und dies mit einem deutlichen Ost-West-Gefälle. Der Tarifvertrag ist eine wichtige Rechtsquelle für das Human Resource Management, da dort nicht nur das Entgelt geregelt ist, sondern auch Arbeitszeiten, Urlaubsanspruch, Betriebsnormen (auf die Belegschaft bezogen) und betriebsverfassungsrechtliche Normen (Schaub und Koch 2014, S. 598). Ebenso können dort Regelungen zu gemeinsamen Einrichtungen getroffen werden. Nicht tarifgebundene Vertragsparteien können im Arbeitsvertrag Bezug auf den Tarifvertrag nehmen, jedoch einzelvertraglich abweichende Regelungen treffen können (Schaub und Koch 2014, S. 598).

Zwar gibt es häufig auch gesetzliche Mindestbestimmungen (z. B. Urlaub), doch gehen Tarifverträge meist darüber hinaus. Die normativen Teile von Tarifverträgen beziehen sich auf den Arbeitsvertrag und „füllen ihn im einzelnen aus" (Schaub und Koch 2014, S. 597). Rechtliche Regelungen wie die zum Mindestlohn stellen einen Eingriff in die Tarifautonomie dar.

Weitere rechtliche Rahmenbedingungen sind die bereits erläuterten Mitbestimmungsrechte des Betriebsrats und die Informationsrechte des Wirtschaftsausschusses. Ferner gelten die Bedingungen des Allgemeinen Gleichbehandlungsgesetzes. Da die Rechtsprechung hier noch sehr stark „Work in Progress" ist, sollte man sich regelmäßig über aktuelle Veränderungen informieren.

Selbstverständlich sind die rechtlichen Rahmenbedingungen zu berücksichtigen, die sich aus der jeweiligen Gesellschaftsform ergeben, sowie interne Regelungen über Befugnisse.

> **Kontrollfragen**
> 1. Warum sind nachgelagerte Personalstrategien wenig hilfreich?
> 2. In welchem Verhältnis stehen PEST- und SWOT-Analyse zur Personalstrategie?
> 3. Warum sind trotz des offensichtlichen Einflussfaktors „Personal" Personalverantwortliche häufig nicht in den Prozess der Strategieentwicklung eingebunden?
> 4. Was versteht man unter Tarifautonomie und was ist die rechtliche Grundlage?
> 5. Wie unterscheidet sich die Balanced Scorecard von einem harten Kennzahlensystem?

2.3 Planungsprozesse

2.3.1 Quantitative Planungsansätze

Quantitative Planungsansätze (Abb. 2.2) unterscheiden sich von qualitativen dadurch, dass sie mit klar definierten Kennzahlen arbeiten und qualitative Aspekte nicht einbeziehen.

2.3.1.1 Kostenorientierte Methoden

Der wohl am weitesten verbreitete Planungsansatz ist die kostenorientierte Betrachtung. Hierbei ist zunächst zu berücksichtigen, dass diese Methode isoliert angewandt zu kurz greift, da sie den Mitarbeiter als reinen Kostenfaktor begreift und übersieht, dass der Mitarbeiter außerhalb standardisierter Prozesse, in denen er austauschbar oder gar technisch substituierbar ist, der entscheidende Faktor zur Wertschöpfung und damit ein Wettbewerbsvorteil ist. Andererseits kommt es auch nicht selten vor, dass große Unternehmen in wirtschaftlich erfolgreichen Zeiten ihre Personalkosten aus den Augen verlieren und diese Kosten dann ein wesentlicher Faktor für das Scheitern des Unternehmens sind. Man muss sich darüber im Klaren sein, dass das Ignorieren der Personalkosten in jedem Fall langfristig auch für die Belegschaft negativ ist, da in der Regel bei unkontrollierten Kosten der Umbau radikaler und wenig sozialverträglich ausfällt. Grundsätzlich gilt, dass eine Führungskraft, die ihre Kosten nicht im Sinne der Leistungsfähigkeit des Unternehmens steuert, das Geld der Eigenkapitalgeber veruntreut. Gleichzeitig schmälert eine kurzfristige, rein kostenorientierte Betrachtung das langfristige Ergebnis des Unternehmens und hat damit letztlich den gleichen Effekt: Es werden Werte vernichtet.

Bei kostenorientierter Planung steht also die Reduzierung der Personalkosten im Vordergrund. Hierbei können auch Relationen von Kennzahlen zum Einsatz kommen. So kann man z. B. Mitarbeiter (insbesondere im Einzelhandel) der Fläche zuordnen, dem Umsatz, dem Ertrag oder Kundenzahlen oder -strömen. Flexible Arbeitszeitmodelle sind eine chronologische Form der kostenorientierten Personalplanung, da sie die fixen

2.3 Planungsprozesse

Abb. 2.2 Planung

Personalkosten in die Zeiten schieben, in denen der Bedarf hoch ist, und Kosten sparen, wenn der Bedarf niedrig ist. Eine besondere Form der kostenorientierten Planung ist das Benchmarking. Hier vergleicht man sich mit anderen Unternehmen und passt die eigenen Kosten entsprechend an. Diese Form von Daten bezieht man in der Regel im Rahmen von Studien über Vergütungsberater, die diese auch nur in anonymisierter Form weitergeben und die dann allen Teilnehmern zur Verfügung stehen.

2.3.1.2 Arbeitswissenschaftliche Methoden

Die Arbeitswissenschaft kommt ursprünglich aus dem Ingenieurswesen und verfolgt den Zweck, die vorhandenen Ressourcen für einen maximalen Erfolg zu nutzen. Es geht also zunächst nicht primär um Kostensenkungen, sondern um Effizienzsteigerung vorgehaltener Ressourcen. Folglich werden also wissenschaftlich, theoriegeleitet und empirisch alle Aspekte in Bezug auf Planung, Gestaltung und Durchführung menschlicher Arbeit mit dem Ziel der Leistungsoptimierung untersucht. Die Arbeitswissenschaft wurde vor allem von Frederick Taylor (1856–1915) begründet. Man spricht hier auch vom Taylorismus und dem Prinzip der Arbeitsteilung, die Karl Marx als eine Ursache der sogenannten Entfremdung der Arbeit sieht. Jedoch ist zu berücksichtigen, dass die Aussagen Marx' nicht auf Empirie beruhen und somit keinen Anspruch auf Wissenschaftlichkeit haben. Ob eine solche Entfremdung überhaupt stattgefunden hat, ist nicht nachgewiesen. Dabei wird der Arbeitswissenschaft häufig der Vorwurf entgegengebracht, dass sie den Menschen an die Arbeit anpassen wolle. Dies ist sicherlich zum Teil wahr, trifft den Kern jedoch nicht. Es geht im gleichen Maße auch um die Anpassung der Arbeit an den Menschen. Für erstgenannte Aussage stehen klassische Zeitmessungsmodelle mit Optimierungsansatz oder aber Arbeitsteilung zur Prozessoptimierung, die jedoch zu Monotonie führen kann. Für zweitgenannten Aspekt der Arbeitswissenschaft steht z. B. die ergonomische Gestaltung von Arbeitsplätzen.

In Deutschland steht insbesondere der REFA (Reichsausschuss für Arbeitszeitermittlung)-Verband für die Arbeitswissenschaft. Der REFA beschäftigt sich einerseits mit Arbeitsgestaltung als „das Schaffen eines aufgabengerechten, möglichst optimalen Zusammenwirkens von arbeitenden Menschen, Betriebsmitteln und Arbeitsgegenständen durch zweckmäßige Organisation von Arbeitssystemen unter Beachtung der menschlichen Leistungsfähigkeit und Bedürfnisse." Im Besonderen besteht die Arbeitsgestaltung aus der „Neuentwicklung oder Verbesserung von Arbeitsverfahren, Arbeitsmethoden und Arbeitsbedingungen, von Arbeitsplätzen, Maschinen, Werkzeugen, Hilfsmitteln sowie in der ablaufgerechten Gestaltung von Arbeitsgegenständen" (REFA 1985, S. 70). Andererseits ist die Betriebsorganisation ein Betätigungsfeld, die „die Planung, Gestaltung und Steuerung von Arbeitssystemen einschließlich der dazu erforderlichen Datenermittlung mit dem Ziel der Schaffung eines wirtschaftlichen und humanen Betriebsgeschehens" umfasst (REFA 1985, S. 73).

Zielsetzung ist also einerseits eine profitable Wirtschaft, andererseits aber auch ein humanes Arbeitsumfeld. Mittels der standardisierten REFA-Methodenlehre werden Abläufe firmen- und branchenunabhängig gemessen, kontrolliert, bewertet und optimiert. Obschon die REFA-Methode ursprünglich aus gleichförmigen Produktionsprozessen stammt, findet sie heute auch in Handel und Dienstleistung Anwendung. Dabei ist die Anwendung der REFA-Methode nicht an eine bestimmte Firmengröße gebunden.

2.3.1.3 Kennzahlensysteme

Der Begriff des Personalcontrollings ist relativ neu. Dabei geht es nicht um Kontrolle, sondern vielmehr um ein kennzahlenbasiertes System zur Steuerung der Human-Ressourcen. Dabei werden in der Regel folgende Aspekte berücksichtigt:

a. Leistungsdimension: Zielgrößen, Prognosen und Vorgaben
b. Datenerhebung und -analyse: Regelmäßige Erhebung der Ist-Daten (z. B. Kosten, Anzahl etc.)
c. Controlling: Abweichungsanalyse
d. Steuerung des Human Resource Managements: personalwirtschaftliche Aktivitäten, Balanced-Scorecard-Ansatz, Effektivitätsmessungen

Man unterscheidet hierbei zwischen dem operativen Controlling (harte und kurzfristig zu beeinflussende Kennzahlen) und dem strategischen Controlling, das langfristig orientiert ist. In der Regel werden beim operativen Controlling standardisierte und gleichförmige Prozesse betrachtet. Das strategische Controlling erfasst zunehmend auch eher weiche Faktoren, die z. B. aus den Wirkmechanismen der Balanced Scorecard entstehen. Das Personalcontrolling ist streng genommen also keine eigene Methode der Planung, sondern bündelt vielmehr die in quantitativen und qualitativen Planungsprozessen gesammelten Kennzahlen und betrachtet sie ganzheitlich. Zum Personalcontrolling gehört vor allem auch das Risikomanagement, d. h. die Fragestellung, ob die zur Erreichung der Unternehmensziele notwendigen Human-Ressourcen kurz-, mittel- und langfristig verfügbar sind. In dem Maße, in dem die Stellung der Personalarbeit im Unternehmen sich verändert, gewinnt das Personalcontrolling zunehmend an Bedeutung.

2.3.1.4 Kapazitätsberechnungsmethoden

Man spricht bei Kapazitätsberechnungsmethoden auch von der Personalbemessungsmethode. Bei diesem Ansatz wird der Personalbedarf eines Unternehmens durch Arbeitserfordernisse, Arbeitszeit und Vorgangsmengen ermittelt. Diese Methode wird hauptsächlich in produzierenden Betrieben mit gleichförmigen Abläufen eingesetzt. Die Arbeitserfordernisse werden zunächst in Grobform ermittelt und dann detailliert heruntergebrochen. Für jeden Arbeitsgang wird dann eine entsprechende Zeitnorm ermittelt. Der dritte Faktor sind die Vorgangsmengen (z. B. Stückzahl).

Der Nettokapazitätsbedarf errechnet sich wie folgt:

$$\text{Nettokapazitätsbedarf} = \frac{\text{Arbeitszeit pro Aufgabe} \times \text{Vorgangsmenge}}{\text{Arbeitszeit pro Mitarbeiter}}$$

Der Bruttobedarf wird dann damit errechnet, dass man diejenigen Zeiten addiert, in denen der Mitarbeiter nicht für die Arbeit zur Verfügung steht (z. B. Krankheit, Urlaub, Rüstzeiten, Toilettengänge etc.).

2.3.1.5 Multivariable Verfahren

Man unterscheidet zwischen uni- und multivariablen Verfahren. Bei univariablen Verfahren wird eine Abhängigkeit der Variablen von Vergangenheitswerten angenommen (z. B. im einfachsten Fall Personalbedarf und Arbeitsmenge). Auf Basis von Werten aus der Vergangenheit kann man so z. B. eine Trendrechnung erstellen. Bei multivariablen Verfahren geht man von einem Kausalzusammenhang zwischen einer abhängigen

Variablen und mehreren unabhängigen Variablen aus. Als Beispiel hierfür kann die Regressionsrechnung dienen. Univariable Verfahren eignen sich für kurzfristige Prognosen bei gleichförmigen Arbeitsprozessen. Multivariable Verfahren sind für höhere Komplexität und langfristige Prognosen geeignet.

2.3.1.6 Altersstrukturanalysen

Bei der Altersstrukturanalyse wird die Belegschaft einer Organisation in Altersgruppen eingeteilt. In ihrer einfachsten Form gibt diese Analyse zunächst Auskunft darüber, in welchem Maße eine altersbedingte Fluktuation durch Renteneintritt entsteht. Je früher man dies betrachtet, desto länger kann man Maßnahmen zum Schließen der Lücke entwickeln. Auch bei Personalabbau kann eine solche simple Form der Analyse sinnvoll sein, um einen sozialverträglichen Abbau zu planen. Man kann eine solche Altersstrukturanalyse jedoch auch differenzierter betrachten. So kann eine Aufteilung nach Männern und Frauen z. B. Auskunft darüber geben, wie hoch der Personalbedarf ist, der durch Austritte wegen Schwangerschaft oder Familienzeit entsteht, und welcher Bedarf aus einer daraus eventuell resultierenden Arbeitszeitreduzierung entsteht. Betrachtet man Berufsgruppen in einer Altersstrukturanalyse, kann man herausarbeiten, welches statistische Risiko für krankheitsbedingten Ausfall entstehen wird, wenn man altersbedingte Einschränkungen besonders im technisch-gewerblichen Bereich zugrunde legt. Aber auch zur planerischen Vorbereitung von Personalentwicklungsprozessen ist die Altersstrukturanalyse (Abb. 2.3) ein sehr hilfreiches Instrument, weil auf diese Art und Weise kritische Bereiche identifiziert werden, in denen mit berechenbarer Fristigkeit Personalbedarf entstehen wird, oder aber festgestellt werden kann, ob die Altersstruktur eine interne Entwicklung hergibt.

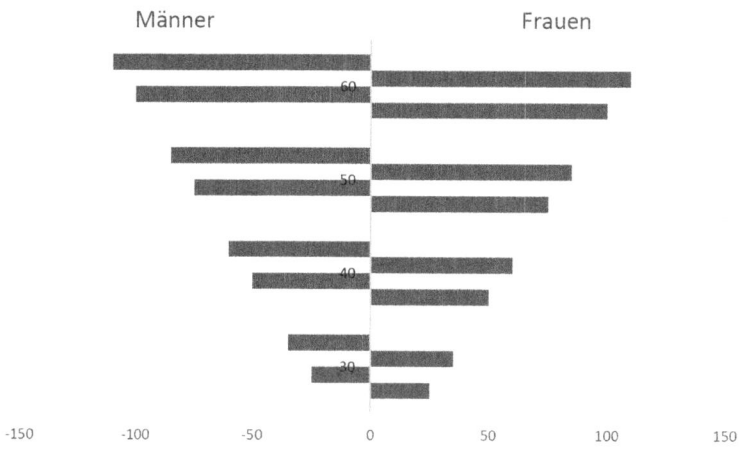

Abb. 2.3 Altersstrukturanalyse

2.3 Planungsprozesse

> **Beispiel**
> Als Beispiel kann hier ein Unternehmen dienen, das feststellt, dass die Führungsebenen 2 und 3 mit 54 respektive 55 Jahren im Durchschnitt fast gleich alt sind und Ebene 3 Ebene 2 nicht „beerben" kann. Daraus ergibt sich der Handlungsbedarf, jüngere Mitarbeiter im notwendigen Umfang zu rekrutieren und mittelfristig an Positionen auf dieser Ebene heranzuführen.

2.3.2 Qualitative Planungsansätze

Qualitative Planungsverfahren (Abb. 2.4) berücksichtigen qualitative Aspekte in Analyse und Planung, die sich nicht in Kennzahlen ausdrücken lassen. Sie sind grundsätzlich unschärfer und mit Unabwägbarkeiten behaftet, jedoch unerlässlich für komplexe Planungsprozesse.

2.3.2.1 Szenariotechnik

Die Szenariotechnik ist eine strategische Planungsmethode. Dabei versucht man, zukünftige Entwicklungen zu antizipieren und deren Auswirkungen in komplexen Szenarien darzustellen. Dabei geht es vor allem auch um eine differenzierte Form der Darstellung, die verschiedene Möglichkeiten des Ausgangs berücksichtigt und die jeweilige Eintrittswahrscheinlichkeit bewertet. Die möglichen zukünftigen Ereignisse werden dabei als Kausalketten dargelegt und kritische Momente werden identifiziert. Wissenschaftlich beschäftigt sich vor allem die Spieltheorie mit Szenarien. Dabei wird zum Beispiel auch individuelles Entscheidungsverhalten berücksichtigt. Es werden also verschiedene Entscheidungsvarianten für Akteure aufgezeigt. In der Regel arbeitet man mit jeweils drei Varianten, d. h. zwei Extremen (Worst Case/Best Case) und einem Mittelwert.

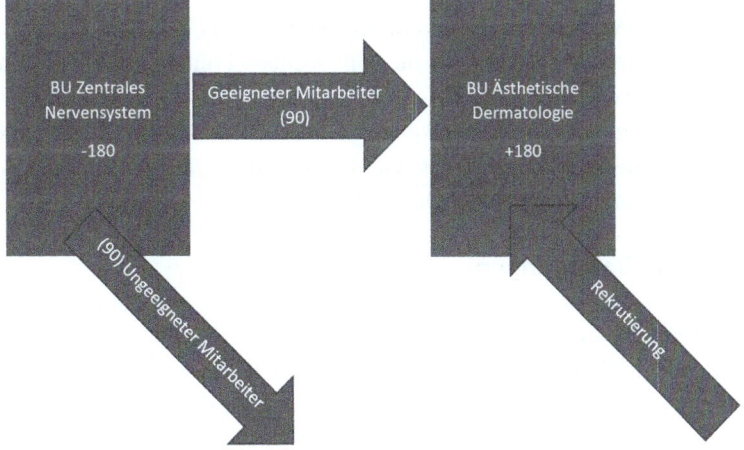

Abb. 2.4 Beispiel Qualitative Planung

Dies ist eine sehr komplexe Form der Planung, da sie wechselseitige Abhängigkeiten berücksichtigt. Für das Human Resource Management bedeutet dies, im Rahmen einer Gesamtstrategie Veränderungen im äußeren Umfeld zu beschreiben, die Auswirkungen auf das Unternehmen haben. Dabei spielen politische, technologische, gesellschaftliche und wirtschaftliche Aspekte eine Rolle. Diese können Chancen wie auch Risiken darstellen. Grundsätzlich muss jede Strategie stärken- und chancenbasiert sein, aber es müssen auch Schwächen abgebaut und Risiken minimiert werden. Dies kann im Human Resource Management zu Personalauf- oder -abbau führen. Es kann aber auch Auswirkungen auf die qualitative Personalplanung haben. Folgendes Beispiel soll dies illustrieren:

Beispiel
Ein Pharmaunternehmen mit einem Schwerpunkt im Bereich Zentrales Nervensystem war mit der Situation konfrontiert, dass das Patent für den einzigen „Blockbuster" (Bezeichnung für ein Produkt mit mehr als 1 Mrd. US$ Umsatz) in einigen Jahren auslief. Da man Erfindungen schwer vorhersagen kann, konnte tatsächlich kein Nachfolgeprodukt in der gleichen Größenordnung gefunden werden. Man hatte allerdings ein neuartiges Botolinumtoxinum entwickelt. Das Marktvolumen für die therapeutische Anwendung lag jedoch eher im Bereich von 200 Mio. US$. Ein großes Marktpotenzial lag vor allem im Bereich der ästhetischen Dermatologie. Hier gelang es dem Unternehmen, mehrere andere Produkte einzulizenzieren, so dass ein Umsatzvolumen von 1 Mrd. US$ tatsächlich realistisch war. Doch damit hätte das Unternehmen sich von einem reinen Pharmaunternehmen zu einem Lifestyle-Unternehmen gewandelt. Dies hätte nun tiefgreifende Auswirkungen für das Unternehmen. Zum einen müssten im einen Bereich Mitarbeiter ab- und zum anderen im neuen Bereich aufgebaut werden. Hier zeigt sich die qualitative Komponente, denn bei einer differenzierten Betrachtung wird klar, dass Mitarbeiter nicht von einem Bereich in den anderen versetzt werden können, sondern dass in einem neuen Marktumfeld andere Fähigkeiten, Fertigkeiten und Verhaltensweisen verlangt werden. Man hat dann also im Hinblick auf das Szenario der Veränderungen die Aufgabenbeschreibungen und Anforderungsprofile angepasst und eine entsprechende Auswahl getroffen, welche Mitarbeiter auf neue Positionen entwickelt werden können und von welchen man sich trennen muss. Auch für die Staffelung der quantitativen Planung waren die verschiedenen Szenarien für die Entwicklung des neuen Geschäftsfelds relevant.

2.3.2.2 Expertenbefragungen
Die Expertenbefragung ist eine qualitative Methode, bei der eine Gruppe von externen Experten als Know-how-Träger genutzt wird und man auf diese Weise Fachwissen generiert, das in anderer Form nicht zugänglich ist. Darüber hinaus kann man mit solchen Expertenbefragungen auch unter Berücksichtigung des spezifischen Kontexts subjektive Einschätzungen, Deutungsmuster und Handlungsorientierungen erfassen. Die Methode stammt ursprünglich aus der empirischen Sozialwissenschaft. Es handelt sich dabei in der

2.3 Planungsprozesse

Regel um ein leitfadengestütztes Interview, das voll- oder teilstrukturiert ist. Es gibt jedoch bis heute kein standardisiertes Auswertungsverfahren, sondern verschiedene Methoden, deren Einsatz vom jeweiligen Forschungsdesign und -interesse abhängt. Grundsätzlich fertigt man ein Transkript oder ein Ergebnisprotokoll an. Man kann dann über eine qualitative Inhaltsanalyse nach Mayring diese durcharbeiten. Hierbei wird zunächst im ersten Schritt eine Fragestellung herausgearbeitet und geprüft, welche Themen in der Literatur noch nicht bearbeitet wurden. Im Prinzip geht es also darum, was man noch nicht weiß und was man wissen möchte. Dann werden Kategorien festgelegt. Im Anschluss daran wird das Material detailliert durchgearbeitet. Da man ja im Vorfeld nur sehr begrenzt vorhersagen kann, welche Antworten gegeben werden, nimmt man ggf. eine Revision der Kategorien vor. Erst dann arbeitet man das Material ganz durch, erstellt eine deskriptive Auswertung und steigt in die Interpretation ein. Eine weitere Herangehensweise ist die sogenannte Grounded Theory. Dabei handelt es sich ebenfalls um einen sozialwissenschaftlichen Ansatz zur systematischen Auswertung qualitativer Daten. Hierbei steht die Theoriegenerierung im Vordergrund. Im Gegensatz zur qualitativen Analyse nach Mayring handelt es sich hierbei nicht um ein Verfahren, sondern vielmehr um eine Abfolge ineinandergreifender Verfahren. Die Grounded Theory hat ihren Ursprung in den 60er Jahren in den USA. Eigentlich stellt sie weniger eine Theorie als eine praktische Anwendung dar. Ein Hauptelement ist die Komparative Analyse. Hierbei wendet man das theoretische Sampling an. Die Auswertung ist hier kein linearer Prozess, sondern ein iterativer, d. h., Datenerhebung, -analyse und -auswertung wechseln sich ab. Man nutzt also die ersten gewonnenen Daten, um neue Daten zu erheben, die dann eine zuverlässigere Grundlage haben. Grundsätzlich können verschiedene Formen von Datenquellen als Grundlage dienen, jedoch wird das narrative Interview am häufigsten verwendet. Die wesentliche Analysetechnik der Grounded Theory ist die „Methode des permanenten Vergleichs", bei dem Kodieren und Analysieren der Daten parallel stattfinden. Man unterscheidet für die Kodierung zwei Arten von Codes, nämlich substantielle und theoretische. Die substantiellen Codes fallen wiederum in zwei Gruppen: offene und selektive Codes. Man beginnt mit sogenannten „offenen Codes". Dabei kann es sich z. B. um bestimmte Begriffe handeln, die sich als Muster in den Daten finden. Auf diese Art werden Muster, Unterschiede, Gemeinsamkeiten etc. gesucht, um daraus Kategorien zu bilden. Mit Hilfe der Kategorien werden dann Muster identifiziert, die man auch als Kernvariable bezeichnet. In der nächsten Phase, der selektiven Kodierung, wird mit den gebildeten Kategorien kodiert. Theoretische Codes (z. B. Themengruppen) hingegen sind vorgegebene Kategorien, die man anwendet, um die tatsächlichen Aussagen den für den Erhebenden relevanten Kategorien zuzuordnen. Davon abzugrenzen sind Stakeholder-Interviews, in denen die Sichtweisen von Betroffenen und/oder Entscheidern herausgearbeitet werden.

2.3.2.3 Personalportfolio

Der Begriff des Portfolios stammt eigentlich aus der Kunst und bezeichnet eine Mappe mit Kunstwerken. Später fand der Begriff auch Eingang in die Politik und beschrieb z. B. den Aufgabenbereich eines Ministers. Seit den 60er Jahren findet sich der Gedanke des

Portfolios auch in der Wirtschaft. Das bekannteste Beispiel dürfte dabei wohl das Boston Consulting Group (BCG) Portfolio sein. Hierbei geht es darum, die Wettbewerbsfähigkeit eines Unternehmens mit einem Produktportfolio zu beschreiben, in dem Produkte nach den Dimensionen „Marktanteil" und „Marktwachstum" in das Portfolio sortiert werden. Dabei ist zu beachten, dass die BCG-Matrix einen Produktlebenszyklus zugrunde legt und postuliert, dass jedes Produkt jede Phase vom „Question Mark" bis zum „Poor Dog" durchlebt. Dieses Portfolio ist also dynamisch. Jedoch übersieht diese Form der Darstellung einerseits, dass es durchaus attraktive Nischenmärkte mit negativem Marktwachstum geben kann und dass Unternehmen z. B. durch künstliche Verknappung den Status eines Produktes beeinflussen können. Sicher kann man auch sehr berechtigt die Frage erheben, ob diese zwei Dimensionen der Komplexität einer solchen Fragestellung gerecht werden. Zu beachten ist auch, dass das klassische Produktportfolio kein qualitatives, sondern ein quantitatives Tool ist, da die Lage der Produkte aus den variablen relativer Marktanteil und Marktwachstum errechnet werden muss.

George Odiorne wendete 1984 den Gedanken der Portfolioanalyse erstmalig auf das Humankapital eines Unternehmens an und legt dabei die Dimensionen „Leistung" und „Potenzial" zugrunde. Hierbei unterteilt er analog zur BCG-Matrix in „Question Marks" (mögliche Potenzialträger, die sich noch beweisen müssen), „Stars" (Mitarbeiter mit sehr guter Leistung und weiterführendem Potenzial), „Workhorses" (Leistungsträger ohne weiterführendes Potenzial) und „Dead Wood" (Minderleister ohne weiterführendes Potenzial). Zwei Dinge sind hier aus interkultureller Perspektive zu beachten: Zum einen ist die Erstellung eines solchen Portfolios mitbestimmungspflichtig und zum anderen ist diese Nomenklatur in Deutschland nicht akzeptabel und wird als menschenverachtend empfunden.

Dieses Portfolio ist auch nur bedingt dynamisch, da ein Teil der Kategorien unveränderlich ist, d. h., im Gegensatz zum ursprünglichen Gedanken des BCG-Portfolios durchwandern Mitarbeiter nicht alle Quadranten, sondern entwickeln sich nur vom Question Mark hin in eine andere Richtung. Auch hier kann man kritisieren, dass die Dimensionen die Einteilung stark vereinfachen, und fragen, ob es realistisch ist, dass bei einem Mitarbeiter, bei dem man eine schlechte Leistung sieht, ein weiterführendes Potenzial festgestellt werden kann, denn Potenzial beobachtet man ja letztlich in der Entwicklung eines Mitarbeiters in seinen Aufgaben. Zum anderen ist eine Portfoliobetrachtung eigentlich eine quantitative Analyse, jedoch ist es in der Realität kaum leistbar, Human-Ressourcen objektiv zu bewerten. Insofern ist die Frage durchaus gerechtfertigt, ob es sich letztlich nicht um eine Pseudo-Evaluation handelt. Dennoch soll damit nicht die Sinnhaftigkeit einer regelmäßigen Bewertung des eigenen Humankapitals in Frage gestellt werden. Man muss sich nur der Grenzen solcher Methoden bewusst sein (Sparrow und Hird 2010, S. 135 ff.).

Einige Unternehmen gehen daher dazu über, auch Bewertungen von Externen einzusetzen, weil man sich eine höhere Qualität oder Objektivität der Bewertung erhofft. Hier stellt sich jedoch die Frage, wie damit umgegangen werden kann, wenn die Momentaufnahme eines Externen zu einer anderen Einschätzung gelangt als die Führungskraft.

2.3 Planungsprozesse

Da Personalentscheidungen Führungsentscheidungen sind, kann die externe Einschätzung bestenfalls ein Anstoß zur Re-Evaluation der eigenen Einschätzung sein. Dennoch wäre es falsch, die Portfolio-Methode in der Personalplanung als nicht zielführend zu bezeichnen. Zum einen kann man die Dimensionen ergänzen und z. B. zu einer Neun-Felder-Matrix ausbauen. Zum anderen aber ist dies eine Art Kassensturz und kann als Planungsgrundlage in anderen Planungsprozessen (z. B. Szenariotechnik) eingesetzt werden. Auch die Subjektivität hat eine gewisse Berechtigung. Wenn ein Mitarbeiter von seinen Führungskräften auf ein bestimmtes Niveau eingruppiert wird, so ist diese Wahrnehmung erst einmal eine Tatsache. Es ist äußerst unwahrscheinlich, dass ein objektiveres Bewertungssystem eine Führungskraft dazu bringen wird, diese Einschätzung (für die die Führungskraft ja auch die Verantwortung trägt) zu revidieren. Gerade die Tatsache, dass das System weitestgehend statisch ist, führt dazu, dass man klare Entscheidungen treffen muss, von wem man sich trennen muss und welche Schlüsselpositionen mit internen Ressourcen nachbesetzt werden können. Insofern lässt sich der Portfolio-Gedanke gut mit anderen Planungsansätzen verbinden (Abb. 2.5).

2.3.2.4 Stellentaxonomie

Eine Stelle ist eine Aufgabe, die an einen Mitarbeiter übertragen wird. Sie ist grundsätzlich nicht an eine einzelne Person gebunden, sondern kann geteilt werden (Job Sharing). Die 100 %-Kapazität einer Stelle bezeichnet man als Full Time Equivalent (FTE, seltener auch auf Deutsch Vollzeitäquivalent). Diese Kapazität ist teilbar, z. B. wenn ein Mitarbeiter in Teilzeit arbeitet. Eine 50 %-Kraft würde als 0,5 FTE berechnet, jedoch als ein

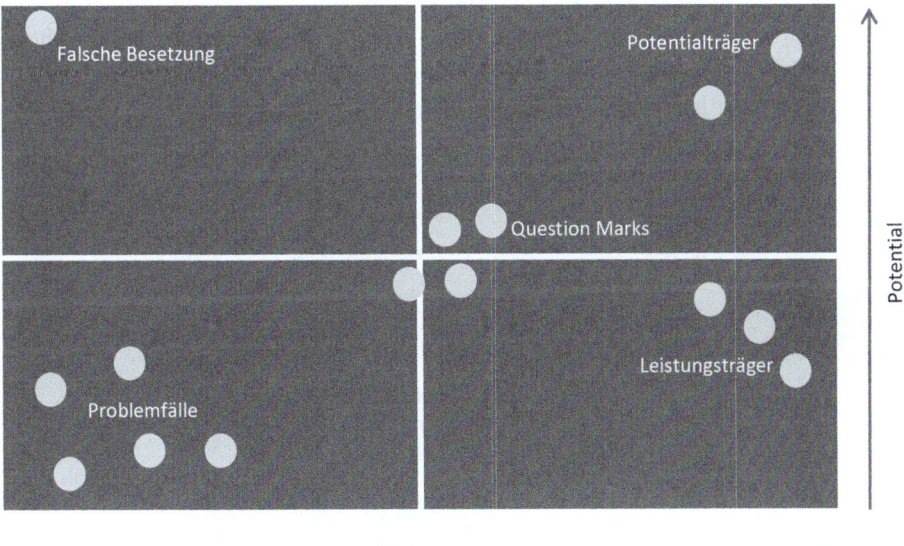

Abb. 2.5 Personalportfolio

Headcount. Der Headcount bezeichnet jeweils eine physische Person, die nicht geteilt werden kann. So kann eine Stelle nur von 100 % FTE besetzt sein, aber von 2 oder mehr Headcounts. Dies wird im Reporting nicht selten falsch gemacht, was dann wiederum zu fehlerhaften Berechnungen führt.

Die Stelle ergibt sich aus einer Aufgabensynthese, d. h., zunächst werden Aufgaben für eine Gesamtorganisation aus deren Zielen abgeleitet. Aus diesen werden dann Organisationseinheiten gebildet. Hier besteht die Möglichkeit einer rein funktionalen Aufteilung, einer Aufteilung nach Kundensegmenten oder Vertriebswegen, von Mischformen mit nachgelagerten Funktionsbereichen oder aber Stab-Linienfunktionen. Heute sind zunehmend projektbezogene Organisationsformen zu finden oder aber auch Matrix-Organisationen, in denen Stellen nicht eindeutig einem Funktionsbereich zugeordnet sind. Starre Organisationsformen weichen zunehmend auf, was natürlich auch mit der Komplexität und der Dynamik von Aufgaben zu tun hat. So sich die Möglichkeit der relativ stabilen Organisationsform ergibt, werden Aufgaben durch die Organisation heruntergekliniert bis hin zur individuellen Stelle. Mit der Stelle sind die zur Wahrnehmung der Aufgabe notwendigen Kompetenzen (Rechte) verbunden sowie die Pflichten des Arbeitnehmers, Rechenschaft über Handlungen und Entscheidungen abzulegen. Eine Stelle ist im Gegensatz zu einer extern zugekauften Dienstleistung in einer Organisation angesiedelt und der Stelleninhaber unterliegt der Weisungsbefugnis des Arbeitgebers. Bei der Stellentaxonomie (Abb. 2.6) fasst man nun möglichst ähnliche Stellen zu sogenannten Jobfamilien zusammen. Dies sind Stellen, die auf einer allgemeinen Ebene möglichst ähnliche Anforderungen stellen. Am Beispiel einer Hochschule wären dies BWL-Professoren. Professoren für Mathematik oder Elektrotechnik wären eine eigene Jobfamilie, weil (losgelöst von der konkreten Person) kein sinnvoller Weg von einer dieser Professuren zu einer BWL-Professur führen kann (in der Regel schon aus rechtlichen Gründen nicht). Die allgemeinen Anforderungen sind ein abgeschlossenes Studium, eine Promotion im jeweiligen Fachbereich, Berufserfahrung außerhalb der Hochschule,

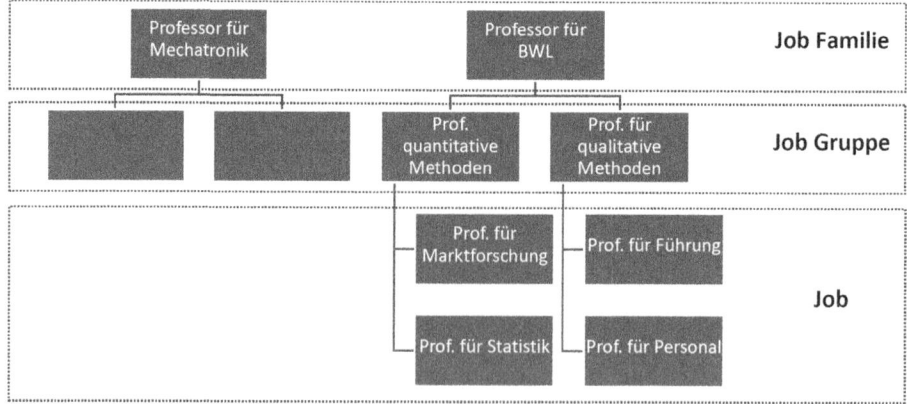

Abb. 2.6 Stellentaxonomie

2.3 Planungsprozesse

Kenntnisse des Fachgebiets und methodisch-didaktische Fähigkeiten, die Inhalte seines Fachbereichs zu vermitteln sowie wissenschaftliche Arbeiten zu betreuen. Nun könnte jedoch ein Professor für Human Resource Management einen Professor für Statistik aus der Stellenlogik heraus nicht vertreten, weil er zwar in seinem eigenen Bereich über die notwendigen Kenntnisse, Fähigkeiten und Fertigkeiten verfügen muss, nicht jedoch im Bereich Statistik. Man muss sich hier vor Augen führen, dass bei dieser Betrachtungsweise nur die Stelle betrachtet wird, nicht der Stelleninhaber. So könnte es ja durchaus sein, dass der tatsächliche Stelleninhaber z. B. Psychologe mit ausgeprägten Statistikkenntnissen ist. Das ist allerdings eine andere Form der Betrachtung, die im Kapitel Personalentwicklung dargestellt wird. Also ist diese Betrachtungsebene noch relativ wenig aussagekräftig. Daher unterteilt man nun im nächsten Schritt in sogenannte Jobgruppen. Um am Beispiel der Hochschule zu bleiben, könnte man nun z. B. in Professuren für quantitative und für qualitative Methoden unterscheiden. Hier könnten die Stelleninhaber sich wahrscheinlich in den meisten Fällen gegenseitig vertreten. Unter der Ebene Jobgruppe kommen dann die konkreten Stellen. Um am Beispiel Hochschule zu bleiben, wäre das dann „Professor für Personal und Mitarbeiterführung" oder „Professor für Marketing". Es zeigt sich also sehr deutlich, dass diese Betrachtungsweise eine sehr wichtige Ergänzung zu Altersstrukturanalysen sein kann, weil sie weitere qualitative Informationen darüber liefert, wo Bedarfe entstehen und intern gedeckt werden können oder aber auch nicht. Jobfamilien machen Kompetenzanforderungen transparent und ermöglichen eine strategische Steuerung des Personals. Sie bieten dadurch also Ansatzpunkte für die Demografiestrategie. Über eine Stellentaxonomie kann herausgearbeitet werden, in welchen Bereichen ein zukünftiger Fachkräftemangel wahrscheinlich ist und welche Maßnahmen zum Gegensteuern ergriffen werden können. Ferner bietet dieses Modell einen Überblick darüber, welche Entwicklungsmöglichkeiten eine Stelle innerhalb der gesamten Organisation bietet. Außerdem können stellenübergreifende Karrieremöglichkeiten identifiziert und umgesetzt werden. Bei komplexen Organisationen können die Jobfamilien verschiedener Bereiche miteinander abgeglichen werden, um so bereichsübergreifende Entwicklungsmöglichkeiten zu erarbeiten. Aber auch als Ergänzung zu quantitativen Methoden ist die Stellentaxonomie eine sinnvolle Ergänzung.

Ein konkretes Beispiel soll dies erläutern:

Beispiel
Ende der der 90er Jahre standen viele Stromerzeuger unter enormem Kostendruck, da die Liberalisierung der Strommärkte einen Preisverfall mit sich gebracht hatte. Eine Stellschraube, um der Kosten Herr zu werden, waren die Personalkosten. Also entschied man sich für ein Frühverrentungsprogramm im Kraftwerksbetrieb. Quantitativ war dies Programm erfolgreich. Eine genauere Analyse ergab jedoch eine Katastrophe. Die Kraftwerker (die zum Betrieb eines Kraftwerks schon aus rechtlichen Gründen benötigt werden) waren alle in einer ähnlichen Altersgruppe und drohten das Unternehmen fast geschlossen zu verlassen. Damit wäre ein weiterer Betrieb der Kraftwerke nicht möglich gewesen. Möglichkeiten zur externen Rekrutierung gibt es kaum. Also identifizierte man innerhalb der Jobgruppe die Elektriker, die eigentlich nur zur Instandhaltung im Kraftwerk waren, als relevante Gruppe und qualifizierte

diese nun zu Kraftwerken. Dies brachte den enormen Vorteil mit sich, dass diese weiterhin die Aufgaben in der Instandhaltung wahrnehmen konnten, da der Automatisierungsgrad eines modernen Kraftwerks dies von der Arbeitsintensität zuließ.

2.3.2.5 Critical-Path-Methode

Die Critical-Path-Methode (Abb. 2.7) ist der Stellentaxonomie nicht unähnlich. In einem ersten Schritt werden hier zunächst sogenannte „Mission Critical Roles" identifiziert. Dabei handelt es sich um die Funktionen im Unternehmen, ohne die die Ziele nicht erreicht werden können. Für alle Positionen nimmt man nun eine Einschätzung vor, welche Stellen (nicht Stelleninhaber) sinnvoll zu dieser Stelle führen können, weil es genügend inhaltliche Übereinstimmungen gibt. Erst in einem zweiten Schritt werden die Kompetenzen der konkreten Stelleninhaber betrachtet, um dann zu einer Einschätzung zu gelangen, ob und wenn ja in welchem Zeitrahmen die Mission Critical Roles mit internen Ressourcen besetzt werden können. Hierbei handelt es sich um ein wichtiges Instrument des Risikomanagements im Rahmen von Nachfolgeplanungen, da man nun prüfen kann, ob es Anlässe für ein baldiges Ausscheiden (z. B. Alter) gibt.

> **Kontrollfragen**
> 1. Was ist der Unterschied zwischen qualitativen und quantitativen Planungsmethoden?
> 2. Warum greift man zu kurz, wenn man die REFA-Methode als reine Kosteneinsparung betrachtet?
> 3. Was ist der Unterschied zwischen FTE und Headcount?
> 4. Mit welchen Instrumenten kann eine Stellentaxonomie sinnvoll verbunden werden?
> 5. Was ist der Unterschied zwischen Jobfamilie, -gruppe und Stelle?
> 6. Was hat die Critical-Path-Methode mit den Fremdkapitalkosten eines Unternehmens zu tun?

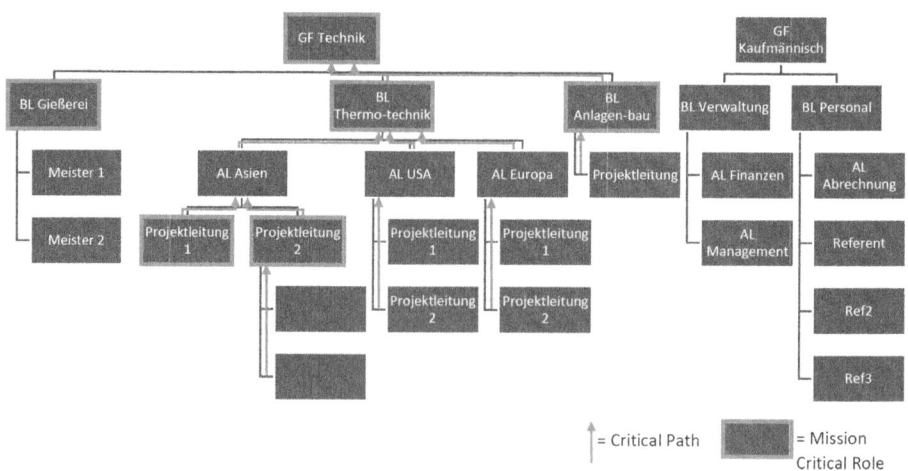

Abb. 2.7 Critical Path Analysis

2.4 Personalfreisetzung

2.4.1 Rechtliche Rahmenbedingungen

Grundsätzlich dient das Arbeitsrecht in Deutschland dem Zweck, den Arbeitnehmer zu schützen. Daher sind Kündigungsfristen für eine Kündigung ohne Grund nach der Probezeit Kündigungsfristen für den Arbeitnehmer. Der Arbeitgeber braucht nach der Probezeit besondere Gründe, um ein Arbeitsverhältnis zu beenden, denn der Mitarbeiter unterliegt dem Kündigungsschutzgesetz in Betrieben ab einer Mitarbeiterzahl von mehr als 10.

Das Arbeitsverhältnis kommt durch einen Arbeitsvertrag zustande. Dieser ist ein privatrechtlicher und schuldrechtlicher Austauschvertrag, in dem der Arbeitgeber sich zur Zahlung eines Entgelts und der Arbeitnehmer sich zur Erbringung abhängiger Arbeit verpflichtet, d. h., er unterliegt dem Direktionsrecht des Arbeitgebers. Darüber hinaus enthält der Arbeitsvertrag Nebenpflichten, die darüber hinausgehen. Der Arbeitsvertrag unterliegt dem bürgerlichen Recht und ist im Prinzip formfrei, d. h., er kann mündlich oder schriftlich oder durch konkludentes Handeln (z. B. wenn der Arbeitnehmer nach Beendigung eines befristeten Arbeitsverhältnisses zur Arbeit erscheint und diese ungehindert aufnehmen kann) zustande kommen. Jedoch hat der Arbeitnehmer nach dem Nachweisgesetz einen Anspruch auf eine schriftliche Dokumentation der wesentlichen Eckpunkte des Vertrags. Weitere Formvorschriften können sich aus tarifvertraglichen Regelungen oder aber aus Betriebsvereinbarungen ergeben (Schaub und Koch 2014, S. 109 ff.).

Der befristete Arbeitsvertrag bedarf jedoch immer der Schriftform. Obschon an sich also der unbefristete Arbeitsvertrag die Norm ist, können nach dem Grundsatz der Vertragsfreiheit auch befristete Arbeitsverhältnisse abgeschlossen werden. Dies ist im Grundsatz im Teilzeit- und Befristungsgesetz geregelt.[1] Grundsätzlich bedarf eine Befristung eines Sachgrunds, jedoch sieht das Teilzeit- und Befristungsgesetz (§ 14) hiervon drei Ausnahmen vor (Schaub und Koch 2014, S. 162 f.):

1. Bis zu einer Dauer von zwei Jahren kann sachgrundlos befristet werden, jedoch darf in dieser Zeit maximal dreimal verlängert werden.
2. In den ersten vier Jahren nach der Gründung eines Unternehmens darf ohne Sachgrund auf bis zu 4 Jahre befristet werden.
3. Eine sachgrundlose Befristung ist dann bis zu 5 Jahren möglich, wenn der Arbeitnehmer zu Beginn des Arbeitsverhältnisses älter als 52 ist und unmittelbar davor mindestens 4 Monate arbeitslos war.

---

[1] Für weitere rechtliche Regelungen in Randgebieten siehe Schaub (2014, S. 156).

Grundsätzlich besteht auch die Möglichkeit, die Probezeit als befristetes Arbeitsverhältnis zu gestalten. Die Probezeit dient der grundsätzlichen Erprobung beider Parteien. Vorgeschrieben ist eine Probezeit nur bei Auszubildenden, weil eine Kündigung während der Ausbildung für beide Seiten rechtlich schwer ist. Daher muss eine Probezeit ausdrücklich vereinbart sein. In der Probezeit (i. d. R. maximal 6 Monate) gilt eine verkürzte Kündigungsfrist von 2 Wochen. Während dieser Probezeit gilt kein allgemeiner Kündigungsschutz, wobei es auch hier Ausnahmen gibt (Schaub und Koch 2014, S. 525).

Kündigungsfristen sind zunächst im Kündigungsschutzgesetz geregelt. Hier gilt, dass entweder zum letzten Tag eines Monats oder zum 15. gekündigt werden kann. Findet sich in einem Arbeitszeugnis ein anderes Datum, verweist dies entweder auf eine fristlose Kündigung oder aber auf ein befristetes Arbeitsverhältnis (Schaub und Koch 2014, S. 413 f.).

2.4.2 Individuelle Freisetzung

Bei der individuellen Freisetzung wird zunächst zwischen der ordentlichen/fristgerechten und der außerordentlichen/fristlosen Kündigung unterschieden. Eine außerordentliche Kündigung ist dann auszusprechen, wenn eine Fortführung des Arbeitsverhältnisses nicht mehr zumutbar ist. Gründe hierfür können z. B. sein: Diebstahl, Tätlichkeiten, sexuelle Übergriffe, ein grundsätzlicher Vertrauensbruch oder aber Beleidigungen. Hierfür gilt eine Frist von zwei Wochen. Doch die Standards dafür, was eine Fortsetzung des Arbeitsverhältnisses unzumutbar macht, unterliegen starkem Wandel. Hier sei nur das Beispiel der Kassiererin „Emmely" angeführt, die Pfandbons veruntreute und der deshalb gekündigt wurde. Das war im Einzelhandel über Jahrzehnte hinweg der übliche Standard, wurde dann durch diesen Fall jedoch verändert. In einem anderen Fall wurde einem Mitarbeiter wegen eines sexuellen Übergriffs fristlos gekündigt. Dies war eigentlich ebenfalls eine vollkommen normale Vorgehensweise, da der Arbeitgeber ja auch eine Fürsorgepflicht den Mitarbeiterinnen gegenüber hat. Auch hier entschied das Gericht, dass in einer Gesamtsicht eine Abmahnung ausreichend gewesen wäre (http://www.spiegel.de). Geradezu bizarr wird es, wenn ein Arbeitsgericht einer Kündigungsschutzklage stattgibt, obwohl der Klagende einen Vorgesetzten bedroht und als „Arschloch" tituliert hatte (https://www.anwalt24.de). Dies zeigt, dass Arbeitsrecht von aktueller Rechtsprechung lebt und manchmal schwer berechenbar ist.

Kontrollfragen
1. Warum ist der Fall Emmely wichtig für das Verständnis der Natur von Arbeitsrecht?

2.4.2.1 Kündigung
Die Kündigung ist „eine einseitige, empfangsbedürftige, rechtsgestaltende, bedingungsfeindliche, unwiderrufliche Willenserklärung, die das Ende des Arbeitsvertrags herbeiführen und den Endtermin des Arbeitsverhältnisses bestimmen soll" (Schaub und Koch

2014, S. 405). Um wirksam zu sein, bedarf die Kündigung der Schriftform. Dies gilt sowohl für eine arbeitnehmerseitige wie für eine arbeitgeberseitige Kündigung. Die Kündigung ist nur im Original wirksam. Die Kündigung wird mit dem Zugang beim Kündigungsempfänger rechtsgültig (Schaub und Koch 2014, S. 406 f.). Der Arbeitnehmer kann gegen die Kündigung eine Kündigungsschutzklage einreichen. Hierfür gilt eine Frist von drei Wochen. In der Regel ist die ordentliche Kündigung bei befristeten Arbeitsverhältnissen ausgeschlossen, es sei denn, sie ist vertraglich vereinbart.

Die ordentliche Kündigung unterliegt Kündigungsfristen. Gesetzliche Kündigungsfristen sind 4 Wochen zum 15. oder zum letzten Tag eines Monats (§ 622 Abs. 1 BGB). Absatz zwei verlängert diese Fristen je nach Dauer der Betriebszugehörigkeit auf maximal 7 Monate. Hierbei werden jedoch nur Beschäftigungszeiten ab dem 25. Lebensjahr eingerechnet. In der Regel gibt es jedoch einzelvertragliche Regelungen zur Kündigungsfrist. Unter bestimmten Bedingungen (Schaub und Koch 2014, S. 415, 418) kann diese gesetzliche Kündigungsfrist verkürzt werden. Bei Führungskräften hat man häufig auch deutlich längere Kündigungsfristen. Inwiefern das sinnvoll ist, kann man in Frage stellen, denn tatsächlich möchte man sich in den meisten Fällen doch recht schnell von einer Führungskraft trennen.

Bei der Kündigung hat der Arbeitgeber jedoch Beschränkungen zu beachten. Bestimmte Personengruppen können nur unter sehr spezifischen Gründen gekündigt werden, bei anderen ist die Zustimmung von Behörden erforderlich (Schaub und Koch 2014, S. 416 f.). Ggf. gibt es auch tarifvertragliche Regelungen zum Kündigungsschutz. Jedoch ist zu beachten, dass das Kündigungsschutzgesetz erst bei Betrieben ab einer Mitarbeiterzahl von 10 gilt (Schaub und Koch 2014, S. 419).

Bei einer ordentlichen Kündigung gibt es drei Arten der Kündigung (Abb. 2.8), die in den nachfolgenden Abschnitten erläutert werden.

2.4.2.2 Verhaltensbedingte Kündigung

Bei dieser Art der Kündigung liegen die Gründe für die Kündigung im Verhalten des Arbeitnehmers. Dies können Verstöße gegen Regeln sein, mangelnde Arbeitsleistung o. Ä. Der einzelne Verstoß ist jedoch nicht so gravierend, dass er die Beendigung des Arbeitsverhältnisses rechtfertigen würde. Daher muss der Kündigung eine Abmahnung vorausgehen. In dieser weist der Arbeitgeber (Gläubiger) den Arbeitnehmer (Schuldner) auf die Verletzung seiner Pflichten hin und gibt ihm so die Möglichkeit, sein Verhalten zu korrigieren. Voraussetzung ist jedoch, dass der Arbeitnehmer Kenntnis davon hatte, dass sein Verhalten vertragswidrig war.

> **Beispiel**
>
> Dies soll an einem Beispiel erläutert werden. Soll ein Mitarbeiter abgemahnt werden, weil er im Büro Radio gehört und damit andere gestört hat, muss ihm vorher klar mitgeteilt worden sein (z. B. in Form der Hausordnung), dass dies untersagt ist. Für den Fall, dass der Mitarbeiter die Verhaltensänderung nicht vollzieht, wird mit der Kündigung als Konsequenz gedroht.

Abb. 2.8 Arten von Kündigungen

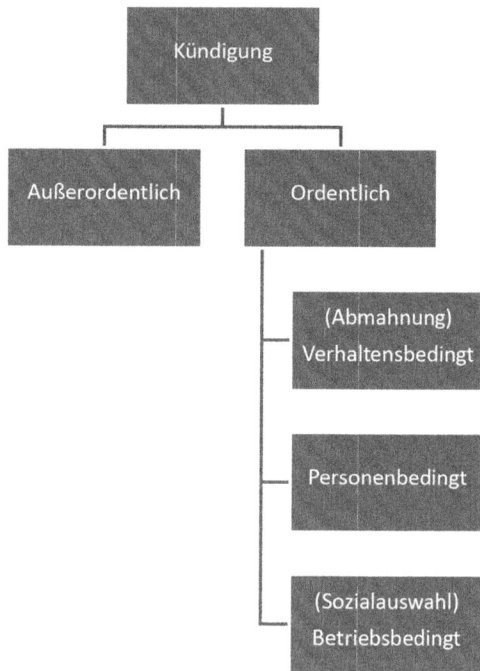

Daher besteht die Abmahnung aus drei Teilen:

a. die Beschreibung des Fehlverhaltens
b. die Aufforderung zur Änderung des Verhaltens
c. die Androhung von Rechtsfolgen für den Fall, dass das Verhalten nicht geändert wird.

Grundsätzlich ist die Abmahnung formfrei, jedoch empfiehlt sich zur rechtlichen Absicherung die Schriftform. Wie häufig abgemahnt werden muss, bis die Kündigung ausgesprochen werden kann, hängt von der Schwere des Verstoßes ab. Zu häufige Abmahnungen ohne Einhaltung der angedrohten Konsequenzen können sogar zur Unwirksamkeit der Kündigung führen. Die Abmahnung wird in der Regel der Personalakte beigefügt. Der Mitarbeiter kann die Entfernung der Abmahnung verlangen, wenn diese inhaltlich zu ungenau ist, falsche Aussagen enthält, die rechtliche Einschätzung des Arbeitgebers falsch ist oder sie unverhältnismäßig ist (Schaub und Koch 2014, S. 2 ff.).

2.4.2.3 Betriebsbedingte Kündigung

Hierbei machen betriebliche Erfordernisse die Kündigung notwendig. Dies können z. B. eine Sanierung, Schließung von Betriebsteilen, Auslagerung bestimmter Aufgaben oder aber die komplette Schließung eines Unternehmens oder einer Betriebsstätte sein. Da der Arbeitsvertrag in den meisten Fällen dem Kündigungsschutz unterliegt, benötigt der Arbeitgeber einen solchen Grund für eine ordentliche Kündigung. Es müssen also

2.4 Personalfreisetzung

betriebliche Erfordernisse für die Kündigung vorliegen und die Situation muss so dringlich sein, dass eine Weiterbeschäftigung nicht möglich ist, d. h., es findet eine Interessenabwägung statt. Das Interesse des Arbeitgebers, das Arbeitsverhältnis nicht fortzusetzen, muss schwerer wiegen als das des Arbeitnehmers an einer Weiterbeschäftigung. Das Unternehmen muss detailliert darlegen, welche unternehmerische Entscheidung zur Notwendigkeit der Kündigung führt. Hierbei prüft der Richter, ob keine Willkür vorliegt, nimmt jedoch keine betriebswirtschaftliche Prüfung vor. Pauschale Verweise auf „Umsatzrückgang" sind z. B. nicht ausreichend. Grundsätzlich gilt, dass Qualifikation bzw. Umsetzung auf freie Arbeitsplätze Vorrang vor der Kündigung hat. Dies kann auch zum Sonderfall der sogenannten Änderungskündigung führen. Hier kündigt der Arbeitgeber das bestehende Arbeitsverhältnis und bietet ein anderes zu anderen Konditionen an. Für die rechtliche Wirksamkeit gilt, dass das neue Angebot irrelevant ist. Maßgeblich ist auch bei einer Änderungskündigung, dass der Kündigungsgrund valide ist und die Grundsätze der Sozialauswahl eingehalten wurden.

Beispiel
Die Firma XY schließt den Hausmeisterservice, weil sie diese Dienstleistung outsourct. Für einen Mitarbeiter gäbe es eine Stelle als Pförtner, einem muss gekündigt werden. Herr Kass ist 54 Jahre alt und seit 26 Jahren im Betrieb beschäftigt und hat drei Kinder, für die er Unterhalt zahlen muss; Herr Müller ist 34 Jahre alt, erst seit sieben Jahren im Betrieb tätig und hat ein Kind. In diesem Fall muss der Arbeitgeber Herrn Müller kündigen, da er als weniger schutzwürdig eingestuft wird, selbst wenn er bei der Arbeit bessere Leistungen bringt als Herr Kass.

2.4.2.4 Personenbedingte Kündigung

Bei der personenbedingten Kündigung sind es in der Person des Mitarbeiters begründete Faktoren, die eine Fortsetzung des Arbeitsverhältnisses unmöglich machen. Dies kann z. B. Behinderung, Krankheit oder Verlust des Führerscheins sein. Da diese Ereignisse in der Regel unerwartet eintreten und häufig nicht vom Arbeitnehmer beeinflusst werden können, gibt es in sehr seltenen Fällen vorgelagerte Abmahnungen. Zur berücksichtigen ist, dass bei Krankheiten eine Wiedereingliederungsmaßnahme zur schrittweisen Heranführung an den Arbeitsplatz durchzuführen ist und eine Kündigung erst nach deren Scheitern möglich ist. Allerdings gilt der Arbeitnehmer während der Wiedereingliederungsmaßnahme als arbeitsunfähig, so dass auch kein Vergütungsanspruch besteht (Schaub und Koch 2014, S. 672 f.). Bei Alkoholikern ist eine personenbedingte Kündigung möglich (obwohl Alkoholismus eine Krankheit ist), wenn „nicht auf einer Krankheit beruhende Störungen im Arbeitsverhältnis schuldhaft auftreten" (Schaub und Koch 2014, S. 16) oder aber das Stadium einer Suchtkrankheit erreicht ist. D. h., wenn ein Mitarbeiter ohne Suchtproblematik ein alkoholbedingtes Fehlverhalten an den Tag legt, so wäre dies Grund für eine verhaltensbedingte Kündigung. Liegt eine Suchtproblematik vor, handelt es sich um eine personenbedingte Kündigung. Auch kann man nicht mehr pauschal auf eine Krankheit oder eine Behinderung verweisen. Zum einen gilt, dass der

Arbeitgeber zuerst prüfen muss, ob es eine andere Einsatzmöglichkeit gibt. Zum anderen aber kann man nicht pauschal von einer Behinderung auf eine Arbeitsunfähigkeit schließen. So muss im Einzelfall nachgewiesen werden, dass die Behinderung tatsächlich die Ausübung der Tätigkeit unmöglich macht. So wurde z. B. ein Polizist in den Innendienst versetzt, weil ihm nach einem Unfall der Unterschenkel amputiert werden musste. Dagegen wehrte er sich und verlangte die tatsächliche Feststellung seiner Diensttauglichkeit. Er bestand diesen Test und ist trotz einer Behinderung von 60 % voll polizeidiensttauglich, da er mit Prothetik keinen Einschränkungen unterliegt (http://www.badische-zeitung.de).

2.4.2.5 Aufhebungsvertrag

Die Hürden für eine Kündigung liegen in Deutschland hoch. Eine verhaltensbedingte Kündigung ist, wenn überhaupt, nur in einem langwierigen und für den Arbeitgeber schwer steuerbaren Prozess durchsetzbar. Die betriebsbedingte Kündigung ist dann kaum oder überhaupt nicht mehr durchsetzbar, wenn man nicht strikt nach Sozialauswahl abbaut. Hinzu kommt, dass besonders bei Führungskräften es auch aus Gründen zu Trennung kommen kann, die der Mitarbeiter nur bedingt zu verantworten hat, so z. B. durch Veränderungen der Aufgaben, Nichtpassung zur Firmenkultur oder aber auch den Wechsel des Vorgesetzten. Letztlich können Arbeitsverhältnisse auch ohne eindeutig zuzuordnende Schuld nach dem Zerrüttungsprinzip scheitern. Daher bietet es sich an, nicht immer den Weg der Kündigung, sondern den des Aufhebungsvertrages zu gehen, durch den das Arbeitsverhältnis einvernehmlich beendet wird. Der Aufhebungsvertrag ist vom Abwicklungsvertrag zu unterscheiden, in dem ausschließlich die Modalitäten des Ausscheidens geregelt werden. Ein Aufhebungsvertrag bedarf der Schriftform. Grundsätzlich ist man beim Aufhebungsvertrag nicht an Kündigungsfristen gebunden, d. h., der Arbeitnehmer kann sich die Kündigungsfrist durch eine höhere Abfindung abkaufen lassen oder er verzichtet darauf, um anderen Konsequenzen zu entgehen (z. B. verhaltensbedingte Kündigung). Allerdings ist zu berücksichtigen, dass die Bundesagentur für Arbeit mit einer Sperre reagiert, wenn ein solcher Vertrag zu ihren Ungunsten abgeschlossen wird. Ebenso ist zu berücksichtigen, dass ein solcher Vertrag angefochten werden kann, wenn das Verhalten des Arbeitgebers als Drohung interpretiert werden kann. Ansprüche aus einem Aufhebungsvertrag verfallen, wenn der Arbeitnehmer vor Ende des Arbeitsverhältnisses verstirbt. Daher sollte eine Vererbbarkeit der Ansprüche im Sinne des Arbeitnehmers ausdrücklich schriftlich vereinbart werden (Schaub und Koch 2014, S. 121 ff.).

Im Folgenden soll dargelegt werden, dass nicht die Höhe der Abfindung ausschlaggebend ist, sondern die Gestaltung der Trennung und die ganzheitliche Betrachtung der Bedürfnisse des Arbeitnehmers.

Zunächst ist der ungewollte Verlust des Arbeitsplatzes für viele ein traumatisches Erlebnis. Psychologisch nimmt der Arbeitnehmer die arbeitgeberseitige Kündigung oft als Angriff auf seine Person wahr und wird häufig mit dem biologischen Grundmuster von Flucht oder Gegenangriff reagieren. „Flucht" kann hier mehrere Komponenten

2.4 Personalfreisetzung

haben: Es kann tatsächlich der Versuch sein, dem Auflösungsgespräch z. B. durch Krankheit aus dem Weg zu gehen, oder aber die Verleugnung der Situation. Der Gegenangriff ist in der Regel der Gang zum Anwalt, um die Konditionen der Abfindung zu optimieren. Da nun im Prinzip wechselseitig die Grundeinstellung „Ich bin okay, du bist nicht okay" im Raum steht, werden häufig erbitterte Diskussionen über Geldbeträge geführt. Diese Diskussion steht aber eigentlich stellvertretend für etwas ganz anderes. Da man eben genau über das, was eigentlich auf einer emotionalen Ebene stattfindet, nicht reden kann oder will, wird stellvertretend über Geld gestritten. Ein höherer Abfindungsbetrag kann dieses Problem zwar nicht lösen, erweckt aber durch ein Ringen um Positionen statt um Bedürfnisse den Eindruck, sich auf einer Ebene durchgesetzt oder sogar gerächt zu haben. Letztlich ist dies dysfunktionales Verhalten, das dazu führt, dass zum einen die Abschlüsse teuer werden und man zum anderen das Problem auf der emotionalen Ebene nicht löst.

Insofern ein Dialog noch möglich ist, muss dieser auf der Ebene „Ich bin okay, du bist okay" geführt werden. Kommunikativ ist es daher wichtig, die Person als solche von den Gründen, die zu einer Auflösung führen, zu trennen. Zunächst ist zu klären, wer das Gespräch arbeitgeberseitig führt. Je nach Verhältnis zwischen Mitarbeiter und Vorgesetztem bietet es sich an, die Gespräche über eine neutrale Person zu führen. Auch andersherum kann es unter Umständen sinnvoll sein, die Gespräche nicht mit dem Mitarbeiter, sondern mit einem Bevollmächtigten zu führen. Dies birgt allerdings das Risiko in sich, dass z. B. ein Anwalt seine Rolle darin sieht, die Höhe der Abfindung zu steigern statt die Situation ganzheitlich zu lösen. Grundsätzlich gilt es also, darzulegen, weshalb die Trennung notwendig ist, ohne jedoch die Person in Frage zu stellen. Ein heikler Punkt ist die Frage, inwiefern es sinnvoll ist, tatsächlich die Vergangenheit aufzuarbeiten. So kann man Verständnis für die notwendige Trennung erreichen. Das kann aber auch dazu führen, dass man auf Nebenkriegsschauplätze ausweicht und „richtig" oder „falsch" aus der Vergangenheit aufarbeitet, jedoch wenig über die Gegenwart oder die Zukunft redet. Hier gilt es, die Relativität von Passung darzulegen und so die Person von der Sachaussage zu trennen. Häufig kann man an diesem Punkt auch gemeinsam relativ schnell zu dem Schluss kommen, dass auch der Arbeitnehmer sich in der aktuellen Situation nicht wohlfühlt. Das Ergebnis muss also die Erkenntnis sein, dass die Auflösung des Arbeitsverhältnisses im beiderseitigen Interesse ist.

Erst dann macht es Sinn, über die Konditionen des Ausscheidens zu reden. Hierbei ist es wichtig, die Bedürfnisse des Mitarbeiters ganzheitlich zu betrachten. Eine hohe Barabfindung in den Mittelpunkt zu stellen, greift zu kurz. Es ist entscheidend, vor dem Eintritt in die Verhandlungen den Rahmen abzustecken, in dem sich der Aufwand bewegen darf. Hierbei wird teilweise immer wieder die Regelabfindung von 0,5 Monatsgehältern pro Jahr der Betriebszugehörigkeit zugrunde gelegt. Dies definiert also das untere Ende des Angebotskorridors, da ein Gang vor das Arbeitsgericht in diesem Fall für den Arbeitnehmer lohnend sein könnte und das Risiko gering ist. Die Obergrenze hängt letztlich natürlich vom Leidensdruck des Unternehmens und der rechtlichen Position ab, sollte sich aber in einem realistischen Korridor von ca. 1–1,5 Monatsgehältern pro Jahr bewegen.

Problematisch ist allerdings, dass sich bei relativ kurzen Firmenzugehörigkeiten auf diese Art selten attraktive Summen anbieten lassen. Es ist entscheidend, klare Grenzen der Verhandlung zu kennen und ggf. abzubrechen, wenn diese überschritten werden. Das funktioniert allerdings nur dann, wenn das Scheitern der Verhandlungen nicht im Interesse des Mitarbeiters ist.

Nicht alle Bedürfnisse des Mitarbeiters können mit einer Abfindungszahlung abgedeckt werden. Andere Leistungen können jedoch bei guter Verhandlung mit dieser verrechnet werden.

Die Frage nach dem Arbeitsmarktwert spielt eine entscheidende Rolle. Im Einzelfall kann es für den Mitarbeiter sehr sinnvoll sein, an individuellen Weiterbildungs- oder Entwicklungsmaßnahmen teilzunehmen. Hier ist darauf zu achten, dass keine Placebo-Maßnahmen vereinbart werden, sondern dass zielführende Maßnahmen abgeleitet werden, die während des Bestehens des Arbeitsverhältnisses durchgeführt werden. Für den Arbeitnehmer ergeben sich daraus die Vorteile einer qualifizierten Beratung sowie die günstige steuerliche Behandlung der Kosten.

> **Beispiel**
>
> In einem Fall musste ein Unternehmen betriebsbedingt nach einem Firmenkauf Stellen abbauen, was zu negativen Reaktionen führte. Die Angst der Betroffenen war auf ihre niedrige Employability zurückzuführen. Mit marktgerechten Fortbildungsmaßnahmen konnte diese gesteigert werden. Der Verhandlungserfolg war auf zwei Ebenen beobachtbar: auf der Sachebene, aber auch auf der Beziehungsebene, da die betroffenen Arbeitnehmer sich mit ihren Sorgen ernst genommen fühlten. Die Kosten für die Maßnahme waren teilweise mit Abfindungsansprüchen verrechnet worden.

Zur Employability gehört natürlich auch das Arbeitszeugnis. Anwälte berichten in den letzten Jahren vermehrt davon, dass Arbeitgeber Zeugnisse verweigern, falsche Personen unterschreiben lassen oder aber formale Kriterien nicht einhalten, was zu Gerichtsprozessen führt. Dies und die Unsicherheit vieler Arbeitnehmer in Bezug auf die in Deutschland übliche Zeugnissprache (Angst vor verdeckten Botschaften) machen es sinnvoll, das Arbeitszeugnis als Anlage des Aufhebungsvertrags in das Gesamtpaket einzubeziehen.

Insbesondere Arbeitnehmer mit Familie haben ein hohes Bedürfnis nach materieller Sicherheit. Das betrifft die Kontinuität bei den Einnahmen, aber auch Aspekte der Sozialversicherung. Je nach Lebensalter und Wohnort kann die Suche nach einer neuen Stelle sich länger hinziehen als die Kündigungsfrist, und es ist für den Betroffenen beruhigend zu wissen, dass er sich nicht unter Druck für ein Stellenangebot entscheiden muss. Die Frage, welchen Stellenwert dieser Punkt hat, entscheidet sich natürlich auch an der individuellen Unsicherheitstoleranz des Arbeitnehmers. Hier kann einer der entscheidenden Knackpunkte für das Gelingen oder Misslingen einer Aufhebungsvereinbarung liegen, zumal in Deutschland die Angst vor Verelendung tief in der nationalen Kultur verankert ist. Eine Möglichkeit, dem Mitarbeiter hier eine Brücke zu bauen, liegt darin, mögliche Abfindungszahlungen auf eine Verlängerung der Kündigungsfrist anzurechnen, die

Kündigungsfrist arbeitnehmerseitig extrem zu verkürzen und bei früherem Ausscheiden dann die Restsumme als Abfindung doch noch auszuzahlen. Für den Arbeitgeber fallen in diesem Fall zusätzliche Lohnnebenkosten an.

Die Beendigung eines Arbeitsverhältnisses ist für den Arbeitnehmer eine persönliche Angelegenheit. So bleibt auch immer die Frage nach der Außenwirkung in der Firma und im sozialen Umfeld. Auf der materiellen Ebene bedeutet das, dass man klären muss, wie mit bestimmten Statussymbolen wie z. B. dem Firmenwagen umzugehen ist. Auf einer persönlichen Ebene kann der Aufhebungsvertrag mit verbindlichen Absprachen z. B. eine Sprachregelung in Bezug auf die Gründe des Ausscheidens, die Formulierung der Information darüber an die Belegschaft etc. festlegen.

> **Beispiel**
> In einem konkreten Fall drohten die Verhandlungen zu einem Aufhebungsvertrag zu scheitern, obschon das geschnürte Paket für den Mitarbeiter in dem Maße vorteilhaft war, dass es alle materiellen Bedürfnisse berücksichtigte. Für den Arbeitnehmer in diesem Fall war es aber aus emotionalen Gründen wichtig, in der Firma seinen Ausstand zu feiern. Dem stand der Vorgesetzte kritisch gegenüber, da das Vertrauensverhältnis zu diesem Zeitpunkt bereits ziemlich zerrüttet war. Der zuständige Personalleiter konnte dann eine Lösung vermitteln, die darin bestand, dass der Ausstand gefeiert wurde und der Vorgesetzte daran teilnahm, um sicherzustellen, dass keine negativen Aussagen über ihn getroffen wurden.

Ein anderer Aspekt der beruflichen Neuorientierung hängt mit Fragen der materiellen Sicherheit zusammen. Gerade gescheiterte Führungskräfte wechseln nach ihrer Angestelltenzeit oft auch in die Freiberuflichkeit. Damit ist natürlich eine nicht unerhebliche materielle Unsicherheit verbunden. Die Gestaltung des Übergangs in die Selbstständigkeit kann viele Facetten haben. Nicht unüblich ist die verbindliche Vereinbarung von Aufträgen mit dem ehemaligen Arbeitgeber. Das kann durchaus sinnvoll sein, birgt aber auch das Risiko in sich, dass der ehemalige Arbeitnehmer mit dem Rollenverständnis einer Führungskraft an die Aufgaben eines Beraters herangeht. Juristisch kann diese Geschäftsbeziehung als Scheinselbstständigkeit gewertet werden. Sinnvoller kann es an dieser Stelle sein, auf jene Maßnahmen zurückzugreifen, die grundsätzlich materielle Sicherheit bieten und/oder der Weiterqualifizierung dienen.

Da die Aufhebung eines Arbeitsverhältnisses nur in Übereinkunft mit dem Mitarbeiter erfolgen kann, ist die richtige Verhandlungsstrategie entscheidend. Nicht die Höhe der Abfindung gibt den Ausschlag, denn ein Ringen um Geld ist an vielen Punkten nur ein Stellvertreterkrieg für ungelöste Probleme auf einer anderen Ebene. Eine Verhandlung kann aber nur dann stattfinden, wenn beide Verhandlungspartner auf Augenhöhe stehen und es keine Gewinner und Verlierer gibt (Abb. 2.9). Zum einen spielt sich dies auf der Ebene der Grundeinstellung zum Verhandlungspartner ab. Zum anderen geht es aber darum, Positionen zu überwinden und die grundlegenden Bedürfnisse des Gegenübers zu erkennen. Angebote im Aufhebungsvertrag müssen dann gezielt diese Bedürfnisse adressieren.

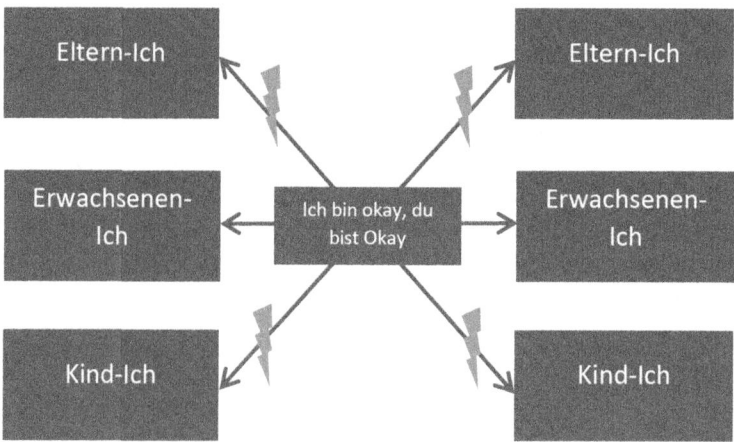

Abb. 2.9 Transaktionsanalyse

Folgende Fallstudie soll erläutern, wie eine sinnvolle Strategie zur Verhandlungsführung aussehen kann.

Fallstudie „Trennung"
Personalleiter Frank Schuster hatte in der Nacht schlecht geschlafen und saß nun, lustlos in seinem Kaffee rührend, am Frühstückstisch, obwohl es ein wunderbarer Tag im April war und draußen die Vögel zwitscherten. Er hatte ein unangenehmes Gespräch vor sich, an dem er allerdings auch nicht ganz unschuldig war. Normalerweise ging er relativ entspannt mit solchen Aufhebungsgesprächen um, aber dieses Mal war die Situation sehr komplex, und vom Gelingen oder Scheitern der Verhandlung hing auch für die Firma viel ab.

Es war letzten Sommer, als über einen Personalberater der Lebenslauf von Jorge Gonzalez auf seinem Schreibtisch landete. Da in der Firma gerade die Position des Marketingleiters vakant war, hatte man sich mit ihm getroffen. Zwischen ihm und der Spartengeschäftsführerin hatte die Chemie sofort gestimmt. Hier machte Schuster sich den Vorwurf, dass er sich davon hatte mitreißen lassen. Er hätte sorgfältiger bei der Auswahl sein müssen.

Jorge Gonzalez war Anfang 50. Er war in Guatemala aufgewachsen und hatte dort an der Universität eine deutsche Austauschstudentin kennen gelernt, sich in sie verliebt und war ihr nach Deutschland gefolgt. Sie hatten dann geheiratet und Jorge, der bei seiner Ankunft kein Wort Deutsch konnte, hatte eine erfolgreiche Karriere aufgebaut. Er war bei einem traditionellen deutschen Hersteller für Kleinküchengeräte (Stabmixer, Toaster, Wasserkocher etc.) eingestiegen und hatte im Marketing aufgrund seiner Sprachkenntnisse den Export nach Lateinamerika betreut. Er war dann innerhalb des Marketings rasch aufgestiegen und war 3 Jahre für die Firma in Asien,

2.4 Personalfreisetzung

um das dortige Geschäft aufzubauen. Nach seiner Rückkehr war er zuständig für die Entwicklung eines revolutionären Kapsel-Kaffeeautomaten gewesen. Zumindest behauptete er dies im Gespräch. Mittlerweile hat Schuster Zweifel daran, dass Jorge tatsächlich der Gesamtverantwortliche für das Projekt gewesen war. Die Firma war dann jedoch von einem amerikanischen Großkonzern übernommen worden und Jorge musste feststellen, dass keine für seinen Bereich relevanten Entscheidungen mehr in Deutschland getroffen wurden und der Mutterkonzern zunehmend junge und unerfahrene „High Potentials" für relativ kurze Phasen nach Deutschland schickte.

So kam es, dass Jorge den Arbeitsplatz wechselte und bei einem skandinavischen Möbelhaus anfing. Diese Kette war als klare Konkurrenz zu IKEA positioniert und machte einen sehr modernen und offenen Eindruck. Jorge stellte jedoch schnell fest, dass der Schein getrogen hatte. Die Firma hatte nicht das Geld für eine eigene Produktentwicklung und kopierte Mitbewerber oder kaufte Standardware aus China auf Messen ein. Es wurde klar, dass man dort unter Marketing nur Werbung verstand. Für Jorge ist es jedoch sehr wichtig, dass er seine Kernkompetenz als strategischer und kreativer Marketingexperte wahrnehmen kann.

Frank Schuster stellte Jorge also für Sand & Sohn ein. Sand & Sohn war ein traditionsreicher deutscher Hersteller von Küchengeräten für die Gastronomie. Doch hier gab es zwei Probleme: Einerseits war der Markt rückläufig, da viele Gaststätten schlossen. Zum anderen war Sand & Sohn qualitativ sehr gut, aber auch teuer. Die Konkurrenz aus Fernost hatte jedoch enorm aufgeholt und konnte eine fast identische Qualität zu günstigeren Preisen liefern. Daher hatte man beschlossen, nun, da Kochen sehr beliebt war, in den Lifestyle-Bereich zu gehen und hochwertige Küchengeräte für Privatkunden herzustellen. Jorge war nun Marketingleiter im Bereich Kaffeemaschinen. Man hatte ihm bei der Einstellung gesagt, dass das Unternehmen aus der Historie heraus sehr stark technikgetrieben ist und er sich in diesem Bereich Kenntnisse aneignen müsse, um den Forschungs- und Entwicklungsbereich zu steuern.

Die Attraktion der Stelle lag für Jorge darin, dass er eine kleine, aber feine Firma sah, die mit kurzen Entscheidungswegen flexibel am Markt agiert und „Dinosaurier" wie den US-Konzern, der seinen ersten Arbeitgeber gekauft hatte, abhängt. Am Anfang funktionierte das auch hervorragend. Er arbeitete sehr gut mit seiner Chefin zusammen. Was Jorge jedoch nicht wusste, war, dass diese von der Firmenleitung sehr kritisch gesehen wurde. Zum einen tat man sich schwer, die Bedürfnisse und Vorschläge von jemandem zu akzeptieren, der aus einer ganz anderen Branche kam. Zum anderen aber war es leider auch traurige Realität, dass der neue Geschäftsbereich einfach nicht von der Stelle kam. Zwar hatte man eine Dachmarke etabliert, doch wurden zwei Produkteinführungen immer wieder verschoben. Aber auch die Entwicklung des Produktportfolios stockte, weil der Bereich F&E immer wieder möglichst technisch komplexe Produkte entwickelte, die nicht zur Strategie passten. Jorges Chefin entfaltete viele Aktivitäten und schien sich des Ernstes der Lage nicht bewusst zu sein. Sie galt als entscheidungs- und durchsetzungsschwach.

Die Geschäftsleitung hatte nun beschlossen, sich von ihr zu trennen und einen neuen Geschäftsführer einzustellen, der von einem britischen Konkurrenten kam. Dieser hatte eine klare Strategie und bewegte viel. Gleich zu Beginn hatte er jedoch Probleme mit Jorge. Jorge war sehr emotional und wurde in Besprechungen manchmal laut. Er meinte das nicht böse, verstand aber auch nicht, wie dies auf andere wirkt. Der neue Vorgesetzte hatte sich das letzte Mal bei den Teilnehmern für Jorges Verhalten entschuldigt. Insbesondere mit Leuten, die hierarchisch unter ihm stehen, geht Jorge oft sehr ruppig um. Vor allem die Sekretärinnen leiden unter seinen Wutausbrüchen. Aus dem Vertrieb und den Landesgesellschaften kamen Beschwerden über ihn, dass er einfach zu wenig Unterstützung für das Tagesgeschäft liefere und sich zu sehr mit seinen Lieblingsthemen beschäftigt. Der F&E-Bereich beklagt sich darüber, dass Jorge zu wenig Ahnung von Technik hat und in vielen Besprechungen inhaltlich nicht folgen kann. Jorge wiederum ist sehr frustriert, weil er merkt, dass er zunehmend isoliert wird und auch nicht mehr an Besprechungen teilnehmen darf, zu denen er nach seinem Selbstverständnis eigentlich kommen müsste. Er merkt, dass er von Kollegen und seinem Chef geschnitten wird. Damit geht es ihm auch nicht gut. Er hat seit einigen Wochen Schlafstörungen und eine Magenschleimhautentzündung, weshalb er auch krankgeschrieben war. Da er sich keine Blöße geben will, hat er es auf einen alten Splitterbruch geschoben, der ihm immer wieder Probleme bereitet. Jorges Vorgesetzter war als Brite zu höflich, um die Probleme anzusprechen. Das hat dazu geführt, dass die Situation nun vollkommen eskaliert ist und beide auf einer persönlichen Ebene Probleme miteinander haben. Der Vorgesetzte hat Sorge, dass Jorge zur Konkurrenz wechselt und Firmengeheimnisse mitnehmen könnte. Deshalb möchte er, dass Jorge die Firma sofort verlässt und keinerlei Zugriff auf vertrauliche Informationen mehr hat. Zum anderen ist er der Ansicht, dass er seiner Abteilung eine weitere Zusammenarbeit mit Jorge nicht zumuten kann. Der Gedanke des Wechsels ist nicht ganz von der Hand zu weisen, da Frank Schuster über einen befreundeten Personalberater gehört hat, dass Jorge sich auf dem Arbeitsmarkt umhört. Tatsächlich hat er nach Schusters Informationen ein Angebot von einer italienischen Firma, die hochwertige Möbel im Bauhaus-Stil herstellt, die deutsche Niederlassung zu übernehmen. Allerdings wäre er dort nicht angestellt, sondern hätte nur die Organfunktion eines Geschäftsführers, der anteilig am Ertrag beteiligt wird. Realistisch betrachtet bedeutet dies, dass zumindest im ersten Jahr nichts zu erwarten ist. Frank Schuster sieht darin eine gute Chance, denn wenn Jorge auf diese Position wechselt, die auch besser zu seinen Interessen passt, dann würde er einen Gesichtsverlust vermeiden, denn Jorge ist zu stolz, um eine Scheitern zu akzeptieren.

Jorge ist verheiratet und hat drei Kinder im Alter von 8, 12 und 15 Jahren. Das Haus ist abbezahlt. Jorge und seine Frau hatten zwar mit dem Gedanken gespielt, es zu verkaufen, um etwas Größeres zu kaufen, aber das hat keine Priorität. Jorges Frau ist nicht berufstätig. Sein Gehalt beträgt 120.000 EUR pro Jahr fix zuzüglich 30.000 EUR Bonus. Er hat eine Mercedes C-Klasse als Firmenwagen. Seine Kündigungsfrist beträgt 3 Monate zum Quartal. Die in Deutschland übliche

2.4 Personalfreisetzung

Abfindung liegt bei 0,5–1,5 Monatsgehältern pro Jahr der Betriebszugehörigkeit (Summe der Gesamtbezüge geteilt durch 12), wobei die Rechtsprechung deutlich zu 1,0 tendiert. Jorge ist nun seit 3 Jahren bei der Firma.

Das Unwohlsein des Personalleiters zeigt, dass, wie oft, die Schuld nicht ausschließlich im (Fehl-)Verhalten des Mitarbeiters liegt, sondern dass auch das Unternehmen und in diesem Fall insbesondere der Vorgesetzte eine Mitschuld an der Situation tragen. Insofern muss die zerrüttete Situation in beiderseitigem Einvernehmen geklärt werden. Es ist auch klar, dass diese Situation nicht ohne Zahlung einer Abfindung gelöst werden kann. Die Ausgangslage ist nun so, dass der Personalleiter in der glücklichen Situation ist, zu wissen, welche Optionen Jorge hat. Dies setzt natürlich ein gutes Netzwerk in der Branche voraus. Aber auch wenn man den Dialog auf Augenhöhe mit dem Mitarbeiter sucht, kann es durchaus sein, dass dieser sich von selbst öffnet. Auf der Sachebene muss man zunächst das Budget für die Trennung abstecken. Die Summe der Gesamtbezüge beträgt 150.000 EUR p.a. Auch der geldwerte Vorteil (1 % vom Bruttolistenpreis oder aber Abrechnung nach Fahrtenbuch) des Dienstwagens muss eingerechnet werden. Bei einem Wagen mit einem Listenpreis von 40.000 EUR wären dies in diesem Fall 14.400 EUR. Die Abfindung für das Gehalt liegt in einem Korridor von 18.750 bis 56.250 EUR. Somit wäre das niedrigste sinnvolle Angebot 33.150 EUR und das höchste 70.650 EUR. Ob man beim untersten Angebot einsteigen möchte, muss man genau überlegen. Es kommt letztlich darauf an, wie geräuschlos man die Trennung über die Bühne bringen möchte. Bei 0,5 Monatsgehältern ist es relativ wahrscheinlich, dass der Arbeitnehmer vor das Arbeitsgericht gehen wird, denn dass der Richter ihm weniger zuspricht, ist äußerst unwahrscheinlich. In einer Situation, die derart emotional aufgeladen ist, wäre eine weitere Eskalation sehr wahrscheinlich.

Das Verhältnis zwischen Jorge und seinem Vorgesetzten kann man nur als zerrüttet bezeichnen. Doch auch wenn man Kritik an Jorges Leistungen und Verhalten anbringen kann, so ist auch das Verhalten des Chefs nicht fehlerfrei. Statt den Konflikt offen anzusprechen, hat er den Konflikt weiter schwelen und damit auch eskalieren lassen. Sein Verhalten ist vor allem auch unfair, da Jorge nie Feedback bekommen hat, was denn eigentlich von ihm erwartet wird. Insofern muss der Personaler beide zusammenbringen und das Gespräch so moderieren, dass beide ohne Schuldzuweisungen anerkennen, dass eine Fortsetzung des Arbeitsverhältnisses für beide keinen Sinn macht. Dann sollte sich der Vorgesetzte ausklinken, denn ein vertrauensvoller Dialog wird wohl nicht mehr möglich sein.

Nun geht es darum, Jorges Bedürfnisse zu analysieren. Auf der Sachebene ist dies relativ einfach zu lösen. Er möchte einen Job, in dem er sich selbst verwirklichen kann. Ein entsprechendes Angebot hat er, das jedoch nicht mit seinen legitimen Sicherheitsbedürfnissen vereinbar ist. Also ist ihm mit einer möglichst hohen Abfindung nicht geholfen. Er benötigt zunächst die Sicherheit eines Angestelltenverhältnisses. Man könnte ihm also anbieten, seine Kündigungsfrist von 3 auf 6 Monate zu verlängern bei einer unwiderruflichen Freistellung und der Genehmigung einer Nebentätigkeit. So würden Gehaltskosten in Höhe von 30.000 EUR anfallen sowie Lohnnebenkosten in Höhe von rd. 20 % bis zur Beitragsbemessungsgrenze. Dies wären noch einmal rd. 3000 EUR. Den Firmenwagen kann man ihm dann in der Zeit der Freistellung überlassen. Allerdings darf er diesen nicht über die Zeit der Freistellung hinaus behalten, da dieser ja als geldwerter Vorteil versteuert werden muss. Besteht kein Anstellungsverhältnis mehr und man überlässt ihm den Wagen trotzdem, wäre dies Steuerhinterziehung. Es kommt auch durchaus vor, dass Firmen, die ihre Fahrzeuge nicht leasen, sondern kaufen, diese dem Mitarbeiter komplett überlassen, besonders wenn die Fahrzeuge älter sind. Hierbei ist zu beachten, dass dann der gesamte Preis zu versteuern ist. In der Regel lohnt sich dies nicht. Gleiches gilt für Laptops, Mobiltelefone etc. Ob oder in welchem Maße Jorge dann noch eine Abfindung erhält, ist Verhandlungssache. Jedoch dürfen die Gesamtkosten das gesetzte Budget nicht überschreiten. Die Obergrenze wäre in diesem Fall 70.650 EUR, die man natürlich nicht ausschöpfen muss.

Schwieriger wird es hingegen, Jorges nichtmaterielle Interessen zu berücksichtigen, die stark mit seiner Persönlichkeit zu tun haben. Gesichtsverlust wäre sicherlich das Schlimmste für ihn und könnte zu einem Verhalten führen, dass auch der Firma schadet. Heutzutage ist es in vielen Firmen üblich, dass beim Ausscheiden eines Mitarbeiters bzw. einer Führungskraft eine E-Mail mit entsprechenden Informationen verschickt wird. Diese könnte man Jorge selbst verfassen lassen und mit allen Beteiligten vereinbaren, dass über die wahren Umstände des Ausscheidens Stillschweigen bewahrt wird. Ein heikler Punkt ist das Arbeitszeugnis. Es hält sich ja hartnäckig der Rechtsirrtum, dass ein Arbeitszeugnis nur positive Merkmale enthalten darf. Tatsache ist, dass das Arbeitszeugnis zwar dem beruflichen Fortkommen des Arbeitnehmers dienen soll, aber es muss auch wahrheitsgemäß sein (Schaub und Koch 2014, S. 680). Daher verfasst man in Deutschland Arbeitszeugnisse hauptsächlich in Abstufungen von positiven Formulierungen. Hier gilt es also, eine Form zu finden, die Jorges Selbstbild trifft und die Firma rechtlich nicht in Schwierigkeiten bringt. Ferner ist zu überlegen, in welchem Maße man es ihm ermöglichen möchte, einen Ausstand zu feiern.

Hier zeigt sich also, dass nicht die Höhe der Abfindung der entscheidende Faktor ist, sondern vielmehr eine ganzheitliche Berücksichtigung der Bedürfnisse, ohne dadurch die Interessen der Firma zu verletzen.

2.4.3 Kollektive Freisetzung

2.4.3.1 Sozialauswahl, Sozialplan und Abgrenzung
Bei einer betriebsbedingten Kündigung muss nach Kriterien der Sozialauswahl vorgegangen werden, d. h., Mitarbeiter dürfen nicht nach Leistung, sondern müssen nach ihrer sozialen Schutzwürdigkeit ausgewählt werden. In § 1 Abs. 3 KSchG ist geregelt, dass der Arbeitgeber bei der Sozialauswahl die Dauer der Betriebszugehörigkeit, das

2.4 Personalfreisetzung

Lebensalter, die Unterhaltspflichten und eine etwaige Behinderung berücksichtigen muss. Bei einer Sozialauswahl verlassen dann in der Regel junge und kinderlose Mitarbeiter das Unternehmen. Jedoch hat sich die Rechtsprechung dahingehend verändert, dass Arbeitgeber nun auch Altersbänder bilden dürfen und dann im Rahmen dieser eine Sozialauswahl vornehmen, da auch das Unternehmen ein berechtigtes Interesse an einer ausgewogenen Altersstruktur hat (https://www.haufe.de). Bei der Sozialauswahl ist auch zu berücksichtigen, dass die Stellen tatsächlich vergleichbar sind, d. h., Stelleninhaber können nur dann miteinander verglichen werden, wenn die Stellen mehr oder weniger austauschbar sind. Ein Anspruch auf Beförderung existiert nicht. Daher können Stellen abgegrenzt werden, wenn diese nicht von Mitarbeitern ausgeführt werden können, obwohl diese als schutzwürdiger eingestuft werden als der Stelleninhaber.

Folgendes Beispiel soll dies illustrieren:

> **Beispiel**
>
> Ein produzierendes Unternehmen hat 200 Mitarbeiter in der Produktion und 7 in der Verwaltung. Dazu gehört ein Finanzbuchhalter. Dieser ist 28 Jahre alt, seit zwei Jahren in der Firma und hat keine Kinder. Da niemand sonst die entsprechende Qualifikation hat und ein Finanzbuchhalter für die ordnungsgemäße Buchführung in einem Unternehmen unerlässlich ist, kann diese Position abgegrenzt werden und der Stelleninhaber wird bei der für das ganze Unternehmen durchgeführten Sozialauswahl nicht berücksichtigt.

Unternehmen sind nach § 17 KSchG verpflichtet, vor der Durchführung von Kündigungen im großen Umfang bei der zuständigen Agentur für Arbeit Anzeige zu erstatten. Dies gilt auch, wenn in großem Umfang Aufhebungsverträge angeboten werden. Die Anzeigepflicht (Tab. 2.1) ergibt sich aus dem Verhältnis von Arbeitnehmern im Betrieb zu der Zahl der geplanten Entlassungen.

Zur Milderung der wirtschaftlichen Nachteile einer Betriebsänderung schließen Arbeitgeber und Arbeitnehmervertreter einen Sozialplan ab. Eine solche Betriebsänderung sind nicht nur Kündigungen, sondern alle Formen der Veränderung, die einen Nachteil für den Arbeitnehmer mit sich bringen. Der Betriebsrat hat ein erzwingbares Mitbestimmungsrecht bei der Erstellung des Sozialplans, der der Schriftform bedarf. Der Sinn des Sozialplans liegt also zum einen in einer Ausgleichs-, zum anderen aber auch in

Tab. 2.1 Anzeigepflicht

Arbeitnehmer/-innen im Betrieb	Es sollen entlassen werden
21 bis 59	Mind. 6 Arbeitnehmer/-innen
60 bis 499	Mind. 10 % der Arbeitnehmer/-innen oder Mind. 26 Arbeitnehmer/-innen
500 und mehr	Mind. 30 Arbeitnehmer/-innen

(Quelle: https://www.arbeitsagentur.de)

einer Überbrückungsfunktion (Schaub und Koch 2014, S. 568). Diese Abfindungen werden in der Regel aus dem Bruttomonatsverdienst multipliziert mit dem Lebensalter, was wiederum mit den Jahren der Betriebszugehörigkeit multipliziert wird, errechnet. Diese Zahl wird dann durch einen Divisor geteilt, der ausgehandelt wird. Entscheidende Faktoren sind also der Divisor und die Definition des Begriffs Monatsgehalt. Allerdings ist dies nur die am weitesten verbreitete Formel. Es ist zulässig, auch andere Modelle zu verhandeln. Problematisch ist die Berücksichtigung des Alters, da älteren Mitarbeitern die Abfindung gekürzt werden kann, wenn durch einen bevorstehenden Renteneintritt die Überbrückungsfunktion nur eingeschränkte Bedeutung hat. Üblich ist es auch, dass Mitarbeitern, die vorzeitig kündigen, keine Nachteile im Vergleich zu denen entstehen, die die Fristen voll ausschöpfen (Schaub und Koch 2014, S. 569). Können Arbeitgeber und Betriebsrat sich nicht auf einen Sozialplan einigen, so entscheidet die Einigungsstelle (§ 87 Abs. 2 BetrVG). § 76 Abs. 2 BetrVG sieht vor, dass die Einigungsstelle paritätisch von Arbeitgeber und Betriebsrat besetzt wird und einen unabhängigen Vorsitzenden hat. Können Arbeitgeber und Betriebsrat sich nicht über die Zusammensetzung einigen, so entscheidet das Arbeitsgericht. Grundsätzlich gilt bei der Höhe des Sozialplans, dass der wirtschaftliche Fortbestand des Unternehmens nicht gefährdet werden darf und auch keine weiteren Arbeitsplätze wegen der Höhe des Sozialplans abgebaut werden dürfen. Neu gegründete Unternehmen sind von der Sozialplanpflicht ausgenommen (Schaub und Koch 2014, S. 570). Ein besonderer Fall ist der Betriebsübergang nach § 613a BGB. Hier gehen die Arbeitsverhältnisse vom abgebenden auf das aufnehmende Unternehmen über. Damit gelten alle Vertragsinhalte sowie das Kündigungsschutzgesetz weiter. Auch werden Betriebszugehörigkeiten beim alten Arbeitgeber in voller Höhe angerechnet, was für Abfindungshöhe und Kündigungsfristen relevant ist. Der Arbeitnehmer kann diesem Vertragsübergang widersprechen. Bei einem Betriebsübergang regelt § 613a BGB, dass eine Kündigung des Arbeitnehmers durch den bisherigen oder zukünftigen Arbeitgeber unwirksam ist, wenn der Betriebsübergang der Grund für die Kündigung ist. Dies betrifft sowohl ordentliche als auch außerordentliche Kündigungen wie auch Änderungskündigungen. Somit stellt § 613a BGB eine eigene Norm des Kündigungsschutzes dar, die außerhalb des Kündigungsschutzgesetzes geregelt ist (BAG 05.12.1985, Az. 2 AZR 3/85). Folglich findet das Kündigungsverbot auch Anwendung, wenn der betroffene Mitarbeiter weniger als sechs Monate im Betrieb beschäftigt ist oder aber wenn es sich z. B. um einen Kleinbetrieb handelt.

2.4.3.2 Transfergesellschaften

Insbesondere nach der sehr öffentlichkeitswirksamen Insolvenz des Einzelhandelskonzerns Schlecker wurden immer wieder Rufe nach sogenannten Beschäftigungsgesellschaften laut. Diese sollten, so Vertreter der Politik, sicherstellen, dass die niedrig qualifizierten „Schlecker-Frauen" in den Arbeitsmarkt vermittelt werden. Ob dies eine realistische Vorstellung ist, soll später dargelegt werden.

Bei einer sogenannten Transfer- oder Beschäftigungsgesellschaft (§ 111, SGB III) wechseln die von Arbeitslosigkeit bedrohten Mitarbeiter auf freiwilliger Basis in eine andere, von einer externen Institution in enger Zusammenarbeit mit der Bundesagentur für Arbeit betriebene Firma und müssen nicht in die Arbeitslosigkeit, können sich also aus einem Beschäftigungsverhältnis heraus bewerben. Dies ist tatsächlich durchaus sinnvoll, da auf diese Art und Weise Lücken in der Erwerbsbiografie vermieden werden können und die häufigste Ursache für Altersarmut Diskontinuitäten in den Beitragszahlungen für die Rentenversicherung sind.

Für die Einrichtung einer Transfergesellschaft gelten Vorgaben in Bezug auf Qualität und Quantität des Personalabbaus (§ 111 BetrVG). Vor dem Wechsel in eine Transfergesellschaft muss der Betreiber mit den Mitarbeitern eine Maßnahme zur Einschätzung der Vermittelbarkeit durchführen. Da diese Gesellschaft jedoch außer der Beschäftigung von Menschen keinen Geschäftszweck hat, gibt es keine Arbeit. Folglich werden im Rahmen solcher Gesellschaften Weiterqualifizierungsmaßnahmen angeboten. Nun soll hier nicht der Eindruck erweckt werden, dass Transfergesellschaften per se unseriös sind oder einen „Parkplatz für Überzählige" (http://www.gib.nrw.de) darstellen. Aber da sie von einem Externen mit dem Ziel der Profitmaximierung betrieben werden, ist im Vorfeld eine Prüfung der Qualität dieser Maßnahmen sinnvoll. Anhaltspunkte können hier z. B. Zertifizierungen der Anbieter sein. Die Kosten für diese Transfergesellschaften sind nicht unerheblich. Zwar werden die Gehälter von der Bundesagentur für Arbeit in Höhe des Kurzarbeitergeldes übernommen, doch fallen für den Arbeitgeber die sogenannten Remanenzkosten an, also die Kosten für die Arbeitgeber- und Arbeitnehmerbeiträge zur Sozialversicherung und die Kosten für Entgeltzahlungen an Urlaubs- und Feiertagen (Lembke 2004, S. 774). Man muss sich also darüber im Klaren sein, dass die Mittel für die Begleichung dieser Kosten aus dem Sozialplan kommen, d. h., je mehr man für Auffangmaßnahmen ausgibt, desto niedriger fällt die Abfindung aus.

Ob die Transfergesellschaft (Abb. 2.10) nun wirklich das oft von der Politik beschworene Allheilmittel bei Insolvenzen oder betriebsbedingtem Stellenabbau ist,

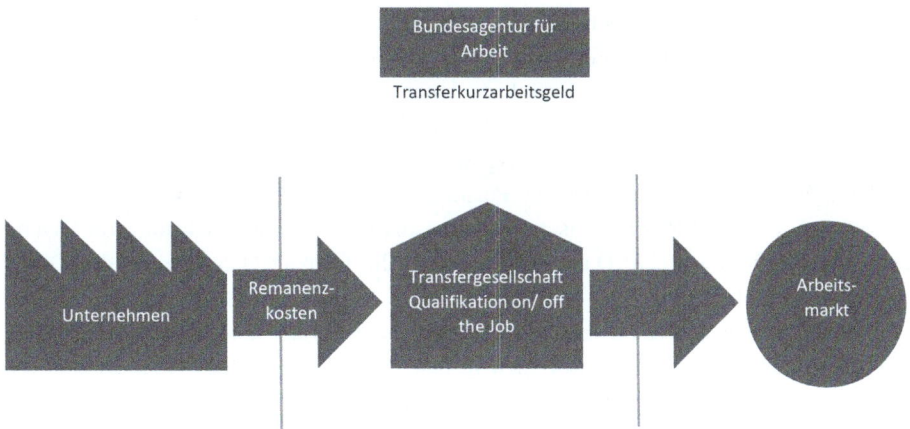

Abb. 2.10 Transfergesellschaft

kann jedoch angezweifelt werden. Untersuchungen zeigen, dass Menschen mit hoher Employability meist recht schnell wieder in den Arbeitsmarkt vermittelt werden. Menschen mit niedrigem Qualifikationsniveau haben jedoch auch durch Transfergesellschaften keine besseren Chancen am Arbeitsmarkt. Letztlich ist die Einrichtung einer Transfergesellschaft in vielen Fällen nur ein symbolischer Akt. Dieser kann für den Arbeitgeber aus Gründen der Außen- und/oder Innenwirkung sinnvoll sein, bringt als arbeitsmarktpolitische Maßnahme aber nur begrenzten Nutzen.

2.4.3.3 Outplacement

Wie bereits dargelegt, ist eine arbeitgeberseitige Trennung von einem Arbeitnehmer oder aber auch die Trennung in beiderseitigem Einvernehmen ein Stück weit auch immer ein Scheitern an einer Position. Hierbei ist es wichtig, das Thema konstruktiv zu gestalten und, statt von Schuld zu reden, nach Gründen zu suchen, um so ein erneutes Scheitern zu vermeiden. Ein Scheitern ist selten absolut in der Person des Mitarbeiters verortet, sondern liegt in den meisten Fällen an einer mangelnden Passung auf die Stelle. Diese kann vielseitige Gründe haben. Im einfachsten Fall liegt es an einer mangelnden fachlichen Qualifikation. Komplizierter wird es jedoch, wenn der Mitarbeiter sich nicht in die Kultur der Organisation einfinden konnte, in Konflikte geraten ist oder diese erst gar nicht erkannt hat, ausgesprochenen oder vielleicht auch unausgesprochenen Erwartungen an seine Arbeit oder sein Verhalten nicht gerecht geworden ist oder aber schlichtweg nicht motiviert für die Arbeit war. Gerade das letzte Beispiel zeigt, dass eine Lösung nicht von außen kommen kann, denn es ist nicht möglich, jemanden für etwas zu motivieren, das nicht seinen persönlichen Motivationsmustern entspricht. Hier kann eine Lösung nur darin liegen, diese zu erkennen und eine Tätigkeit zu suchen, die dazu passt. Genau hier setzt das Konzept des Outplacements ein. Im Prinzip ist das Outplacement ein Sonderfall des Coachings. Kann man beim Begriff Coaching tatsächlich sehr trefflich darüber diskutieren, ob es Sinn macht, dass ein Externer dies übernimmt, so ist es beim Outplacement unumgänglich, dass ein Externer dies durchführt. Das Outplacement ist nämlich keine Vermittlungsdienstleistung, sondern eine reine Prozessbegleitung. Es geht also darum, zum einen einen nüchternen Blick auf die Vergangenheit zu werfen und aufzuarbeiten, worin die Gründe des Scheiterns lagen. Das ist kaum von einem Firmenvertreter zu leisten, weil dieser in den seltensten Fällen als neutral wahrgenommen wird. In einem zweiten Schritt wird dann herausgearbeitet, was dies konstruktiv für die Zukunft bedeutet. Welche Branchen, Firmen, Positionen oder Art der Tätigkeit sind für den Betroffenen sinnvoll? Psychologische Eignungsdiagnostik sollte auch nur von Psychologen durchgeführt werden. Daher ist hier auch die formale Qualifikation des Durchführenden zu prüfen.

In einem dritten Schritt begleitet der Outplacement-Berater den Bewerber im Prozess der Bewerbung. Häufig findet dies auch in den Räumlichkeiten des Beraters statt, um dem Bewerber in einer instabilen Zeit Struktur zu geben. Problematisch ist jedoch, dass Mitarbeiter oft bei der Verhandlung ihrer Aufhebungskonditionen nur das hören, was sie hören wollen. Daher wird Outplacement häufig als eine Arbeitsvermittlung verstanden, besonders dann, wenn der Anbieter auch als Personalberater bekannt ist. In der Realität ist es jedoch so, dass seriöse Anbieter aus Compliance-Gründen den Bereich Outplacement immer vom Bereich der Suche trennen und es hier keine Kontakte gibt. Das häufige Missverständnis, dass der Outplacement-Berater also für das Ergebnis der Stellensuche zuständig ist, kann im Prozess zu Dysfunktionalitäten im Verhältnis zum (ehemaligen) Arbeitgeber und/oder zum Berater führen. Letztlich macht es das schwierig, einem Mitarbeiter eine seriöse Outplacement-Beratung schmackhaft zu machen, und Verhandlungen enden dann oft mit der Forderung, man möge das Honorar für den Outplacement-Berater doch auf die Abfindung anrechnen. Daher ist wichtig, dass das eigene Budget für die Trennung bereits im Vorfeld feststeht.

Kontrollfragen
1. Wodurch kommt ein Arbeitsvertrag zustande und wie ist er rechtlich einzuordnen?
2. Welche Einschränkungen gibt es in Deutschland für befristete Arbeitsverträge?
3. Welche Gründe für eine arbeitgeberseitige Kündigung gibt es?
4. Was sind die Parameter für die Berechnung eines Sozialplans?
5. Was versteht man unter Sozialauswahl?
6. Welche Kosten fallen für den Arbeitgeber bei der Gründung einer Transfergesellschaft an?
7. Warum ist Outplacement eine häufig schwer zu vermittelnde Dienstleistung?

Literatur

Holbeche, A. (2004). *Aligning human resources and business strategy*. Amsterdam: Elsevier Butterworth-Heinemann.
Kaplan, R., & Norton, D. (1996). *The balanced scorecard*. Boston: Harvard Business Review Press.
Kehrt, K., & Pütmann, R. (2005). *Die besten Strategietools in der Praxis*. München: Carl Hanser.
Krings, T. (2012). Der HR Business Partner – Ein Missverständnis? *Personalwirtschaft*, 7: 32–37.
Krings, T. (2015). *Erfolgsfaktoren effektiven Personalmanagements*. Wiesbaden: SpringerGabler.
Krings, T. (2017). *Erfolgsfaktoren effektiver Personalauswahl*. Wiesbaden: SpringerGabler.
Lembke, M. (2004). Umstrukturierung in der Insolvenz unter Einschaltung einer Beschäftigungs- und Qualifizierungsgesellschaft. *Betriebs-Berater*, 59(14): 773–775.
Porter, M. (1997). *Wettbewerbsstrategie*. Frankfurt: Campus.
REFA Verband für Arbeitsstudien und Betriebsorganisation e. V. (Hrsg.). (1985). *Methodenlehre des Arbeitsstudiums: Teil 3 Kostenrechnung*. München: Carl Hanser.
Schaub, G., & Koch, U. (2014). *Arbeitsrecht von A–Z*. München: dtv.
Sparrow, P., & Hird, M. (2010). *Leading HR*. Basingstoke: Palgrave Macmillan.

Internetquellen

Bundesagentur für Arbeit. (2017). *Merkblatt für Arbeitgeber. Anzeigepflichtige Entlassungen.* Stand 10/2017. https://www3.arbeitsagentur.de/web/wcm/idc/groups/public/documents/webdatei/mdaw/mdu1/~edisp/l6019022dstbai377611.pdf?_ba.sid=L6019022DSTBAI377614#page=6&zoom=170,-109,406. Zugegriffen: 16. Febr. 2018.

Gabler Wirtschaftslexikon. (o. J.). Stichwort: Personalpolitik. http://wirtschaftslexikon.gabler.de/Archiv/85802/personalpolitik-v8.html. Zugegriffen: 21. Febr. 2018.

Hans Böckler Stiftung. (2017). WSI Tarifarchiv. https://www.boeckler.de/pdf/p_ta_tariftaschenbuch_2017.pdf. Zugegriffen: 8. März 2018.

Haufe online Redaktion. (2012). Grünes Licht für Altersgruppen bei der Sozialauswahl. https://www.haufe.de/recht/arbeits-sozialrecht/gruenes-licht-fuer-altersgruppen-bei-der-sozialauswahl_218_78268.html.

Himmelsbach, M., & Streif, R. (2013). Eine Beleidigung auf dem Bau rechtfertigt nicht unbedingt eine fristlose Kündigung. https://www.anwalt24.de/fachartikel/arbeit-und-betrieb/26188. Zugegriffen: 9. Sept. 2017.

Leffers, J. (2014). Grapscher wird nicht gefeuert. http://www.spiegel.de/karriere/sexuelle-belaestigung-fristlose-kuendigung-fuer-grapscher-unwirksam-a-1017588.html. Zugegriffen: 9. Sept. 2017.

Mühge, G., & Niewerth, C., et al. (2012). Soziale Sicherheit durch Beschäftigtentransfer. Eine empirische Untersuchung von Transfergesellschaften. Gesellschaft für innovative Beschäftigungsförderung. http://www.gib.nrw.de/service/downloaddatenbank/g-i-b-arbeitspapiere-39. Zugegriffen: 7. Okt. 2017.

Sagösz, M. (2017). Arbeitsrecht Köln/Bonn: fristlose Kündigung wg. Verzehr einer Schokolade. https://www.anwalt24.de/fachartikel/arbeitsrecht/50911. Zugegriffen: 9. Sept. 2017.

o. V. (2007). Positive Wirkung der Hartz-Reformen zu Beruflicher Weiterbildung –Transferleistungen dagegen wirkungslos. Institut zur Zukunft der Arbeit (IZA), Deutsches Institut für Wirtschaftsforschung (DIW Berlin), infas (Bonn). http://legacy.iza.org/en/webcontent/press/releases/IZAPress20070108_HartzEval.pdf/. Zugegriffen: 10. Okt. 2017.

o. V. (2014). Alexander Butz ist Polizist – obwohl sein Unterschenkel amputiert ist. Badische Zeitung. http://www.badische-zeitung.de/suedwest-1/alexander-butz-ist-polizist-obwohl-sein-unterschenkel-amputiert-ist–97717665.html. Zugegriffen: 1. Dez. 2017.

o. V. (o. J.). Anzeigepflichtige Entlassungen. Bundesagentur für Arbeit. https://www3.arbeitsagentur.de/web/content/DE/Unternehmen/Rechtsgrundlagen/AnzeigepflichtigeEntlassungen/index.htm. Zugegriffen: 29. Sept. 2017.

Personalgewinnung 3

> **Zusammenfassung**
>
> In diesem Kapitel werden die Grundlagen der Personalbeschaffung dargelegt. Hierbei wird zwischen der strategischen Ebene des Employer Brandings und des Personalmarketings und der operativen Ebene der Beschaffung differenziert. Bei der strategischen Ebene werden die Bedarfe aus den Unternehmenszielen abgeleitet und Zielgruppen segmentiert und gezielt angesprochen. Hier werden die relevanten Anspracheknäle vorgestellt. Auf der operativen Ebene werden Grundsätze der inhaltlichen Gestaltung, aber auch der grafischen Umsetzung dargestellt. In der Folge werden im Rahmen eines mehrstufigen Auswahlprozesses Instrumente zur Analyse der Bewerbungsunterlagen vorgestellt. Das Kapitel gibt ferner einen Überblick über die gängigen Auswahlinstrumente und bezieht Stellung zu nicht geeigneten Auswahlverfahren.

3.1 Personalmarketing, Recruiting und Employer Branding

3.1.1 Grundlagen und Gestaltung

Eine Stellenanzeige hat zwei Ziele: Zum einen soll sie das Interesse des Bewerbers wecken und ihn zu einer Bewerbung animieren. Andererseits hat sie auch ein Ziel auf einer Sachebene, nämlich so viele Informationen zu transportieren, dass der Bewerber auch abschätzen kann, ob die Stelle für ihn passend ist. Das bezieht sich sowohl auf die an den Bewerber gestellten Anforderungen als auch auf das konkrete Angebot. Daher sind sowohl inhaltliche als auch gestalterische Aspekte zu beachten.

Anzeigen, die eine konkrete Stelle bewerben, sind in der Regel nüchterner und konventioneller gehalten als Anzeigen, die auf das Arbeitgeberimage abzielen. Letztere sollen den Arbeitgeber dauerhaft im Bewusstsein des potenziellen Bewerbers verankern, damit dieser dann auf ein später veröffentlichtes konkretes Angebot reagiert. Der Grund dafür liegt in der Tatsache, dass eine Bewerbung im Gegensatz zu einer Kaufentscheidung eben keine spontane Entscheidung sein soll und mehr Informationen als Emotionen transportiert werden müssen. Originelle Anzeigen können den Kandidaten auch irritieren, weil er sich damit überfordert fühlt oder aber sie dem Ernst des Vorgangs nicht angemessen findet. Als Beispiel kann hier eine Metzgerei dienen, die mit dem Slogan „Mit coolen Säuen abhängen" wirbt und dazu Bilder von geschlachteten Schweinen im Kühlhaus zeigt.

Dem operativen Marketing liegt das sogenannte S-O-R-Modell zugrunde (Redler 2012, S. 19). Dabei wird ein Stimulus (S) gesetzt, der auf einen Organismus (O) einwirkt und dadurch einen Respons (R) erzeugt. Man schaltet also eine Werbung in irgendeiner Form, um damit die Reaktion auszulösen, dass der Kunde ein Produkt oder eine Dienstleistung kauft. Die Reaktion auf den Stimulus ist natürlich nie die gleiche, sondern ist von Individuum und Zielgruppe abhängig. Als Beispiel kann hier eine aktuelle Werbekampagne der Firma Dove aus dem Jahr 2017 dienen. In einem kurzen Werbespot für soziale Medien wechselten die dargestellten Frauen durch das Ausziehen ihrer Kleidung ihre Ethnie. Dies wurde von einer sehr lautstarken Gruppe in sozialen Medien als rassistisch bezeichnet, was wiederum bei anderen vollkommenes Unverständnis auslöste. Deshalb müssen Botschaften auf eine konkrete Zielgruppe zugeschnitten sein, auch um den Preis, dass andere, weniger oder nicht relevante Zielgruppen nicht mehr angesprochen werden. Bezogen auf die inhaltliche Gestaltung von Stellenanzeigen heißt das, dass diese möglichst präzise sein müssen und Inhalte und Anforderungen möglichst klar und eindeutig definieren sollen und auch in der Art der Ansprache den Wahrnehmungsmustern der relevanten Zielgruppe entsprechen.

Bei der Gestaltung einer Anzeige folgt man dem AIDA-Modell (wirtschaftslexikon.gabler.de). Die Buchstaben beschreiben ein Phasenmodell:

- Attention (Aufmerksamkeit)
- Interest (Interesse)
- Desire (Wunsch auslösen)
- Action (Handlung).

Zunächst muss also ein Anker gesetzt werden, der die Aufmerksamkeit des Betrachters erregt. Hierbei ist natürlich darauf zu achten, dass der gewählte Impuls auch zur Kultur des Unternehmens passt. Ein Dienstleister im Facility Management setzt in seinen Stellenanzeigen z. B. einen optischen Reiz durch das Bild einer offensichtlich getragenen und aufreizenden Damenunterhose. Ohne Zweifel erregt man damit Aufmerksamkeit. Ob dies jedoch für eine Stellenanzeige eine angemessene Bildsprache ist, kann getrost in Frage gestellt werden. Man möchte also die Neugierde auf ein möglichst attraktives Angebot wecken. Gerade im Personalmarketing bedeutet dies, dass neben der gestalterischen Originalität auch immer der Informationscharakter einer werblichen Maßnahme berücksichtigt werden muss. Hier muss man jedoch gerade in Bezug auf neue Medien berücksichtigen, dass Gestaltungsgrundsätze nicht undifferenziert von Printmedien in den Online-Bereich übertragen werden können. Das Internet hat seine eigenen Regeln und Gesetze und das Verhalten der Zielgruppe dort ist anders als in anderen Medien. Man kann relativ häufig auf Online-Jobbörsen Anzeigen lesen, die versuchen, mit bestimmten Begriffen Neugierde zu wecken, dann jedoch nur eine sehr umfangreiche elektronische Form einer klassischen Printanzeige eingestellt haben. Das wird so nicht funktionieren, da die Zielgruppe sich im Internet auf andere Art und Weise informieren möchte und das Internet natürlich technisch auch ganz andere Möglichkeiten bietet. Im Internet möchte der potenzielle Bewerber schnellen Zugang zu relevanten Informationen und einfache Kommunikationsmöglichkeiten. Auch wenn es unter technischen Aspekten heute sehr einfach ist, Webseiten zu gestalten oder vorhandene Plattformen zu nutzen, ist es angebracht, dies nur dann zu tun, wenn man sie auch tatsächlich professionell nutzen kann. Wer dies aus eigenen Ressourcen nicht leisten kann, sollte das notwendige Know-how einkaufen.

3.1.2 Inhaltliche Grundsätze

Folgende (nicht erfundene, sondern nur anonymisierte) Anzeige ist ein Paradebeispiel für eine schlecht gestaltete Anzeige:

Beispiel

Verkaufsleiter (m/w) bei Happy DISCOUNT

Für alle, die nach dem Studium beruflich Großes vorhaben.

Mit einem erfolgreich abgeschlossenen Hochschulstudium direkt ins Management durchstarten: Wenn Sie sich für die Position des Verkaufsleiters bei Happy DISCOUNT entscheiden, gehören Sie schon während des einjährigen Training on the Job zur Führungsebene. Sie übernehmen dabei vielseitige Managementaufgaben und natürlich auch die volle Personalverantwortung für Ihren Bereich. Schließlich ist einer der grundlegenden Gedanken unserer Unternehmensgruppe, unseren Mitarbeitern so schnell wie möglich Verantwortung zu übertragen. Kurzum: Sie profitieren gleich von optimaler Förderung und vielversprechenden Perspektiven.

WAS SIE TUN

- Mit der Entscheidung für die Position des Verkaufsleiters entscheiden Sie sich für eine Managementkarriere
- Sie sind Generalist: Sie planen, organisieren, realisieren und führen mit großer Selbstständigkeit
- Sie sind viel in Ihrem Bereich unterwegs, denn Sie tragen die Verantwortung für circa sechs Filialen und mindestens 50 Mitarbeiter
- Als Regionalverkaufsleiter haben Sie volle Personalverantwortung für Ihren Bereich und stellen Ihre Mitarbeiter selbst ein

WAS SIE MITBRINGEN

- Interesse für den Handel
- einen überdurchschnittlichen Hochschulabschluss mit wirtschaftswissenschaftlicher Studienausrichtung
- Begeisterung für unternehmerisches Handeln
- Eigeninitiative und Bereitschaft zur Übernahme von Verantwortung
- Teamgeist, Fairness und Respekt im Umgang mit anderen Menschen
- Kontaktfreude und Kommunikationstalent
- analytisches Denkvermögen
- gute Englischkenntnisse
- Bereitschaft zur Mobilität

WAS WIR IHNEN BIETEN

- einen attraktiven Arbeitsplatz
- ein intensives Training on the Job
- eine angenehme Arbeitsatmosphäre, gestalterische Freiräume und langfristig spannende Perspektiven
- ein abwechslungsreiches und vielseitiges Aufgabengebiet in einem dynamischen Umfeld
- vielfältige Fort- und Weiterbildungsmöglichkeiten
- ein überdurchschnittliches Gehalt und einen auch privat nutzbaren Firmenwagen
- eine flexible Fünf-Tage-Woche unter Berücksichtigung der betrieblichen Gegebenheiten

WIE SIE SICH BEWERBEN

Mehr online, weniger schriftlich: Bewerben Sie sich bitte bevorzugt online unter karriere.happy-discount.de, schriftliche Bewerbungen sind an
Happy GmbH & Co. KG,
Blumenstraße 12,
67549 Worms
zu richten.
(Quelle: Krings 2017, S. 3 ff.)

Diese Anzeige sagt im Prinzip fast nichts aus. Die Aufgaben sind sehr oberflächlich beschrieben, so dass jemand, der die Stelle und das Unternehmen nicht bereits kennt, sich darunter nur wenig wird vorstellen können. Genau dies wird bei der angesprochenen Zielgruppe jedoch der Fall sein. Die Anforderungen sind allgemein und können dem Interessenten kaum Anhaltspunkte geben, ob er nun tatsächlich für diese Stelle qualifiziert ist. Auch das „Angebot" bleibt sehr vage, insbesondere die „flexible Fünf-Tage-Woche", die

3.1 Personalmarketing, Recruiting und Employer Branding

dann jedoch auch gleich wieder eingeschränkt wird. Es wird noch nicht einmal eindeutig gesagt, welche Unterlagen man in welcher Form haben möchte. Interesse wird man bei der interessanten Zielgruppe damit kaum wecken, aber dafür eine Flut von ungeeigneten Bewerbungen generieren.

Der Bewerber benötigt Informationen über die Firma, die konkrete Stelle und die damit verbundenen Aufgaben und die daraus abgeleiteten Anforderungen, die Leistungen des Unternehmens und die verlangten Unterlagen.

Bei den Unterlagen ist zu berücksichtigen, dass es in Deutschland zwar üblich ist, Bewerbungsbilder anzufügen, jedoch dürfen diese nicht angefordert werden, da sie Rückschlüsse auf AGG-relevante Themen zulassen. Auch bei der Einrichtung eines Online-Bewerbersystems ist darauf zu achten, dass eine Bewerbung auch ohne Anfügen eines Bildes abgeschickt werden kann. Auch bei der Formulierung der Anforderungen ist auf das AGG zu achten. So dürfen sich z. B. keine demografischen Merkmale (z. B. Alter, Geschlecht) darin finden und auch Formulierungen wie „jung und dynamisch" oder „Muttersprachler" sind rechtlich nicht zulässig. Insbesondere wenn man über keine eigene Personalabteilung verfügt, sollte man sicherstellen, dass die Anzeige AGG-konform formuliert ist.

Bei den Leistungen ist man natürlich eher zurückhaltend. Aber insbesondere Fringe Benefits oder andere Leistungen, die nicht dem Standard entsprechen, sollten hervorgehoben werden. Auch Themen wie Home Office oder flexible Arbeitszeiten sollten dort genannt werden, weil dies heute für zahlreiche Bewerber ein Grund ist, sich für oder gegen einen Arbeitgeber zu entscheiden.

Eine sinnvolle Stellenanzeige kann gestaltet werden wie folgt:

> **Beispiel**
>
> Sie suchen eine neue Herausforderung? Sie arbeiten gern selbstständig und unabhängig? Sie übernehmen gern Verantwortung, möchten aber auch Freiräume bei der Gestaltung Ihrer Arbeitszeiten? Dann haben wir den richtigen Job für Sie!
>
> Wir sind eine Anwaltssozietät mit 5 Anwälten und spezialisiert auf Strafrecht. Für unsere Kanzlei in Mannheim (Käfertal) suchen wir ab 1.10.2018 eine/n
> **Büroleiter/in**
> Aufgaben:
>
> - Leitung des Büros mit 5 Teilzeitkräften
> - Personaleinsatzplanung
> - Koordination der Bürogemeinschaft und Sicherstellung der fristgerechten Abwicklung
> - Eigenständige Durchführung aller administrativen Aufgaben
> - Planung von Gerichtsterminen
> - Verantwortung für Schriftsätze und Urkunden
> - Rechnungs- und Mahnwesen
> - Ausbildungsverantwortliche/r

Anforderungen:

- Abgeschlossene Ausbildung als Notariatsfachkraft oder Studium Jura/Wirtschaftsrecht
- Berufserfahrung in der administrativen Leitung einer Anwaltskanzlei
- AdA-Schein
- Erfahrung in der Erstellung von Abrechnungen nach Gebührenordnung
- Russischkenntnisse B2 (Europäischer Referenzrahmen)

Wir bieten ein außertarifliches Gehalt mit einer variablen Komponente. Durch einen Kooperationsvertrag können wir Ihnen günstige Konditionen bei der privaten Kindergartengruppe HRS anbieten. Unsere Arbeitszeiten sind flexibel bei einer Kernarbeitszeit von 10.00–16.00. Bis zu zwei Home-Office-Tage sind möglich.

Bitte übersenden Sie Ihren Lebenslauf inkl. aller Zeugnisse ab Verlassen der Schule per E-Mail an: Bewerbungen@ra-ganeff.de.
Anwaltssozietät Ganeff & Partner
Oderbruchweg 7
68118 Mannheim
(Quelle: Krings 2017, S. 37)

> **Übung**
> Formulieren Sie eine Stellenausschreibung für Ihre aktuelle oder letzte Position, die den genannten Anforderungen genügt. Dabei kommt es vorrangig auf die inhaltlichen Aspekte an, weniger auf Layout und Design.

3.1.3 Marketingkanäle

Um eine Marketingkampagne zu planen, ist zunächst die Kenntnis der Zielgruppe entscheidend. Daher muss grundsätzlich eine Marketingforschung betrieben werden. Hierbei geht es um die Analyse von Märkten, Arbeitnehmern, Konkurrenten und um Prognosen zu den Erfolgsaussichten von Personalmarketingmaßnahmen. Dabei machen Unternehmen immer wieder den Fehler, keine zuverlässigen Daten einzusetzen, sondern treffen stattdessen Annahmen, die sich häufig als falsch oder zu wenig präzise erweisen. So werden z. B. häufig unreflektiert Aussagen über die Generation Y und/oder Z aus populärwissenschaftlichen Werken übernommen oder Annahmen über die Vereinbarkeit von Beruf und Familie oder über Arbeitsmarktentwicklungen getroffen. Als Beispiel kann hier der Aktionismus der frühen 2000er Jahre dienen, als große Handelskonzerne mit sehr aufwändigen Events Personalmarketing im Hochschulbereich trieben. Man hatte die Annahme getroffen, dass man es mit einer Spaß-Generation zu tun hat, die man nur mit Edutainment erreichen kann. Tatsächlich waren jedoch die Anmeldezahlen rückläufig, obschon bekannte Bands auftraten, populäre Moderatoren durch das Programm führten und es Party-Elemente gab. Die Metro AG machte sich damals die Mühe, die Zielgruppe zu befragen, und fand heraus, dass genau diese Entertainment-Aspekte für die Betroffenen nicht im Vordergrund standen, sondern dass viele sich einfach schlecht über den Arbeitsmarkt und Berufsmöglichkeiten für junge Akademiker informiert fühlten. Daraufhin wurde das Format dahingehend verändert, dass stärker inhaltliche Elemente in den Vordergrund traten und man auch firmenneutrales Informationsmaterial in Printform produzierte und einen Newsletter auflegte, der zu etwa drei Vierteln hochwertigen Content zum Thema Berufswahl und Karriere bot und zu etwa einem Viertel Informationen über die Metro Group.

Man kann auf zwei Wegen Informationen generieren:

- Sekundärforschung (Nutzung vorliegender Daten)
  - Extern: Fachzeitschriften, Studien (z. B. GfK, Shell Jugendstudie, IHK, Sinus)
  - Intern: Bewerbermanagement, Statistiken
- Primärforschung (Gewinnung originärer Daten)
  - Beobachtungen
  - Befragung
  - Experteninterviews
  - Panel
  - Experiment
  - Mitarbeit in Gremien, Kooperation mit Hochschulen.

Der Aufwand und die Kosten für Sekundärforschung sind natürlich deutlich geringer als für Primärforschung. Der Nachteil ist jedoch, dass die Informationen nicht immer aktuell sind und auch nicht spezifisch auf die Organisation zugeschnitten sind.

Zur Zielgruppensegmentierung können folgende Merkmale herangezogen werden:

- Demografische Merkmale
- Bildungsabschluss
- Berufserfahrung
- Region
- Nähe zum Kandidaten
- Motive der Kandidaten

Wichtig ist der oben beschriebene empirische Ansatz. Viele Firmen sind verunsichert oder aber vordergründig risikoavers und haben eine falsche Zielgruppe vor Augen oder aber sie wissen zu wenig über ihre Zielgruppe und verfolgen daher eine falsche Marketingstrategie.

> **Beispiel**
> Als Beispiel kann man ein Unternehmen anführen, das nur Abiturienten als Auszubildende möchte, da diese vermeintlich „besser" sind und man Risiken vermeiden kann. Man schneidet also das Marketing konkret auf diese Zielgruppe zu. Dabei übersieht das Unternehmen aber, dass in den letzten Jahren die Zahl der Studiermöglichkeiten enorm zugenommen hat und das gesellschaftliche Klima dazu führt, dass jemand mit Hochschulzugangsberechtigung eher studiert als eine Ausbildung macht. Auf der anderen Seite wird der Arbeitsmarkt für Absolventen anderer Schultypen, die nicht zur Hochschulreife führen, schwieriger. Man setzt seine Ressourcen also für die gewünschte Zielgruppe ein, die man aber nicht erreicht. Die grundsätzlich erreichbare Zielgruppe wird jedoch nicht angesprochen.

Auf Basis der empirisch gewonnenen Informationen plant das Unternehmen dann, mit welchen Botschaften man über welchen Kanal an welche Zielgruppe herantreten will. Diese Botschaften stellen dar, welchen Nutzen eine Tätigkeit im Unternehmen dem Bewerber bieten kann. Man spricht hier in Anlehnung an den Begriff Unique Selling Proposition (Alleinstellungsmerkmal) auch von der Employer Value Proposition, also dem Alleinstellungsmerkmal des Arbeitgebers (Redler 2012, S. 2).

Bei der Kommunikation von Werbebotschaften in den Arbeitsmarkt ist auf den Marketing-Mix zu achten. Zum einen unterscheiden sich die relevanten Medien je nach Kommunikations- und Informationsverhalten der Zielgruppe. Einerseits geht es also darum, Kanäle auszuwählen. Andererseits geht es aber auch darum, die Wechselwirkung zwischen einzelnen Kanälen zu berücksichtigen und die zeitliche Abfolge zu planen. Diese Planung nennt man einen Marketingplan. Der Marketingplan erstellt eine Liste von Aktivitäten, die im Bereich Personalmarketing notwendig sind, um die strategischen Ziele des Unternehmens zu erreichen. Hierbei wird der Nutzen geplant und die Kosten werden quantifiziert. Der Marketingplan unterliegt einem stetigen Soll-Ist-Abgleich (Redler 2012, S. 74).

> **Übung**
> Über welche Wege haben Sie bislang von interessanten Arbeitgebern bzw. Jobangeboten erfahren? Welche Kanäle waren besonders erfolgreich?

3.1.3.1 Mediaplanung

Im ersten Schritt wird eine Medienselektion vorgenommen, d. h., man analysiert, welches Medium für die jeweils anzusprechende Zielgruppe relevant ist. Zielsetzung ist es dabei, mit möglichst geringem Ressourcenaufwand eine möglichst hohe Zahl von Werbeanstößen zu generieren. Hierbei ist vor allem auch der zeitliche Horizont zu berücksichtigen (z. B. Schulferien). Aber auch die zeitliche Abfolge spielt eine Rolle. So macht es z. B. Sinn, mit einer groß angelegten Employer-Branding-Kampagne in Medien mit breiter Streuung (z. B. Radio, TV) zu beginnen, um dann gezielt Stellenanzeigen mit geringer Streuung in gezielten Medien einzusetzen. Die Kosten spielen bei der Medienplanung eine wichtige Rolle, denn die Preisgestaltung variiert enorm zwischen den einzelnen Mediengattungen. Jedoch müssen diese Kosten immer in Relation zur Relevanz des jeweiligen Mediums für die anzusprechende Zielgruppe gesehen werden (Redler 2012, S. 147).

Bei gedruckten Werbeträgern (Printwerbung) sind Flächenanteile der Verrechnungsmaßstab. Um die Vergleichbarkeit und damit die Planbarkeit des Werbeträgers Printmedien zu erleichtern, wird zusätzlich zu den absoluten Anzeigenpreisen der sog. Tausenderpreis zugrunde gelegt.

Bei Funk und Fernsehen (elektronische Werbung, Fernsehwerbung, Funkwerbung) gelten Ausstrahlungszeiten (Sekunden bzw. Fünf-Sekunden-Intervalle) als Berechnungsbasis, mit der Vorgabe bestimmter Mindestlängen für den Funkspot oder Fernsehspot und der Herabsetzung des Sekundenpreises bei zunehmender Spotlänge.

Bei Plakatwerbung variieren die Belegungskosten je nach Anschlagform (Großfläche, Ganzsäule etc.) und Streubereich (national, regional, lokal).

Ansonsten ist der Verbreitungsgrad der Medien entscheidend für die Kosten: v. a. die Verteilzahlen der Printmedien, die Zahl der Empfangsgeräte der elektronischen Medien bzw. die Zahl der Homepage-Besucher und die steigende Verbreitung der Direktwerbung.

3.1.3.2 Printmedien

Für die klassische Stellenanzeige haben Printmedien in den letzten Jahren enorm an Bedeutung verloren. Die Personalsuche ist fast ausschließlich in den Online-Bereich gewandert und wenn überhaupt, dienen gedruckte Stellenanzeigen in der Regel nur noch als flankierende Maßnahmen, z. B. in der Regionalpresse. Printmedien werden heute eher im Bereich des langfristigen Employer Brandings z. B. in Form von Imageanzeigen eingesetzt. Die Preise für solche Anzeigen werden in der Regel nach der Größe der Anzeige berechnet und sollten immer in Relation zur Reichweite des jeweiligen Mediums gesehen werden.

3.1.3.3 Jobbörsen

Die Kosten für Stellenanzeigen haben sich durch den Wechsel von Printmedien hin zu Jobbörsen enorm verringert. Zwar hat sich die Zahl der großen und überregionalen Anbieter schon wieder etwas reduziert, aber es gibt dennoch eine Vielzahl von Angeboten. Bekannt sind große Anbieter wie StepStone oder Monster. Diese wenden sich im Prinzip an alle Arbeitnehmer und Arbeitgeber und sind teilweise auch international nutzbar. Daneben existiert jedoch auch eine Vielfalt von Jobbörsen mit rein regionalem Fokus (z. B. www.jobstimme.de als Angebot der Regionalzeitung Heilbronner Stimme) oder aber mit einer reinen Branchen- oder Funktionsorientierung (z. B. www.meinmafojob.de). Schließlich bietet auch die Bundesagentur für Arbeit ein attraktives Angebot.

Welche Jobbörse sinnvoll ist, ist vom Einzelfall abhängig. So muss man die grundsätzliche Frage stellen, welche Jobbörse in der jeweiligen Zielgruppe am weitesten verbreitet ist. Im Hochschulbereich ist dies z. B. die Jobbörse der Wochenzeitschrift Die Zeit. Die Ausschreibung einer Professur auf einer anderen Plattform im Internet macht wenig Sinn. Eine weitere Frage kann sein, ob die ausgeschriebene Stelle so attraktiv ist, dass eine überregionale Ausschreibung überhaupt sinnvoll ist.

In der Praxis findet man häufig den Fehler, dass Unternehmen eine Vielzahl von Online-Angeboten nutzen, nicht zuletzt weil diese relativ kostengünstig sind. Jedoch werten diese Unternehmen häufig nicht aus, über welche Plattform sie tatsächlich die meisten interessanten Bewerbungen generieren. Daher empfiehlt es sich im Sinne eines Marketingplans mit Kennziffern zu arbeiten, die eine Rückverfolgung ermöglichen.

3.1.3.4 Karrierewebsite

Aktuelle Untersuchungen zeigen, dass Bewerber die Karrierewebsite eines Unternehmens als eine wichtige Informationsquelle nutzen und auch zunehmend erwarten, dass sie sich direkt über diese bewerben können (www.monster.de). Daher sind Karrierewebsites heute meist direkt mit einem Online-Bewerbermanagementsystem verbunden. Allerdings kann man auf Arbeitgeberbewertungsportalen zunehmend Bewertungen lesen, die darauf hinweisen, dass dies auch zu einer verschlechterten Transaktionsqualität im Umgang mit Bewerbungen führt. Exemplarisch kann hier folgende Bewertung eines Bewerbers aus dem Jahr 2016 auf dem Portal kununu.de stehen:

„Nach Kontaktaufnahme durch HR immer wieder wechselnde Ansprechpartner, die weitere Gesprächsrunden koordinierten. Nach 3 Gesprächen keine verbindliche Auskunft über den Fortgang des Prozesses. Nach ca. 4 Wochen Rückruf bei einer der Kontaktpersonen zwecks Stand der Dinge. Original-Zitat der Kontaktperson: ‚… sie sind noch auf der Liste aber morgen Abend geht der Geschäftsführer mit einem Bewerber abends essen – da kann es schon sehr schnell gehen …' Immerhin hat die freundliche Dame nicht auch noch die Namen der Mitbewerber vorgelesen. Danach monatelang keine Rückmeldung mehr, nach 5 Monaten endlich eine Absage als Standardmail wieder von einem mir bis dato noch unbekannten HRler (‚Sehr geehrter Herr/sehr geehrte Dame', die Mühe für eine korrekte Ansprache sollte man sich schon machen) … die Erstattung der Reisekosten wurde immerhin in ‚nur' drei Monaten bearbeitet" (kununu.de).

Scheinbar sehen Unternehmen diese e-HR-Anwendung hauptsächlich unter dem Aspekt der Kostenersparnis, nicht unter dem der Prozessqualität. Hier ist zu beachten, dass durch die Transparenz, die soziale Medien schaffen, Mängel in der Transaktionsqualität in kurzer Zeit sehr weit verbreitet werden und dies dem Arbeitgeberimage massiv schaden kann.

Bei der Gestaltung einer Karrierewebsite ist vor allem auf die Usability zu achten. Gemeint ist damit die Tauglichkeit für den definierten Zweck aus Sicht des Anwenders. Die vom Arbeitgeber gesetzten Ziele müssen effektiv, effizient und in der gewünschten Qualität erreicht werden können. Hierbei ist vor allem auf die Gestaltung der Website, die Benutzerführung (vor allem im Kontext einer gesamten Unternehmenswebsite und Verknüpfungen auf andere Websites) sowie auf die Bedienbarkeit des Bewerbersystems zu achten. Aktuell kommt vor allem auch die Forderung nach barrierefreiem Zugang zu Karrierewebsites für Behinderte hinzu.

3.1.3.5 Social Media

Social Media sind digitale Möglichkeiten (Websites, Apps), mit denen Nutzer Inhalte schaffen können, diese teilen und sich mit anderen vernetzen. Diese können sowohl von Einzelpersonen für Kommunikation im privaten Bereich wie auch von Organisationen wie z. B. Unternehmen für die Kommunikation mit relevanten Stakeholdern genutzt werden. Zum Zeitpunkt der Drucklegung waren relevante Social-Media-Kanäle z. B. Twitter, Facebook, Instagram und Snapchat. Der Niedergang von MySpace.com und wer-kennt-wen.de hat jedoch auch gezeigt, dass einzelne Plattformen sehr schnell für Zielgruppen irrelevant werden können bzw. neue diese ablösen können. Twitter wiederum hat im angelsächsischen eine wesentlich weitere Verbreitung als in Deutschland. Insofern gilt auch hier, dass man im Rahmen eines Marketingplans stetig überprüfen muss, wie relevant der jeweilige Kanal für die Zielgruppe noch ist. Ergänzend dazu existieren Social-Media-Kanäle, die ausschließlich auf das berufliche Umfeld abgestimmt sind, wie z. B. linkedin.com und xing.de.

Social-Media-Kanäle bieten den großen Vorteil, dass man auf diese Art und Weise mit geringem Aufwand relativ viele Menschen erreichen kann und auch die Streuung kontrollieren kann (z. B. durch Zugehörigkeit zu Gruppen oder aber Bewerbung nach zielgruppenrelevanten Kriterien). Allerdings sind dabei auch einige Dinge zu beachten. Die simpelste Frage, die man sich stellen muss, ist, warum der User dem Social-Media-Auftritt des Personalmarketings einer Firma folgen sollte. Dies wird er sicherlich nur dann tun, wenn dort Content zu finden ist, der hochwertig und für ihn relevant ist. Man muss also einen gewissen Aufwand betreiben, um einen solchen Auftritt redaktionell zu betreuen, und dies auch kontinuierlich tun. Hier relativieren sich dann die scheinbar niedrigen Kosten eines Social-Media-Auftritts. Wenn man diese Betreuung also nicht gewährleisten kann, sollte man überlegen, ob Personalmarketing in sozialen Netzwerken überhaupt sinnvoll ist, da man anderenfalls ein negatives Bild des Arbeitgebers erzeugen kann. Zum anderen differenzieren User nicht immer zwischen dem Social-Media-Auftritt des Unternehmens und der Personalseite. So hat z. B. eine Wohnungsbaugesellschaft beschlossen, ihren Arbeitgeberauftritt auf Facebook einzustellen, weil dort immer wieder Beschwerden von Mietern auftauchten. Zwar macht die Möglichkeit zur direkten Interaktion Social Media sehr attraktiv, doch birgt dies auch Risiken in sich. Die Möglichkeit zum ungefilterten Kommentar bedeutet, dass sehr schnell negative Dinge angeführt werden können und diese sich sehr schnell verbreiten. Zum einen hat man tatsächlich nur bedingt Möglichkeiten, darauf zu reagieren, zum anderen muss man aber auch die eigenen Beiträge engmaschig kontrollieren, was einen hohen Ressourcenaufwand erfordert.

3.1.3.6 Events

Unter einem Event im Personalmarketing versteht man eine Veranstaltung, die mit dem Ziel durchgeführt wird, entweder kurzfristig einen Personalbedarf abzudecken oder aber lang- und mittelfristig eine Arbeitgebermarke aufzubauen. Dabei kann es sich um die Teilnahme an Veranstaltungen handeln, die für alle oder eine Auswahl von Arbeitgebern zugänglich sind, oder aber um exklusive Veranstaltungen. Als Beispiel für letztgenannte Form eines Events kann die Veranstaltungsreihe „Meeting Metro" dienen. Die Metro Group (also alle zum Konzern gehörigen Firmen) wählte jedes Jahr eine deutsche Hochschulstadt aus und führte dort ein zweitägiges Event durch, in dem die Metro Group vorgestellt wurde. Der erste Tag richtete sich an Lehrer, die im Übergangsmanagement Schule-Beruf tätig waren. Es handelte sich also um eine Multiplikatorenveranstaltung. Der zweite Tag sprach Studierende in der Mitte des Studiums an. Hier wurde also die relevante Zielgruppe direkt adressiert. Man wollte bewusst nicht Studierende am Ende des Studiums ansprechen, da das Ziel der Veranstaltung eine dauerhafte Verbesserung des Arbeitgeberimages war und der Rekrutierungsbedarf für Akademiker nicht so hoch war. Offene Veranstaltungen sind zum Beispiel regionale Rekrutierungsmessen für Auszubildende oder aber Absolventenveranstaltungen in Hochschulstädten.

Auch hier gilt, dass Events im Rahmen einer Marketingplanung ein Baustein sind, der zur Gesamtzielerreichung dient. Es müssen also auch hier Messgrößen für die Zielerreichung definiert werden und einem Soll-Ist-Abgleich unterzogen werden.

3.1.3.7 Berater

War die Arbeit mit sogenannten Headhuntern lange Zeit eher großen Firmen vorbehalten, so hat sich die Zusammenarbeit mit Personalberatern auch bei kleinen und mittelständischen Unternehmen etabliert (Wegerich 2008). Hierbei gibt es zum einen die klassische Direktansprache, bei der der Berater Kandidaten in festen Arbeitsverhältnissen identifiziert, für einen Wechsel motiviert, sie evaluiert und dann beim Klienten präsentiert. Es handelt sich hierbei also nicht um eine Vermittlung von neuen Mitarbeitern, sondern um einen Beratungsprozess. Daher ist das Honorar eines „Headhunters" in der Regel nicht oder nur zu einem geringen Umfang erfolgsabhängig. Übliche Honorargrößen sind 33 % des Bruttojahresgehalts zuzüglich einer Aufwandspauschale. Meistens ist das Honorar in drei Stufen aufgeteilt, so dass nach Präsentation der Long und Short List dann noch eine Tranche offen ist. Jedoch gibt es auch Berater, die stattdessen mit fixen Größen arbeiten, um einen Interessenkonflikt zu vermeiden. Bei variablen Honoraren bedeutet ein „teurer" Kandidat auch ein höheres Honorar für den Berater.

Wichtig ist, dass der Berater ein detailliertes Briefing zur Firma erhält und ein möglichst exaktes Stellen- und Anforderungsprofil hat. Der Erfolg einer Suche steht und fällt mit der Qualität der Zusammenarbeit zwischen suchendem Unternehmen und Berater. Man erstellt dann gemeinsam eine Liste mit Zielfirmen und Firmen, die nicht in Frage kommen (z. B. wegen Konzernzugehörigkeit). Auf dieser Basis setzt der Berater einen sogenannten Researcher ein, der in der Regel durch Telefonate den relevanten Kandidaten identifiziert und erste Gespräche führt. Hier zeigt sich, dass ein Berater einen echten Mehrwert bieten kann, denn hier können Informationen über den Marktwert der Stelle und über die Strukturen von Mitbewerbern generiert werden. Daher sollte eine schriftliche Dokumentation dieser Gesprächsergebnisse Teil des Auftrags sein. Die so identifizierten Kandidaten sind nun auf der sogenannten Long List. In einem zweiten Schritt werden diese Kandidaten dann vom Berater interviewt. Dabei handelt es sich um ein mehrstufiges Auswahlverfahren, in dem zunächst die Unterlagen evaluiert werden und dann Gespräche mit geeigneten Kandidaten geführt werden. Auf Basis dieser Interviews wird dann die sogenannte Short List der geeigneten Kandidaten erstellt und dem Klienten vorgelegt. Berater und Klient wählen eine Zahl (meistens drei) interessanter Kandidaten gemeinsam aus und gehen dann in die Kandidatenpräsentation beim Klienten. Da die Kandidaten in den meisten Fällen bei direkten Mitbewerbern tätig sind, handelt es sich bei diesen Gesprächen um eine wichtige Informationsquelle. Die Direktansprache ist allerdings sinnvoll nur bei relativ hoch bezahlten Fach- und Führungskräften einsetzbar. Zum einen ist der Aufwand, der mit einer solchen Suche verbunden ist, sehr hoch und Berater veranschlagen relativ hohe Mindesthonorare, so dass man deutlich über den marktüblichen 33 % liegt. Zum anderen zeigt die Praxis aber auch, dass andere Zielgruppen sich mit dem Instrument schwertun und häufig verunsichert oder irritiert auf eine solche Ansprache reagieren. Zu beachten ist, dass ein seriöser Personalberater immer einen Exklusivvertrag braucht, denn nur so können Doppelansprachen und ein negatives Bild des Arbeitgebers im Arbeitsmarkt vermieden werden.

Ferner bieten Berater auch anzeigengestützte Suchen an. Der bekannteste Anbieter in Deutschland ist die Firma Kienbaum. Bei dieser Form der Beratung formuliert der Berater die Anzeige und schaltet diese im Auftrag des Kunden in den relevanten Medien. Firmen nutzen diese Dienstleistung z. B. wenn sie nicht möchten, dass bekannt wird, dass diese Stelle vakant ist oder wird, oder aber wenn sie selbst nicht über die notwendigen Kapazitäten verfügen, eine solche Suche professionell durchzuführen. Meistens führt der Berater die Vorauswahl nach Aktenlage durch und übernimmt häufig die Erstgespräche und präsentiert dem Klienten dann die geeigneten Kandidaten. Die Kosten für diesen Service sind unterschiedlich. Ob die Einschaltung eines Beraters auch einen qualitativen Mehrwert bringt, ist schwer zu beantworten. Es gibt keine empirischen Studien dazu, aber eine Untersuchung zur anzeigengestützten Suche von HR Business Partnern hat gezeigt, dass die Anzeigen der Berater in der Regel nicht kompetenter waren als die von Unternehmen, die selbst gesucht haben (Krings 2012, S. 37). Viele von Beratern formulierte Anzeigen können weder inhaltlich noch von ihrer sprachlichen und grafischen Gestaltung her überzeugen. Insofern sollte auch bei der anzeigengestützten Suche eine genaue Prüfung durchgeführt werden, welche Kompetenzen der Berater wirklich hat und welche Referenzen er vorweisen kann. Diese sollte man auf ihre Qualität hin prüfen und darauf, ob der Stil zur suchenden Firma passt (Müller-Albrecht 2008).

Grundsätzlich darf man nicht den Fehler machen, die Auftragsvergabe an einen Personalberater mit Outsourcing gleichzusetzen. Die Dienstleistung des Beraters ist so gut wie die Betreuung, die dieser durch den Kunden erhält. Da der Berater das Unternehmen in der Regel nicht oder nur bedingt kennt, ist es bei jeder Form der Beratung wichtig, dass der Berater möglichst detaillierte Informationen über die Stelle oder das Unternehmen erhält. Dabei ist er auf die enge Zusammenarbeit mit den Suchenden angewiesen. Jede Form der Beratung birgt das Risiko in sich, dass der Externe aufgrund mangelnder Kenntnis des Unternehmens Fehler macht. Viele Berater stehen aus verschiedenen Gründen seit einigen Jahren unter enormem Kostendruck, was dazu führt, dass häufig bei den Back-Office-Kapazitäten gespart wird. Die Qualität der Abwicklung ist auch bei großen Namen in der Branche nicht immer garantiert. Daher empfiehlt es sich bei einem Erstgespräch nachzufragen, wie die Kapazitäten für die Abwicklung aussehen, ob alle Dienstleistungen vom Berater selbst erbracht oder an Subunternehmer ausgelagert werden und wer die Aufgaben im Haus erledigt und ob diese Person auch tatsächlich über die notwendigen Qualifikationen verfügt.

Gerade in den letzten Jahren hat sich jedoch auch eine andere Form der Personalberatung etabliert. Das liegt zum einen an einer relativ hohen Zahl ehemaliger Personaler, die sich selbstständig gemacht haben, ohne über Back-Office-Ressourcen zu verfügen, und zum anderen an relativ einfachen Recherchemöglichkeiten durch das Internet. Hierbei durchsuchen Berater existierende Datenbanken oder Business-Netzwerke oder aber generieren durch Anzeigenschaltung o. Ä. eine eigene Datenbank von wechselwilligen Kandidaten. Dies ist natürlich ein relativ überschaubarer Aufwand und es handelt sich auch nicht um eine systematische und umfassende Recherche. Trotzdem ist dies per se keine unseriöse Form der Personalberatung, wenn die Lebensläufe auf seriöse Art und Weise generiert wurden. Dies kann eine sinnvolle Methode sein, eine Stelle zu besetzen, besonders wenn man unter Zeitdruck steht. Man kann diese Form des Findens (im Gegensatz zur Suche) auch als flankierende Maßnahme einsetzen, da es sich nicht um Exklusivaufträge handelt und man auf mehreren Kanälen gleichzeitig suchen kann. Jedoch muss man das Kosten-Leistungs-Verhältnis genau hinterfragen. Es gibt Berater, die versuchen, die gleichen Honorarsätze wie bei einer Direktansprache durchzusetzen. Dies ist bei dieser Form der Dienstleistung natürlich auf keinen Fall angemessen. Es wurde ja bereits die Einschränkung angesprochen, dass eine solche Form der Beratung nur dann seriös ist, wenn die Lebensläufe auf seriöse Art und Weise generiert wurden. Allerdings gibt es auch eine nicht zu unterschätzende Zahl von Beratern, die dies auf unseriöse Art und Weise tun, indem sie z. B. Anzeigen für nicht existente Stellen schalten oder vorgeben, im Rahmen einer Direktansprache einen Exklusivauftrag zu haben, oder ihnen Unbekannte über Business-Netzwerke wie Xing und LinkedIn anschreiben und falsche Erwartungen wecken. Diese Lebensläufe werden dann nicht selten unaufgefordert an Firmen gesandt. Das kann im schlimmsten Fall mit dem zweiten Typus dieses Beraters zusammentreffen, nämlich dem, der keinen Auftrag vom Kunden hat, auf Stellenanzeigen reagiert und eigenmächtig sucht und Kandidaten vorschlägt. Auch das muss zunächst nicht unseriös sein, wenn die Vertraulichkeit der Kandidaten gewahrt bleibt. Jedoch ist hier Skepsis angebracht, denn die Arbeit mit einem unseriösen Berater kann negative Auswirkungen auf das Arbeitgeberimage haben.

Eine mehr oder weniger intensive Form der Zusammenarbeit mit einem Berater kann sehr sinnvoll sein, so z. B. wenn man verdeckt sucht, unter Zeitdruck steht, als Arbeitgeber relativ unbekannt oder wenig attraktiv ist oder einfach selbst nicht über die Ressourcen für die professionelle Suche verfügt.

3.1.3.8 Bundesagentur für Arbeit

Im Jahr 2004 änderten die Bundesanstalt für Arbeit bzw. die Arbeitsämter ihren Namen zur „Bundesagentur für Arbeit" im Rahmen der Hartz-Reformen unter der Kanzlerschaft Gerhard Schröders. Der Grund hierfür lag darin, dass man die Rolle der Behörde von der Verwaltung der Arbeitslosigkeit hin zu einer aktiven Gestaltung des Arbeitsmarkts verändern wollte. Unter anderem führte dies auch dazu, dass der Markt für Arbeitsvermittlung liberalisiert wurde und die Bundesagentur sich diese Dienstleistung nun mit privaten Anbietern teilt. Folge dessen war ein intensiverer Wettbewerb, der wiederum zur Folge hatte, dass die Bundesagentur sich nun als Dienstleister begreift und einen Firmenservice anbietet. Im Rahmen dieses Service bietet die Bundesagentur eine erfolgreiche Jobbörse an, aber auch die Vermittlung von geeigneten Kandidaten für Einstellung oder Ausbildung.

3.1.3.9 Personalüberlassung

Im Rahmen der Arbeitnehmerüberlassung kann der Personaldienstleister auch als Arbeitsvermittler agieren. Es handelt sich dabei im Prinzip um ein Outsourcing von Suche und Probezeit. Dies kann die eigene Personalabteilung entlasten. Da der überlassene Arbeitnehmer dem überlassenden Unternehmen ja nicht mehr zur Verfügung steht, vereinbart dieser mit dem aufnehmenden Betrieb eine Vermittlungsgebühr in Höhe von zwischen 10 und 30 % des Bruttojahresgehalts. Man kann auch eine kostenfreie Übernahme des Arbeitnehmers vertraglich vereinbaren. Arbeitnehmerüberlasser haben dann ein Interesse daran, wenn eine Mindestzeit der Überlassung eingehalten wird. Da die wenigsten Arbeitnehmer sich dauerhaft in der Leiharbeit sehen, kann dies für den Überlasser ein positives Arbeitgeberimage zur Folge haben. Eine Vermittlungsgebühr durch den Arbeitnehmer an das überlassende Unternehmen ist nicht zulässig (§ 9 Abs. 5 AÜG).

3.2 Personalauswahl

Bei jeder Form von Personalauswahl handelt es sich im Prinzip um eine Investition in das Unternehmen. Zum einen ist dabei die Wertschöpfung zu beachten, die der Mitarbeiter in der Zukunft erbringen wird, zum anderen aber auch die Kosten für den Auswahlprozess selber. Personalauswahl ist letztlich der Aufbau des Humankapitals der Organisation und damit das Schaffen eines entscheidenden Wettbewerbsfaktors. Da Mitarbeiter in einer entwickelten Volkswirtschaft sowohl Wertschöpfungs- als auch Kostenfaktor sind, muss in vielen Organisationen immer mehr mit immer weniger Ressourcen geleistet werden. Darin liegt sicherlich eine große Herausforderung für alle Aspekte der Personalarbeit, insbesondere betrifft dies aber die Auswahl und Beschaffung.

Hinzu kommt, dass der Auswahlprozess auch die Außenwirkung des Unternehmens mit bestimmt. Das beginnt bei der Transaktionsqualität bei der Bearbeitung von Bewerbungsunterlagen, betrifft jedoch vor allem auch den erlebten Auswahlprozess selber. Wie häufig finden sich in sozialen Medien oder Büchern und Zeitschriften Berichte von unsachgemäß durchgeführten Assessment Centern, in denen die Kandidaten beispielsweise Giraffen aus Zeitungspapier basteln mussten, oder aber über inkompetente Auswahlgespräche mit nicht AGG-konformen Fragen über das private Umfeld oder Fragen von Hobbypsychologen („Was würde Ihr Freund mir denn über Sie erzählen?" oder „Welches Tier wären Sie denn gern?").

Neben der negativen Außenwirkung ist zu beachten, dass diese Form der „Personalauswahl" natürlich auch keinerlei Rückschlüsse auf die berufliche Eignung des Kandidaten zulässt. Dennoch werden sehr viele Verfahren angewandt, die überhaupt nicht zur Auswahl geeignet sind, weil sie entweder jeglicher wissenschaftlicher Grundlage entbehren oder aber weil sie nie zum Zweck der Auswahl entwickelt wurden. Zu nennen sind hier z. B. graphologische Gutachten, Enneagramme (esoterisches Persönlichkeitsmodell), Horoskope, nicht wissenschaftliche Testverfahren (z. B. DISG) oder falsch eingesetzte Testverfahren (z. B. Myers-Briggs Type Indicator zur Auswahl) und natürlich unsachgemäß konzipierte und durchgeführte Assessment Center. Die Gründe dafür, dass solche Verfahren Anwendung finden, liegen sicher in der mangelnden Fachkompetenz vieler handelnder Personen, denen solche scheinbar plausiblen Instrumente im Auswahlprozess Sicherheit geben. Tatsächlich ersetzen sie dadurch den möglichen Irrtum durch den systemimmanenten Fehler.

Doch es gibt immer noch Organisationen, die bei der Personalauswahl nicht die notwendige Sorgfalt walten lassen. In keinem anderen Bereich der Investitionsentscheidungen würde man so sorglos handeln, wie dies oft bei Personalentscheidungen der Fall ist. Für das Unternehmen wichtige Entscheidungen werden subjektiv getroffen und mit Gefühlen und emotionalen Reaktionen begründet. Zum einen gibt es sicher Menschen, die glauben, dass man Entscheidungen, die Menschen betreffen, subjektiv treffen sollte. Zum anderen aber ist es natürlich auch nicht möglich, eine abgewogene Entscheidung zu treffen, wenn man keine saubere Datenbasis hat. Sinn und Ziel eines professionellen Auswahlprozesses muss es also sein, Daten und Informationen zu sammeln, die es ermöglichen, einen Abgleich zwischen den für die Stelle notwendigen Fähigkeiten, Fertigkeiten und Kompetenzen und dem Kandidaten vorzunehmen. Das verlangt im ersten Schritt eine klare Definition des Solls. Im zweiten Schritt benötigt man Instrumente, die valide und reliabel sind, um die Messung des Ist vorzunehmen.

Viele Unternehmen versuchen also, Instrumente zu finden, die ihnen eine solche Datenlage ermöglichen. Diese Instrumente werden häufig von Psychologen oder externen Beratern angeboten, was bis zu einem gewissen Grad auch eine Berechtigung hat. Jedoch können solche Instrumente nur Informationen zutage bringen. Sie können keiner

Führungskraft die Entscheidung abnehmen. Wie man die Informationen bewertet und gewichtet, ist eine Führungsaufgabe. Genau hier endet jedoch auch die Verantwortung des Human Resource Managements. Es kann eine Infrastruktur und/oder ein Instrumentarium zur Verfügung stellen, das eine gute Entscheidung ermöglicht, aber genau da endet die Verantwortung auch. Personalentscheidungen sind Führungsentscheidungen.

Ein professioneller Auswahlprozess will nur die Frage beantworten, ob ein Bewerber die Fertigkeiten und Fähigkeiten mitbringt, die er für eine klar definierte Stelle benötigt. Das sind zu einem großen Teil harte Faktoren wie Wissen, Fertigkeiten und Kenntnisse, aber zu einem gewissen Teil eben auch „weiche" Faktoren, die mit Verhalten zu tun haben. Diese komplexen Anforderungen in ihrer Gesamtheit sichtbar zu machen, ist die Aufgabe eines sinnvollen Auswahlprozesses. Dazu muss man nicht die Persönlichkeit eines Menschen einschätzen können oder Informationen über sein Privatleben sammeln. Auch das Argument, dass jemand in eine Organisation passen muss, sollte man genau reflektieren. Das Unternehmen holt sich eine Ressource vom Arbeitsmarkt, über die sie selber nicht verfügt. Das hat in der Regel einen Grund. Also sollte auch eine Organisation sich immer die Frage stellen, wie sie sich adaptieren muss, um diesem Talent Raum zur Entfaltung zu geben.

Die hierfür verwendeten Auswahlinstrumente müssen drei Kriterien genügen: Sie müssen objektiv (personenunabhängig), valide (gültig) und reliabel (zuverlässig) sein. Validität bedeutet, dass die Instrumente oder die zu Grunde liegenden Konstrukte überhaupt geeignet sind, eine Aussage über die berufliche Eignung zu tätigen. Viele der häufig eingesetzten Verfahren oder Methoden wurden nie zu diesem Zweck entwickelt. So stammt die Übung mit der Giraffe aus Zeitungspapier aus dem Teamtraining und kann dort seine Berechtigung haben. Die meisten Testverfahren erheben nur den Anspruch, wertneutral Unterschiede zu beschreiben, um z. B. Konflikte zu erklären. Ein gutes Beispiel hierfür ist der Myers-Briggs Type Indicator, der auch heute noch gern in der Auswahl eingesetzt wird, obwohl er dafür nicht entwickelt wurde. Jede Methode hat jedoch eine begrenzte Validität, die nicht mehr gesteigert werden kann. Die Validität des ganzen Auswahlverfahrens kann durch die Kombination verschiedener Methoden gesteigert werden. Man spricht hier von einem mehrstufigen Auswahlverfahren.

Reliabilität beschreibt die Messgenauigkeit, d. h., dass ein eingesetztes Verfahren immer wieder das gleiche Ergebnis bringt. Als Beispiel kann hier ein Test genannt werden, den eine Hochschule zur Messung der Studierfähigkeit einsetzt. Dieser darf wiederholt werden. Wenn nun etwa 90 % der Bewerber, die im ersten Anlauf durchgefallen sind, im zweiten Versuch wenige Wochen später bestehen, dann ist dieser Test nicht reliabel. Er scheint etwas anderes zu messen als die Studierfähigkeit.

Übung

Recherchieren Sie den INSIGHTS MDI ® -Test und entscheiden Sie, ob dieser aus wissenschaftlicher Sicht zur Personalauswahl geeignet ist.

3.2.1 Anforderungsprofil

Grundlage eines jeden Auswahlprozesses ist eine klare Definition der Anforderungen. Die Realität zeigt jedoch, dass viele Anforderungsprofile diesen Anspruch nicht erfüllen. Häufig werden Anforderungen definiert, die eigentlich für die Stelle nicht notwendig sind, oder aber die Stelle ist in sich schon nicht sinnvoll definiert, weil man dort willkürlich Aufgaben ohne innere Logik zusammengeführt hat. Ferner sind Anforderungen oft ungenau definiert (z. B. Englisch „verhandlungssicher" statt C1) oder aber sie sind nicht erläutert (z. B. teamfähig). Hinzu kommt, dass sich eine Vielzahl von Merkmalen findet, die nicht gewichtet sind.

Ein Anforderungsprofil muss also aus einer Stellenbeschreibung abgeleitet werden, die im Rahmen einer Aufgabensynthese entstanden ist, also einer Logik folgt. Elemente einer Stellenbeschreibung sind:

- Bezeichnung der Stelle
- Einordnung in die Unternehmenshierarchie (über-, untergeordnete Stellen, Schnittstellen)
- Hauptaufgaben bzw. -ziele der Stelle
- Führungsspanne
- Nebenaufgaben
- Kompetenzen (z. B. Handlungsvollmacht oder Prokura)

Wenn man die Dimension „Ziele einer Stelle" statt „Tätigkeit" wählt, erleichtert dies die Definition messbarer und relevanter Anforderungen. Bei „Tätigkeit" neigt man eher zur Quantifizierung als zur Qualifizierung. Eine häufig zu findende, aber wenig zielführende quantitative Definition von Anforderungen wäre z. B. „mindestens 5 Jahre Erfahrung im Bereich …". Solche Formulierungen sind zur Auswahl wenig tauglich, da sie ja nichts über die Qualität der Erfahrung aussagen, und man kann eine Tätigkeit auch über längere Zeit ausüben, ohne sich in ihr zu entwickeln. Umgekehrt kann man auch in sehr kurzen Zeiträumen Kompetenzen aufbauen und Routinen entwickeln. Folgenden Erfahrungswert kann man ansetzen: „Als Faustregel kann man festhalten, dass eine Verweildauer von unter drei Jahren wahrscheinlich wenig zum Kompetenzaufbau beigetragen hat, weil das in etwa der Zeitrahmen ist, den man braucht, um optimal zu funktionieren. Nach 5 Jahren setzt jedoch auch häufig der Wunsch nach neuem bzw. die Demotivation ein, wenn dieser Wunsch nicht erfüllt wird" (Krings 2017, S. 65).

Folgendes (nicht erfundene) Beispiel zeigt ein nicht untypisches, aber vollkommen untaugliches Anforderungsprofil:

Beispiel
HR Business Partner
    Studium Betriebswirtschaft oder ggf. kaufmännische Ausbildung mit einschlägiger Berufserfahrung

- Mind. 5 Jahre Berufserfahrung im Human Resource Management eines sehr schnellen, internationalen Sales-Umfeldes
- Fundiertes Wissen im operativen Personalgeschäft sowie deutsches Arbeitsrecht (von Vorteil auch österreichisches und Schweizer Arbeitsrecht)
- Kunden- und Lösungsorientierung
- Flexibilität und Begeisterungsfähigkeit sowie Empathie
- Schnelle und gleichzeitig qualitativ hochwertige Arbeitsweise
- Veränderungsbereitschaft und Belastbarkeit
- Projektmanagementfähigkeiten
- Sehr gute, offene und zielorientierte Kommunikation auf allen Hierarchie-Ebenen in Deutsch sowie verhandlungssicheres Englisch
- Sehr gute interkulturelle Fähigkeiten
- Sehr gute Kenntnisse in Office (Word, Excel, PowerPoint), Outlook, SharePoint, Internet
- Kenntnisse mindestens eines Personalverwaltungssystems, z. B. SAP/Workday

Keine der Anforderungen ist genau beschrieben oder in irgendeiner Form messbar.

Zielführend ist eine rein qualitative Definition von erfolgskritischen Anforderungen. Bereits seit den 50er Jahren kennt man die sogenannte „Critical Incident" (Erfolgskritisches Ereignis)-Methode, die auf John Flanagan zurückgeht. Ihr lag eine Untersuchung zugrunde, die klären sollte, weshalb die Abbrecherquote bei der Pilotenausbildung der amerikanischen Luftwaffe im Zweiten Weltkrieg so hoch war. Flanagan arbeitete heraus, dass die Anforderungsprofile viel zu umfangreich waren, wichtige und unwichtige Elemente gleichberechtigt nebeneinander stellten und nicht klar war, welche der Kriterien denn nun über Erfolg oder Misserfolg eines Piloten entschieden. Über Beobachtungen und Experteninterviews identifizierte man ausschließlich die erfolgskritischen Faktoren („Critical Incidents"). Es wurde also das isoliert, was notwendig ist, um den Anforderungen an die Ziele der Stelle zu genügen. Flanagan kritisiert jedoch nicht nur, dass die Vielzahl der nicht gewichteten Anforderungen eine sinnvolle Auswahl unmöglich macht, sondern auch, dass die Qualität der Beschreibungen der Anforderungen nicht ausreichend war. Folglich fordert er, sich von allgemeinen Begrifflichkeiten zu lösen und die Auswahl auf die Basis beobachteten und beschreibbaren Verhaltens zurückzuführen (Flanagan 1954, S. 327).

Krings spricht in diesem Zusammenhang „vom Urknall der empirischen Personalarbeit (…), weil Flanagan erstmalig Annahmen in Frage stellte und systematische Analysen als Grundlage betrieblicher Personalarbeit sieht" (Krings 2017, S. 7).

Folgendes Beispiel zeigt ein klar definiertes, konsequent aus der Stellenbeschreibung abgeleitetes Anforderungsprofil:

> **Beispiel**
> **Vertriebsleiter Textileinzelhandel**
>
> Aufgabenbeschreibung:
>
> - Operative und Umsatzverantwortung für die Region.
> - Disziplinarische und fachliche Führung von 12 Filialleitern.
> - Coaching von Trainees mit stärkenorientiertem Führungsverständnis.
> - Eigenverantwortliche Leitung der regionalen Niederlassung, mit Ausbildungsabteilung (2 MA), Vertriebscontrolling (1 MA), Werbeabteilung (1 MA) sowie 1 MA Verwaltung allgemein.
> - Konzeption und Umsetzung regionaler Marketingaktionen (Print & Event) im Rahmen der Gesamtstrategie.
> - Eigenständige Auswahl neuer Filialleiter.
> - Lösung arbeitsrechtlicher Konflikte.
> - Der Vertriebsleiter berichtet an den Regionalleiter, der wiederum an den Geschäftsführer Deutschland berichtet.
> - Mitglied in mindestens einer ständigen Arbeitsgruppe auf Konzernebene (Marketing oder Personal oder Vertrieb).
> - Die Stelle ist mit Prokura für die Niederlassung versehen.
> - Filialeröffnungen und -schließungen.
>
> Anforderungen:
>
> - Studium BWL mit Schwerpunkt Einzelhandel oder Textil.
> - Erfolgreiche Führung einer Filiale über einen Zeitraum von mindestens drei Jahren.
> - Erfolgreiche Tätigkeit in der Führung mehrerer Filialen inkl. Filialeröffnungen und -schließungen, Personal- und Budgetverantwortung.
> - Erfahrung im Umgang mit Systemen zur flexiblen Arbeitszeitplanung, idealerweise tisowarePEP.
> - Kenntnisse des individuellen und kollektiven Arbeitsrechts, inkl. Verhandlung von Betriebsvereinbarungen. Erfahrung mit Einstellungen und Entlassungen.
> - Ausbildereignungsprüfung
> - Erfahrung in der Konzeption und Durchführung von operativen Marketingmaßnahmen (Event & Print).
> - Kenntnisse im Vertriebscontrolling (Benchmarking, ABC-Analyse, Verknüpfung von Kennzahlen zu einem System, Vertriebserfolgsrechnung).
> - Idealerweise Erfahrung in der Mitarbeit in Arbeitskreisen bzw. Matrixstrukturen auf Konzernebene.
> - Erfahrung in der Führung von Mitarbeitern und Führungskräften nach dem Modell der Positiven Psychologie, erfolgreiche Entwicklung von Nachwuchskräften sowie Durchführung von Zielvereinbarungsgesprächen.

In einem nächsten Schritt werden diese Anforderungen dann gewichtet. Hier nimmt man sinnvollerweise eine sehr einfache Form der Nutzwertanalyse. 0 bedeutet, dass das Kriterium unwichtig ist und deshalb auch gar nicht in dem Profil auftauchen sollte. 2 ist wichtig und 1 ist weniger wichtig als 2. Das erkennt man im konkreten Beispiel an der Formulierung „idealerweise". Wichtig ist, dass im Vorfeld auch eindeutig geklärt wird, welche Kriterien zum sofortigen Ausschluss aus dem Bewerbungsverfahren führen („K.-o.-Kriterien").

3.2.2 Lebenslaufanalyse

Der erste Schritt in einem mehrstufigen Auswahlverfahren ist die Analyse der Unterlagen. Hierzu gehört zunächst das Anschreiben, das auf formale Korrektheit geprüft wird. Aus dem Anschreiben sollte ebenfalls die Motivation für die Bewerbung auf die konkrete Stelle in der suchenden Organisation erkennbar sein.

Die Lebenslaufanalyse dient zum einen der Vorauswahl. Hier ist darauf zu achten, dass keine irrelevanten Faktoren zu einer verfrühten Ablehnung führen. So sind z. B. Schlüsse aus Hobbys oder privaten Aspekten auf die berufliche Eignung nicht valide. Bedingt durch die Antidiskriminierungsgesetzgebung muss ein Lebenslauf heute kein Bild mehr enthalten und keine Angaben zu Alter, Familienstand, Religion etc. Fehlen diese Angaben, darf dies nicht zum Nachteil des Bewerbers ausgelegt werden. Früher waren häufige Stellenwechsel ein K.-o.-Kriterium. Jedoch ist die Arbeitswelt heute so dynamisch geworden, dass man wesentlich mehr fragmentierte Lebensläufe hat als früher. In der Auswahlphase nimmt man nun also einen Abgleich zwischen dem erstellten Soll-Profil und dem aus dem Lebenslauf erkenntlichen Ist vor. Dies nennt man Nutzwertanalyse. Grundsätzlich empfiehlt es sich, in dieser Phase noch weniger kritisch auszusortieren, weil jeder Kandidat, der voreilig aus der Suche herausgenommen wurde, später nicht mehr zur Verfügung steht. Man definiert einen Korridor für die Mindestpassung und errechnet dann pro Kandidat den Ist-Wert in Punkten. Hier ist darauf zu achten, dass eine extrem hohe Passung nicht unproblematisch ist, da der Kandidat dann wenig neue Herausforderungen in der Position hat, was mittelfristig zu Demotivation führt (Krings 2017, S. 37).

Folgendes Beispiel soll dies illustrieren:

Beispiel
Gewichtetes Soll-Profil:
1. Studium der BWL mit Schwerpunkt Finanzdienstleistung. (2)
2. Idealerweise ein Duales Studium an der DHBW bei einem Finanzdienstleister. (1)
3. Idealerweise erfolgreiche Führung einer Agentur über einen Zeitraum von mindestens drei Jahren. (1)
4. Erfolgreiche Tätigkeit in der Führung mehrerer Agenturen, Personal- und Budgetverantwortung. (2)

5. Erfahrung im Umgang mit Systemen zur flexiblen Arbeitszeitplanung. (2)
6. Idealerweise mit Planungssoftware tisowarePEP. (1)
7. Kenntnisse des individuellen und kollektiven Arbeitsrechts, inkl. Verhandlung von Betriebsvereinbarungen. Erfahrung mit Einstellungen und Entlassungen. (2)
8. Idealerweise AdA-Schein. (1)
9. Erfahrung in der Konzeption und Durchführung von operativen Marketingmaßnahmen. (2)
10. Kenntnisse im Vertriebscontrolling (Benchmarking, ABC-Analyse, Verknüpfung von Kennzahlen zu einem System, Vertriebserfolgsrechnung). (2)
11. Idealerweise Erfahrung in der Mitarbeit in Arbeitskreisen, bzw. Matrixstrukturen auf Konzernebene. (1)
12. Erfahrung in der Führung von Mitarbeitern und Führungskräften nach dem Modell der Positiven Psychologie, erfolgreiche Entwicklung von Nachwuchskräften sowie Durchführung von Zielvereinbarungsgesprächen. (2)

	Lebenslauf
Name:	Christian Reck
Adresse:	Birkenweg 7
	69168 Wiesloch
Berufserfahrung:	
11/2008–	
	Regionalleiter Munguntia Versicherungen
	Aufgaben:
	Betreuung von 5 Agenturen
	Disziplinarische Führung von 5 Agenturleitern
	Umsatz- und Budgetverantwortung
	Auswahl, Betreuung und Führung Dualer Studierender als Nachwuchsagenturleiter
10/2006–10/2008	
	Dualer Student DHBW Heilbronn/Bausparkasse Heim & Garten
	Einarbeitung zum Agenturleiter
	BWL-Marketing
	Abschluss: Bachelor of Arts
	Thema der Bachelor-Thesis: „Das Assessment Center im Wandel der Zeit"
	Note: 1,7
Schule:	
1997–2006	Ganztagesgymnasium Osterburken
	Abitur, Notenschnitt 1,3
1994–1997	Grundschule Adelsheim

Kenntnisse:
  AdA-Schein
  Führerschein Klasse B
  Seminar „Positive Psychologie" bei Prof. Krings & Partner HR, Wiesloch
  SAP und MS Office Anwenderkenntnisse
  Business English Certificate, Cambridge University
  Master Studium BWL, CAS Heilbronn (2. Semester)
  Weiterbildung „Arbeitsrecht im Vertrieb" bei Kanzlei Ganeff & Partner, Heidelberg

Kriterium	Gewichtung	Ergebnis/Wertigkeit
1	2	2
2	1	1
3	1	0
4	2	2
5	2	0
6	1	0
7	2	2
8	1	1
9	2	0
10	2	0
11	1	0
12	2	2

10 Punkte

Da er knapp die Hälfte der möglichen Punkte erreicht hat, würde man diesen Kandidaten wohl eher nicht einladen.

Die Lebenslaufanalyse dient jedoch nicht nur der Vorauswahl, sondern vor allem der Vorbereitung des Interviews. Eine klare Definition relevanter Fragen im Vorfeld steigert die Validität des Auswahlverfahrens. Krings verweist auf das Beispiel der saarländischen Polizei, die durch konsequente Vorbereitung der Auswahlgespräche die Qualität der Auswahl Studierender enorm steigern konnte (Krings 2017, S. 54).

Da es keinen Zusammenhang zwischen Verhalten im privaten Umfeld und beruflicher Eignung gibt, haben die Fragen sich ausschließlich auf die Berufserfahrung zu beschränken. Angaben wie Hobbys, Familienstand o. Ä., Verweise auf Mannschaftssportarten o. Ä. sind irrelevant. Hingegen sind folgende Themenbereiche gezielt zu hinterfragen:

- Detaillierte Beschreibung von Tätigkeiten
- Erfolge und Misserfolge

- Gründe für Stellen- oder Firmenwechsel
- Gründe für Entscheidungen bei Veränderungen
- Brüche und Lücken im Lebenslauf
- Gründe für berufliche Veränderungen (z. B. Beförderung) innerhalb der Firma.

3.2.3 Arbeitszeugnisse

Der Personalberater Andreas Werner beginnt Vorträge gern provokant mit der Aussage: „Nirgendwo wird so viel gelogen wie in Arbeitszeugnissen." Tatsächlich hält sich hartnäckig die Überzeugung, dass Arbeitszeugnisse nur positive Merkmale enthalten dürfen. Zwar dient das Arbeitszeugnis dem beruflichen Fortkommen des Mitarbeiters, doch muss es auch der Wahrheit entsprechen (Schaub und Koch 2014, S. 680). Um diesen Widerspruch aufzulösen, hat es sich daher durchgesetzt, dass man Zeugnisse nur in Abstufungen positiver Bewertungen schreibt, auch wenn heutzutage Klartextbewertungen häufiger zu finden sind. Letztlich muss man abwägen, welches Interesse höher wiegt: das des Mitarbeiters, eine andere Stelle zu bekommen, oder das des potenziellen Arbeitgebers, von einem möglichen Fehlverhalten oder von Minderleistung Kenntnis zu bekommen.

Das Zeugnis muss jedoch „klar und verständlich" (Schaub und Koch 2014, S. 680) formuliert sein, darf keine verborgenen Bewertungen enthalten und muss sich auf die Arbeitsleistung und das Verhalten beziehen. Nicht zulässig sind also Bemerkungen wie „einfühlsam" (= homosexuell), „gesellig" (= Alkoholiker) oder „hatte stets ein offenes Ohr für die Belange der Belegschaft" (= Betriebsrat). Daher hat sich eine eigene Zeugnissprache herausgebildet. Wird die Leistung eines Arbeitnehmers mit „zur vollen Zufriedenheit" bewertet, so entspricht dies in Schulnoten einem „befriedigend". Für eine überdurchschnittliche Leistung hat sich die Formulierung „stets zu unserer vollsten Zufriedenheit" durchgesetzt.

Dieses sogenannte „qualifizierte Arbeitszeugnis" ist auf Wunsch des Arbeitnehmers auszustellen. Das „einfache Arbeitszeugnis" muss unaufgefordert erstellt werden und enthält nur Informationen darüber, wie lange welche Tätigkeit ausgeführt wurde. Unter bestimmten Umständen, z. B. Versetzung, Vorgesetztenwechsel, kann der Arbeitnehmer auch in einem laufenden Arbeitsverhältnis ein Zwischenzeugnis verlangen.

Ist der Arbeitnehmer der Ansicht, dass dieses Zeugnis keine angemessene Beurteilung seiner Leistung darstellt, so kann er eine Korrektur verlangen. Die Beweislast liegt beim Arbeitgeber. Die Praxis der Rechtsprechung ist jedoch, dass bei einer als „gut" bewerteten Leistung der Arbeitnehmer darlegen muss, weshalb diese Bewertung nicht ausreicht (Schaub und Koch 2014, S. 681).

Folgendes Beispiel soll illustrieren, wie ein scheinbar positives Arbeitszeugnis u. a. durch Verstöße gegen die Zeugnissprache ein vernichtendes Urteil ausspricht.

> **Beispiel**
> **Arbeitszeugnis**
> Herr Thomas Dietrich trat am 01.09.1997 in unser Unternehmen ein. Herr Dietrich wurde in unserem Unternehmensbereich Forschung und Entwicklung zunächst als Clinical Specialist eingesetzt. Seit dem 01.05.2002 war Herr Dietrich in der Position des Leiters Forschung und Entwicklung „Ästhetische Dermatologie" tätig.
>
> Zu seinen Hauptaufgaben gehörten unter anderem:
>
> - Strategische Planung, Entwicklung und Koordination von Produktentwicklungen
> - Analyse und Optimierung der Marketingaktivitäten
> - Verantwortung für klinische Tests
> - Analyse und Evaluierung von Produktportfolios bei Unternehmenskäufen
> - Definition und Überwachung von Kennzahlen für die Produktentwicklung
> - Führung des Teams F&E „Ästhetische Dermatologie"
>
> Herr Dietrich ist ein motivierter, verantwortungsbewusster und zuverlässiger Mitarbeiter.
>
> Er verfügt über gute fachliche Kenntnisse. Herr Dietrich war stets pünktlich und zuverlässig. Die Arbeitsleistungen von Hr. Dietrich waren gut.
>
> Herr Dietrich leitete sein Team stets ausgezeichnet und wusste seine Mitarbeiter auch unter großer Belastung zu motivieren. Sein Verhalten gegenüber Kollegen, Mitarbeitern, Vorgesetzten und externen Partnern war stets vorbildlich. Herr Dietrich war gesellig und sehr einfühlsam.
>
> Er erfüllte seine Aufgaben zu unserer Zufriedenheit.
>
> Herr Dietrich verlässt unser Unternehmen auf eigenen Wunsch zum 28.01.2011.
>
> Mit freundlichen Grüßen
>
> Dirk Schwarz   Thomas Tobias
> Personalleiter   Personalreferent

Die Beschreibung der Aufgaben ist zunächst korrekt. Der erste bewertende Satz enthält nur Selbstverständlichkeiten, die nichts in einem Arbeitszeugnis verloren haben und damit faktisch besagen, dass man sonst eben nichts Positives über ihn zu sagen hat. Ebenso verhält es sich mit „pünktlich" und „zuverlässig". Seine Fachkenntnisse waren offensichtlich nicht gut. Denn ein Leiter des Bereichs „Forschung und Entwicklung" mit nur „guten" Kenntnissen ist nicht tragbar. Hier müsste es heißen „hervorragende fachliche Kenntnisse auch in Randgebieten". Das Gleiche betrifft die Arbeitsleistungen. Zwar steht in dem Zeugnis, dass sein Team gut gearbeitet hat. Über das Engagement von Hr. Dietrich selber steht jedoch nichts im Zeugnis. Daraus kann abgeleitet werden, dass es nicht besonders hoch war. Bei der Bewertung des Verhaltens ist die übliche Reihenfolge von innen nach außen, d. h., man beginnt mit dem Vorgesetzten und endet beim Kunden oder bei externen Ansprechpartnern. Auf die Bedeutung der Adjektive „gesellig" und „einfühlsam" wurde ja bereits eingegangen. Diese dürfen sich auf keinen Fall in einem Arbeitszeugnis finden. Die Formulierung „zu unserer Zufriedenheit" heißt, dass der Arbeitgeber mit dieser Leistung nicht zufrieden war. Laut Kündigungsschutzgesetz kann eine fristgerechte Kündigung nur zum letzten Tag eines Monats oder aber zum 15. ausgesprochen werden. Das Austrittsdatum verweist auf eine fristlose Kündigung. Allerdings ist hier darauf zu achten, dass befristete Arbeitsverhältnisse auch durchaus tagesgenau abgerechnet werden. Da eine Bedauernsformel und gute Wünsche für die Zukunft fehlen, ist Hr. Dietrich offensichtlich nicht auf eigenen Wunsch aus dem Unternehmen ausgeschieden. Bei Führungskräften ist es üblich, dass auf jeden Fall die direkte Führungskraft unterschreibt (links), durchaus auch die Führungskraft eine Ebene darüber (rechts). Wäre dies ein Arbeitszeugnis, das Wertschätzung zum Ausdruck bringen soll, so müsste links der Vorgesetzte unterschreiben und rechts entweder der Personalleiter (unüblich) oder aber Vorstand bzw. Geschäftsführer rechts.

So liest sich das gleiche Zeugnis ohne Negativmerkmale:

Beispiel
Arbeitszeugnis

Herr Thomas Dietrich trat am 01.09.1997 in unser Unternehmen ein. Herr Dietrich wurde in unserem Unternehmensbereich Forschung und Entwicklung zunächst als Clinical Specialist eingesetzt. Seit dem 01.05.2002 war Herr Dietrich in der Position des Leiters Forschung und Entwicklung „Ästhetische Dermatologie" tätig.

Zu seinen Hauptaufgaben gehörten unter anderem:

- Strategische Planung, Entwicklung und Koordination von Produktentwicklungen
- Analyse und Optimierung der Marketingaktivitäten
- Verantwortung für klinische Tests
- Analyse und Evaluierung von Produktportfolios bei Unternehmenskäufen
- Definition und Überwachung von Kennzahlen für die Produktentwicklung
- Führung des Teams F&E „Ästhetische Dermatologie"

Herr Dietrich ist ein sehr motivierter, verantwortungsbewusster und zuverlässiger Mitarbeiter.

Er verfügt über eine umfangreiche Berufserfahrung und ausgezeichnete fachliche Kenntnisse, auch in Randgebieten. Herr Dietrich führte seine Aufgaben jederzeit mit großer Effizienz und hoher Sorgfalt aus und konnte uns jederzeit mit hervorragenden Ergebnissen überzeugen. Die Arbeitsleistungen von Hr. Dietrich waren auch bei größter Belastung stets hervorragend.

Herr Dietrich leitete sein Team stets ausgezeichnet und wusste seine Mitarbeiter auch unter großer Belastung zu motivieren. Sein Verhalten gegenüber Vorgesetzten, Kollegen, Mitarbeitern und externen Partnern war stets vorbildlich. Bei Unternehmensakquisen war Herr Dietrich stets geschätzter Ansprechpartner des Vorstandes, sowohl während der Due Diligence als auch in der Post Merger Integration.

Herr Dietrich erfüllte sämtliche ihm übertragenen Aufgaben stets zu unserer vollsten Zufriedenheit.

Herr Dietrich verlässt unser Unternehmen auf eigenen Wunsch zum 31.01.2011. Wir bedauern seinen Entschluss sehr und danken ihm für die stets ausgezeichneten Leistungen. Für seinen weiteren Berufs- und Lebensweg wünschen wir ihm alles Gute und weiterhin viel Erfolg.

Mit freundlichen Grüßen

Hilmar Wind Dirk Schwarz
Geschäftsführer Personalleiter

Übung
Erstellen Sie ein sehr gutes Arbeitszeugnis für sich selber in Ihrer augenblicklichen Funktion

3.2.4 Auswahlmethoden

Ein professionelles Auswahlverfahren findet in mehreren Stufen statt, um eine höhere Validität zu erreichen. Daher bietet es sich natürlich auch an, verschiedene Auswahlmethoden anzuwenden, die sich ergänzen und einen umfassenderen Blick auf den Kandidaten ermöglichen. Doch nicht alle verfügbaren Verfahren sind seriös und für den Zweck der Auswahl geeignet. Hinzu kommt, dass solche Instrumente nur bei korrekter Anwendung objektiv, valide und reliabel sind. Bei nicht korrekter Anwendung können jedoch erhebliche Dysfunktionalitäten in den Auswahlprozess kommen.

3.2.4.1 Persönlichkeit vs. Kompetenzen

Letztlich geht es bei der Personalauswahl „nur" um die Frage, ob jemand eine Stelle ausfüllen kann oder nicht. Dennoch werden häufig viel komplexere Fragen aufgeworfen, die nur sehr bedingt für den Auswahlprozess relevant sind. So kommt häufig die Dimension „Persönlichkeit" ins Spiel. Doch eigentlich muss man nur herausarbeiten, ob jemand für die Stelle notwendige Kenntnisse, Fähigkeiten und Fertigkeiten hat. Letztlich ist auch Verhalten an vielen Punkten erlernbar. Problematisch werden Auswahlverfahren vor allem dann, wenn der Suchende seine Ansprüche nicht verbalisieren kann und sie somit auch nur sehr schwer abprüfen kann. Das führt dazu, dass diffuse Störgefühle und spontane Bauchentscheidungen an die Stelle einer abgewogenen rationalen Entscheidung treten.

An dieser Stelle wird dann oft mit der Dimension „Persönlichkeit" gearbeitet. Durch „Psychologisieren" (im Gegensatz zu seriöser Psychologie) versucht man über Fragen aus dem privaten (z. B. Hobbys, Beziehungen) oder persönlichen Umfeld (Welches Tier wären Sie gern?) Persönlichkeitsmerkmale zu ergründen und daraus auf berufliche Eignung zu schließen.

Tatsächlich versucht der Mensch seit Anbeginn der Zeit, andere Menschen zu typologisieren. So sind z. B. Horoskope ein früher Versuch der Kategorisierung von Menschentypen. Die Persönlichkeitstheorie ist eines der ältesten Forschungsfelder der Psychologie. Diese Kategorisierung vereinfacht die Interaktion mit anderen oberflächlich, wird aber selten der Komplexität gerecht. Schon der Begriff ist nicht eindeutig definiert. Gordon Allport stellte bereits in den 50er Jahren 50 unterschiedliche Definitionen vor (Allport 1959, S. 49). Insofern stellt sich die Frage, was man denn nun eigentlich vermessen will und wie die jeweilige Definition von Persönlichkeit mit beruflicher Eignung zusammenhängen könnte. Viele der heute noch angewandten Modelle sind veraltet und vorwissenschaftlich, da sie schon fast 100 Jahre alt sind, und gehen auf C. G. Jung zurück. Er arbeitet dabei mit den Dimensionen „Introversion" und „Extraversion" (Wildemann 2000, S. 71).

Da der Begriff „Persönlichkeit" in hohem Maße kontextabhängig ist, kann auch kein Rückschluss aus dem privaten Bereich auf berufliche Eignung geschlossen werden. Insofern ist es also ungeachtet der verwendeten Methode letztlich irrelevant, die Frage der Persönlichkeit in die Eignungsdiagnostik einzubinden. Auch wenn Wildemann den Anspruch erhebt, dass „die individuellen Unterschiede und ihre merkmalhaften Ausprägungen (…) nicht nur beobachtet, festgehalten und verstanden werden, sondern in ihren Entstehungsbedingungen erklärbar sein" sollen (Wildemann 2000, S. 45), so ist dies für die Personalauswahl eine vollkommen irrelevante Fragestellung, ja sogar eine Grenzüberschreitung, weil hier ein Vordringen in einen höchst persönlichen Bereich stattfindet.

Allport definiert Persönlichkeit vor allem als die Summe aller Motivatoren. Die Struktur der Persönlichkeit ist für ihn ein „übergeordnetes Motivationssystem" (Allport 1974, S. 74). Dieses gibt die Richtung vor und beschreibt nicht, was wir können, aber auf jeden Fall, was uns interessiert und motiviert (Allport 1974, S. 71 ff.). Relevant ist also nur die Frage, welche Motivation der Bewerber hat, sich für genau diese Stelle zu bewerben. Es geht nicht darum, eine Persönlichkeit zu bewerten, sondern darum, eine Stelle passend zu besetzen. Letztlich entscheidet nicht Persönlichkeit allein über Erfolg oder Nichterfolg, sondern vor allem Verhaltensflexibilität, die wiederum erlernbar ist. Die stark vereinfachende Persönlichkeitstypologisierung geht von der Unveränderbarkeit der Persönlichkeit aus.

Von „Persönlichkeit" abzugrenzen sind Kompetenzen, die zu einem großen Teil entwickelbar sind. Der Unterschied zwischen dem Persönlichkeits- und dem Kompetenzbegriff liegt darin, dass Kompetenzen im Rahmen der individuellen Möglichkeiten erworben und ausgebaut werden können. Die Verwendung eines Kompetenzmodells verlangt jedoch vor allem eine ganzheitliche Betrachtung von Anforderungen und Menschen. Eine kompetenzbasierte Auswahl beschränkt sich nicht auf die „harten Faktoren", sondern betrachtet ebenfalls die sogenannten „weichen Faktoren". Es geht also nicht um die Frage, wie ein Mensch ist, sondern darum, wie er sich in bestimmten Situationen verhält.

Ein Kompetenzmodell beschreibt Fähigkeiten, Fertigkeiten, Wissen und Verhaltensweisen, die einen Mitarbeiter in einem konkreten Kontext erfolgreich machen.

Deshalb muss ein solches Modell auch immer für eine konkrete Organisation entwickelt werden. In der Realität sind dies allerdings häufig Wunschbilder sozial erwünschter Eigenschaften, die an der Unternehmensrealität vorbeigehen. Tatsächlich muss man prüfen, welche Eigenschaften Mitarbeiter in der Unternehmensrealität erfolgreich machen (und im Umkehrschluss, welche nicht), wie die Ziele der Firma sind und wie das Umfeld sich verändert. Daher sind solche Modelle auch nicht statisch, sondern müssen immer wieder an das sich ändernde Umfeld angepasst werden. Es gibt dabei keine „One size fits all"-Lösung, sondern nur kontextabhängige Anforderungen.

Das Zusammenspiel aller Einzelkompetenzen ergibt dann die Handlungskompetenz, die sich aus Sozialkompetenz, Methodenkompetenz, Fachkompetenz und Personaler Kompetenz zusammensetzt. Letztere beschreibt Fähigkeiten und Bereitschaften des Individuums, Wachstumschancen zu erkennen und zu nutzen, eigene Talente zu entfalten, sich selbst zu motivieren und planvoll vorzugehen, aber auch die Kritikfähigkeit. Bei dieser Kompetenz ist man am nächsten an dem, was umgangssprachlich mit „Persönlichkeit" gleichgesetzt wird.

3.2.4.2 Testverfahren

Wie bereits erwähnt, existiert eine Vielzahl von mehr oder weniger seriösen bzw. mehr oder weniger geeigneten Testverfahren zur Messung von Persönlichkeitseigenschaften, von denen die meisten jedoch nie mit einem normativen Anspruch entwickelt wurden. Die meisten verfolgen eigentlich nur die Zielsetzung, Unterschiede zu beschreiben. Viele der heute noch verbreiteten Testverfahren wie z. B. der DISG-Test (1928) oder der Myers-Briggs Type Indicator (1944) sind längst überholt und genügen modernen Ansprüchen an Wissenschaftlichkeit nicht mehr. Betrachtet man statistische Auswertungen auch seriöser Testverfahren, so zeigt sich, dass die Validitäten meist im Zufallsbereich liegen (Montel 2013, S. 774). Testbefürworter sind mittlerweile in ihren Argumentationen vorsichtig geworden und empfehlen Persönlichkeitstests auch nur als einen Baustein in komplexen Verfahren. Ob dies tatsächlich eine Steigerung der Gesamtvalidität mit sich bringt, ist ungeklärt. Hinzu kommt, dass solche Testverfahren meist ja nicht die Außensicht wiedergeben, sondern nur das Selbstbild des Kandidaten zeigen. Man könnte formulieren, dass man eigentlich nur eine Antwort auf die Frage erhält, wie ehrlich jemand mit sich selber ist. Hier liegt tatsächlich eine Berechtigung für den Einsatz solcher Verfahren, da der Abgleich von Selbst- und Fremdbild durchaus interessante Erkenntnisse liefern kann. Jedoch ist auch hier Vorsicht geboten, denn viele Testverfahren verführen den Teilnehmer geradezu dazu, vermeintlich sozial erwünschte Antworten zu geben. Es gibt durchaus weitere Möglichkeiten, Tests einzusetzen (wenn sie eine seriöse wissenschaftliche Grundlage haben), aber nur in Verbindung mit anderen Instrumenten (Kanning 2008, S. 38). Nun sind Anforderungen jedoch immer individuell in einem konkreten Kontext zu definieren, d. h., es kann zwar Benchmarkwerte geben (z. B. beim BIP), aber keine generischen Soll-Profile. Der Aufwand, Soll-Profile zu erstellen, ist jedoch enorm groß, so dass man sich fragen muss, ob der Einsatz solcher

Testverfahren tatsächlich einen Mehrwert bietet. Man kann z. B. solche Testverfahren nutzen, um durch die Ergebnisse leistungsstarker Mitarbeiter Soll-Profile zu erstellen. Dies müsste jedoch eine Gruppe sein, die groß genug ist, um statistisch ausgewertet zu werden. Im Sinne von Falsifizierungskriterien müsste man dies dann mit einer Kontrollgruppe leistungsschwacher Mitarbeiter ebenfalls tun.

Zwar existiert mit der DIN Norm (33430) zur Durchführung von Testverfahren eine Grundlage für das Qualitätsmanagement, doch wird diese nicht als internationale ISO Norm angeboten, sondern nur als DIN Norm. Diese DIN Norm kann zwar auf freiwilliger Basis als Standard genommen werden, jedoch bieten weder Akkreditierungsstellen wie DeuZert noch ZertQua, noch eine andere Akkreditierungsstelle einen formalen Akkreditierungsprozess an. Dies zeigt eines der Grundprobleme in der Qualitätssicherung psychologischer Eignungsdiagnostik, nämlich die Frage nach Verbindlichkeit von Normen. Der Berufsverband der Psychologen fasst dies sehr eng und stärkt die Person des Psychologen in solchen Verfahren. Kommerzielle Anbieter haben hingegen eher ein Interesse an einer großzügigeren Handhabung. Das macht es in der betrieblichen Realität sehr schwer, praktikable Lösungen zum Qualitätsmanagement zu finden.

Neben psychologischen Testverfahren, werden Intelligenz- und Wissenstests angeboten. Intelligenztests messen die sogenannte fluide Intelligenz in der Maßeinheit g (general intelligence) oder IQ. Zur kristallinen Intelligenz gehören Aspekte wie verbale, numerische und mechanische Fähigkeiten. Allerdings gilt, dass Intelligenz an sich in der Wissenschaft kein eindeutig definiertes Konstrukt ist (Schuler 2014, S. 87 ff.). Daher existieren eine Vielzahl von Testverfahren, die von unterschiedlichen Prämissen ausgehen und deren Ergebnisse folglich nicht vergleichbar sind (Süß und Beauducel 2013, S. 619). Problematisch ist der Einsatz vor allem aus zwei Gründen: in der Realität dürfte es kaum möglich sein, ein Soll an kristalliner Intelligenz für ein Anforderungsprofil zu definieren. Zum zweiten ist es nicht möglich, ein konstruktives bzw. nicht verletzendes Feedback bei einem schlechten Abschneiden zu geben (Krings 2017, S. 54 f.).

Wissenstests messen das Endprodukt eines Bildungs- und Ausbildungsprozesses. Welches Wissen jemand für eine bestimmte Position haben muss, ist im Rahmen eines Critical Incident-basierten Anforderungsprofils möglich und sinnvoll. So stellte die Praktiker AG z. B. fest, dass die Qualität der Ausbildungsergebnisse in der Summe deutlich gesunken war. Eine nähere Untersuchung zeigte, dass dies hauptsächlich daran lag, dass den Azubis Wissen im Bereich Mathematik und Physik fehlte, um die Ausbildungsziele zu erreichen. Daher wurde in Zusammenarbeit mit der IHK ein Test entwickelt, der die relevanten Inhalte abfragte. Schwieriger wird es jedoch, wenn man sich von den konkreten Anforderungen der Stelle löst. So werden gern Fragen nach der Allgemeinbildung gestellt, wie z. B. „Nennen Sie drei Dramen von Friedrich Schiller". Hier muss man berechtigterweise die Frage stellen, ob hier überhaupt eine Anforderungsbezogenheit vorliegt. Oder anders formuliert: hat die Kenntnis oder Nichtkenntnis der Titel dreier Dramen eine Auswirkung auf die Fähigkeit, eine Position erfolgreich auszufüllen? Ein bekanntes Unternehmen fragt in Einstellungstest für das Duale Studium (BWL) zum Beispiel danach, was in § 218 StGB geregelt ist. Zum einen kann man hier die Frage nach der Anforderungsbezogenheit stellen, wenn es sich nicht um ein Studium mit rechtlichem Schwerpunkt handelt. Es ist aber vor allem zu berücksichtigen, dass es unrealistisch ist zu erwarten, dass ein 18–20 Jähriger die Antwort kennt. Dieser Paragraph war lange sehr umstritten, weil er Schwangerschaftsabbrüche sanktionierte. Diese wurde jedoch 1998 durch eine Fristenregelung ersetzt, so dass schon lange keine öffentliche Debatte zu dem Thema mehr stattfindet. Insofern zeigt sich, dass solche Testverfahren immer aktualisiert und gepflegt werden müssen, wenn sie das messen sollen, was sie messen wollen.

Seriöse und erfahrene Testanbieter bieten daher sogenannte Testbatterien an, die dazu dienen, aus einer großen Gesamtzahl von Fragen maßgeschneiderte Testverfahren zusammenzustellen.

Ein Testverfahren entspricht nur dann wissenschaftlichen Standards, wenn es eine wissenschaftliche Dokumentation zu Validität und Reliabilität hat. Gibt es keine, so handelt es sich nicht um ein seriöses Testverfahren. Wichtig ist auch, darauf zu achten, dass die Validierung in jedem Kulturkreis bzw. Land erneut durchgeführt wurde. Ein seriöses Testverfahren beinhaltet zudem eine Feedbackmöglichkeit in Richtung des Teilnehmers. Ferner müssen die Bearbeitungszeit und die Quantität in einem realistischen Verhältnis zueinander stehen. Als Negativbeispiel ist hier der INSIGHTS MDI®-Test anzuführen, der eine Bearbeitungszeit von etwa 30 Min. hat und mehr als 20 Seiten Auswertung bietet.

3.2.4.3 Wahrnehmungspsychologie

Viele Entscheidungen, besonders in Bezug auf die Eigenschaften anderer Menschen, sind keine abgewogenen und durchdachten Entscheidungen, sondern werden gefällt, bevor man alle Fakten kennt. Im evolutionären Wettrüsten der Spezies war dies sicher ein Vorteil, weil es ermöglicht, potenzielle Gefahren frühzeitig zu erkennen. Da derartig existenzbedrohende Situationen in unserer modernen Welt eher selten sind, ist es wichtig, dass man diesen Mechanismus des „Vor-Urteils" überwindet, um zu präziseren und valideren Entscheidungen zu gelangen. Hinzu kommt, dass diese „Vor-Urteile" selten identisch ausfallen, sondern immer stark vom einzelnen Entscheider geprägt sind. Man spricht hier von „impliziten Persönlichkeitstheorien" und „expliziten Persönlichkeitstheorien". Es geht dabei nur um den Unterschied zwischen einer intuitiven Entscheidung und einer aufgrund von Erkenntnis gefällten abgewogenen Bewertung eines Menschen. Ersteres möchte man in einem strukturierten Auswahlprozess verhindern (Aronson 2014, S. 57 ff.).

Es existiert jedoch auch eine ganze Reihe von Wahrnehmungsfehlern (Werner 2004, S. 124 ff.), die die Validität des Urteils negativ beeinflussen können:

- Vorurteile (z. B. Frauen sind für bestimmte Aufgaben nicht geeignet)
- Selbsterfüllende Prophezeiung (Verhalten des Bewerters führt dazu, dass der Beobachtete sich so verhält, wie man es erwartet)
- Illusorische Zusammenhänge (z. B. Wer sich gewählt ausdrückt, ist intelligent)

- Sympathie und Antipathie
- Halo (= Lichtschleier) oder Überstrahlungseffekt (Eine Eigenschaft wird so intensiv wahrgenommen, dass andere in den Hintergrund rücken)
- Tendenz zu strengen oder milden Bewertungen bzw. Tendenz zur Mitte
- Primacy- bzw. Recency-Effekt (Zuerst und zuletzt Beobachtetes bleiben besonders in Erinnerung).

Diese Auflistung erhebt keinen Anspruch auf Vollständigkeit und auch nicht den Anspruch an ein psychologisches Fachbuch. Es geht vielmehr darum, grundlegende Mechanismen aufzuzeigen und für implizite Persönlichkeitstheorien und Beurteilungsfehler zu sensibilisieren sowie Wege zu zeigen, wie ein Auswahlprozess gestaltet werden kann, der diese Fehler vermeidet.

Falsche Entscheidungen entstehen in der Regel dadurch, dass zu schnell und unreflektiert geurteilt wird. Beobachtung und Bewertung verschmelzen in diesem Fall. Um diesen Prozess zu entzerren, teilt man den Beurteilungsprozess in drei Schritte auf:

- Beobachten
- Beschreiben
- Bewerten.

Unter „Beobachten" versteht man, dass zum einen kontinuierlich und nicht punktuell beobachtet wird. Nur beobachtbares Verhalten fließt in den Beurteilungsprozess ein.

„Beschreiben" bedeutet, das Beobachtete wertneutral zu verbalisieren. Daher spielt auch hier die Kontinuität eine große Rolle.

Erst dann erfolgt die Bewertung, bei der Notizen aus dem Auswahlgespräch systematisch und im Dialog ausgewertet werden. Diese Vorgehensweise ist immer anzuwenden, unabhängig vom später gewählten Auswahlinstrument.

3.2.4.4 Interview

Das Auswahlgespräch verfolgt zwei Ziele. Einerseits möchten die Auswählenden ausreichend Informationen über den Kandidaten sammeln, um zu einer qualifizierten Entscheidung zu gelangen. Die andere wichtige Funktion ist jedoch, dass auch der Bewerber Informationen über Unternehmen, Stelle und Anforderungen sammeln kann, um wiederum für sich zu einer Entscheidung zu gelangen. Daher sollte der Schwerpunkt des Gesprächsanteils beim Bewerber liegen: Der Redeanteil sollte 1/3 (Interviewer) zu 2/3 (Kandidat) sein. Man sollte sich im Vorfeld gut überlegen, ob man Informationen proaktiv geben möchte oder aber ob man auf Fragen des Kandidaten reagiert, weil man darüber bewerten kann, wie gut der Kandidat sich vorbereitet hat und welches Problembewusstsein er hat.

Ein professionelles Interview teilt man in mehrere Phasen auf:

- Begrüßungsphase (Small Talk, Eisbrechen)
- Informationsphase (Informationen für den Kandidaten: Ziel, Vorgehensweise, Vorstellung der Teilnehmer, Informationen zu Stelle und Unternehmen)

- Biografisches Interview (Gewinnung von Informationen über den Bewerber)
- Fragen des Bewerbers
- Schlussphase (Motivation des Bewerbers, weitere Vorgehensweise).

Man sollte auf keinen Fall direkt eine Zusage tätigen, denn grundsätzlich ist der Arbeitsvertrag zunächst formfrei. D. h., durch das Aussprechen eines Angebots und die Annahme dessen durch den Bewerber kommt ein Vertrag zustande. Kann dieser dann, aus welchen Gründen auch immer, durch den Arbeitgeber nicht erfüllt werden, entstehen Regressansprüche.

Man unterscheidet drei Formen des Auswahlgesprächs:

- Unstrukturiertes Interview
- Strukturiertes Interview
- Teilstrukturiertes Interview.

Aufgrund mangelnder Vorbereitung sind viele Interviews in der Realität oft ungewollt unstrukturiert. Natürlich ist die professionelle Vorbereitung durch Analyse der Unterlagen der zentrale Erfolgsfaktor für die Qualität des Gesprächs. Das unstrukturierte Interview bietet jedoch den Vorteil, dass der Interviewer wenig eingreift und der Bewerber dies als stressfrei erlebt. Nachteilig sind jedoch die fehlende Struktur und der mangelnde Fokus. Ohne Struktur ist es unmöglich, ein klares Ziel zu erreichen.

Das strukturierte Interview arbeitet mit einem standardisierten Leitfaden. Da die starre Struktur keine Abweichungen erlaubt, ist diese Art von Interviews meist „zu artifiziell, fast schon würdelos" (Werner 2004, S. 129). Man kann diese Interviews aufzeichnen und von Dritten auswerten lassen, um so die Kandidaten eindeutig miteinander vergleichen zu können.

Das teilstrukturierte Interview verbindet die Vorteile beider Arten miteinander. Zwar existiert auch hier ein Katalog relevanter Fragen, die konkret auf die definierten Anforderungen abzielen, doch werden bei dieser Form gezielt Fragen in den Fragenkatalog aufgenommen und man geht individuell auf jeden Bewerber ein.

Man unterscheidet im Auswahlgespräch zwischen offenen und geschlossenen Fragen. Geschlossene Fragen lassen nur eine Ja/Nein-Antwort zu und sind sinnvoll, wenn eine solche Antwort ausreichend für die Entscheidungsfindung ist. Offene Fragen (W-Fragen) stimulieren die Interaktion, verlangen einen höheren Redeanteil vom Bewerber und lassen Nach- und Zwischenfragen zu. Je allgemeiner eine offene Frage formuliert wird, desto größer wird der Redeanteil des Gefragten und umso weniger Nachfragen werden notwendig. Allerdings stellt das hohe Ansprüche an die Beobachtung und die Dokumentation, da aus einer großen Menge relevante Informationen aussortiert werden müssen. Um einen Gesprächsfluss zu gewährleisten und eine Verhörsituation zu vermeiden, empfiehlt sich die Technik des „aktiven Zuhörens", bei der man in eigenen Worten wiedergibt, was man auf der Sach-, aber auch auf der emotionalen Ebene verstanden hat. Bei dieser Form des kontrollierten Dialogs geht es um ein Widerspiegeln des Wahrgenommenen auf der Sachebene und die Vermittlung von Empathie (Gordon 1989,

S. 67 ff.). Dies schafft eine angenehme Gesprächsatmosphäre und animiert das Gegenüber zum freien Reden. Auf diese Art und Weise kann man den Dialog kontrollieren, ohne direktiv eingreifen zu müssen.

Grundsätzlich gilt, dass im Auswahlgespräch Fragen ohne verdeckte Absichten gestellt werden. Das beste Negativbeispiel ist hier das klassische Stressinterview, bei dem der Bewerber durch aggressive, manipulative oder unangemessene Fragen künstlich unter Druck gesetzt wird. Für die Auswahlentscheidung ist es wenig relevant, wie jemand sich in einer Extremsituation verhält, sondern über welche für die Stelle relevanten Fähigkeiten, Fertigkeiten und Verhaltensweisen er im Arbeitsalltag verfügt. Natürlich ist auch die Außenwirkung fatal. Wenig zielführend sind ebenfalls Suggestivfragen, weil hinter ihnen stets eine Manipulations-, aber nie eine Informationsabsicht steht.

Am häufigsten werden in der Realität wohl hypothetische Fragen gestellt („Was würden Sie tun, wenn …"). Dieser Fragetyp hat eine sehr geringe Aussagekraft in Bezug auf berufliche Eignung, da ja nur erfragt wird, ob jemand weiß, was zu tun wäre. Die Antwort enthält keine Information darüber, ob derjenige sich dann tatsächlich so verhalten würde oder in der Lage wäre, sich so zu verhalten. Letztlich ist die hypothetische Frage eine falsche Anwendung der der Critical-Incident-Methode. Man definiert zwar eine erfolgskritische Situation, aber lässt den Kandidaten diese nur simulieren.

Der biografische Ansatz in der Personalauswahl geht davon aus, dass Verhalten in der Vergangenheit eine Prognose zum künftigen Verhalten ermöglicht (Schuler 2014, S. 337). Die Critical-Incident-Methode definiert erfolgskritische Anforderungen über die Analyse von Schlüsselsituationen. Dieser Gedanke wird im biografischen Interview aufgenommen. Man fragt nun im Auswahlgespräch nach genau den Situationen in der alten Position, die auch für die neue relevant sind. Man verwendet hier als Fragetechnik das sogenannte Verhaltensdreieck (Werner 2004, S. 149) und fragt so eine Verhaltenssequenz ab.

Im ersten Schritt wird also der „Incident" definiert, z. B. mit folgenden Fragen:

- Was war die Aufgabe?
- Was war die Zielsetzung?
- Wer war der Projektauftraggeber?
- Wer war das Projektteam?
- Welche Schnittstellen gab es?
- Wie war das Budget?

Im zweiten Schritt geht es um die Kompetenzen des Bewerbers, die er in konkretem Handeln unter Beweis gestellt hat:

- Wie haben Sie das Projekt geplant?
- Wie haben Sie es durchgeführt?
- Wie haben Sie den Projektstatus kontrolliert?
- Welche Probleme gab es und wie sind Sie damit umgegangen?
- Welche Konflikte gab es und wie haben Sie sie gelöst?

Zum Schluss lässt man sich das Ergebnis schildern:

- Wurden die Projektziele erreicht?
- Welche messbaren Ergebnisse gab es?
- Wie war die Akzeptanz des Projekts?

Häufig gerät der Bewerber ins Stocken und man muss nachfragen, um die entscheidungsrelevanten Informationen zu erhalten. Auf keinen Fall darf man sich mit ungenauen oder unvollständigen Angaben zufriedengeben. Man muss auch stets darauf hinweisen, dass es sich nicht um den Versuch handelt, den Bewerber künstlich unter Druck zu setzen und sein Verhalten unter Stress abzuprüfen, sondern dass die detaillierten Informationen für die Entscheidung benötigt werden. Man kann diese Technik besonders sinnvoll in teilstrukturierten Interviews anwenden, da man diese Fragen auch standardisieren kann, so z. B. „Was war Ihre erfolgreichste Situation als Führungskraft?" oder „Was war Ihre schwierigste Situation?".

Es folgt ein Beispiel für ein Interview nach Critical-Incident-Methode:

Beispiel

Personalmanager: Könnten Sie mir bitte ein Beispiel für eine Führungssituation nennen, auf die Sie besonders stolz sind?

Kandidat: Bei der Firma XY habe ich eine Corporate University aufgebaut.

Personalmanager: Könnten Sie mir bitte etwas genauer erklären, was die Herausforderungen waren?

Kandidat: Die Firma war bisher in sechs Vertriebsregionen aufgeteilt, in der jeweils ein regionaler Personalleiter verantwortlich war. Jeder hat sein eigenes Ding gemacht und es gab auch keinen Austausch zwischen den Regionen. Hinzu kam, dass alle drei sich auf meinen Job beworben hatten und ihn nicht bekommen hatten.

Personalmanager: Es gab also einen Konflikt zwischen Ihnen und der Gruppe, bei dem es auch um Machtpositionen ging?

Kandidat: Das war sicher ein Aspekt. Aber es gab auch andere Probleme. Das Team hat sich in zwei Lager geteilt. Das eine scharte sich um eine sehr dominante Kollegin, die versuchte, neben ihrer operativen Verantwortung auch die Konzeption an sich zu ziehen. Die andere Gruppe gehörte zu einem Personalleiter, der eine systematische Vorgehensweise grundsätzlich ablehnte und nach Gutsherrenart befördern und entwickeln wollte. Sie wurde in Besprechungen auch durchaus ausfallend, während er versuchte, Menschen hinterrücks zu demontieren. Einig waren sie sich nur darin, dass sie nicht mit mir arbeiten wollten.

Personalmanager: Sie waren also mit einem fragmentierten Personalbereich konfrontiert, der sich mehr oder weniger offen gegen Sie gestellt hat?

Kandidat: Ganz genau. Ich habe mir dann alles eine Weile angeschaut und mich dann um Klärung bemüht. Zum einen habe ich meinen Vorstand gebeten, ein klares Commitment zu meiner Person abzugeben und den anderen zu erklären, warum sie den Job nicht bekommen haben. Gespräche mit den Personen gesucht. Der Kollegin habe ich eine klare Ansage gemacht. Dann wusste sie, welches Verhalten ich akzeptabel finde und welches nicht. Nachdem sich ihr Verhalten nicht geändert hat, habe ich rechtliche Schritte eingeleitet und sie hat das Unternehmen dann auch verlassen. Das war an dem Punkt ein wichtiges Signal. Wir konnten dann über die Sache reden und ich konnte die anderen überzeugen.

Personalmanager: Wie sind denn die Gespräche mit der Frau verlaufen?

Kandidat: Ich bin sehr ruhig geblieben. Das hat sie wohl am meisten geärgert. Ich habe mich nicht provozieren lassen. Es gab immer eine klare Ansage, was ihr Fehlverhalten war, an welchem Punkt dies gegen Regeln verstößt und was angemessenes Verhalten ist.

Personalmanager: Sie haben also hart durchgegriffen?

Kandidat: Ja, das war leider notwendig. Spaß macht mir so etwas nicht und das hat mich auch belastet. Es ging mir auch nicht darum, die abzuschießen. Ich hätte mir auch eine konstruktive Zusammenarbeit vorstellen können

3.2.4.5 Multimodale Auswahlverfahren

Die Validitäten verschiedener Auswahlverfahren sind sehr umstritten, da es sehr unterschiedliche Studien dazu gibt. Jedoch ist klar, dass die Validität in jedem Fall unter 1,0 liegt, weil sehr viele Unabwägbarkeiten in einem solchen Auswahlverfahren enthalten sind. Bei unsachgemäßer Anwendung kann die Validität eines Verfahrens sinken und sogar negativ werden. Aber jedes Verfahren kann nur bis zu einem gewissen Grad valide sein. Eine Steigerung ist nicht mehr möglich. Schaltet man jedoch mehrere verschiedene Formen der Auswahlinstrumente hintereinander, lässt sich die Validität des Gesamtprozesses steigern. Man spricht hier von multimodalen Verfahren. Das am weitesten verbreitete multimodale Verfahren ist wohl das Assessment Center. Allerdings ist auch hier eine kritische Betrachtung angebracht, denn die Validität des Assessment Centers ist nicht unumstritten (Scherm 2013, S. 738 f.). Selbst wenn man über Studien herausfinden kann, ob die Qualität der Stellenbesetzungen sich gesteigert hat, wird es schwer werden, zu überprüfen, ob man nicht gegebenenfalls auch geeignete Kandidaten zu Unrecht ausgesiebt hat.

Jedoch liegt der enorme Vorteil eines solchen Auswahlverfahrens darin, dass über die Simulation von Aufgaben sehr viele Informationen über den Kandidaten generiert werden und eine bessere Ausgangslage für eine Entscheidung geschaffen wird. Der Grundgedanke dahinter ist mit einer Zeitreihenanalyse aus der Statistik zu vergleichen. Man erstellt Prognosen mit zwei bekannten Faktoren (Trendwert = bekannte Gesetzmäßigkeiten und Saisonwert = saisonale Schwankungen) und einem Restwert. Je kleiner dieser Restwert ist und je größer die bekannten Faktoren sind, desto genauer wird die Prognose.

Jedoch ist nicht alles, was sich Assessment Center nennt, tatsächlich ein professionell durchgeführtes multimodales Auswahlverfahren. Hier gilt, dass eine unsachgemäße Durchführung Dysfunktionalitäten in den Auswahlprozess hineinträgt und die Validität des Gesamtprozesses niedriger ist, als sie ohne dieses Verfahren gewesen wäre. Wenn man also nicht über die notwendigen Ressourcen verfügt, ein solches Instrument einzusetzen, dann sollte man darauf verzichten. Leider finden sich in der Realität häufig „selbst gebastelte" Assessment Center, in denen Hobby-Psychologen Übungen aus dem Teamtraining o. Ä. mit zu wenigen und/oder ungeschulten Beobachtern durchführen. Es existieren häufig keine klar definierten Kompetenzen, Beobachtung und Bewertung werden nicht sauber getrennt oder aber die Beurteilung erfolgt nicht durch Führungskräfte, sondern durch die Personalabteilung.

Problematisch ist, dass es zwar Qualitätsstandards für Assessment Center gibt (DIN 33430 Standards für Eignungsdiagnostik) und „Standards der Assessment Center Technik" des Arbeitskreis Assessment Center e. V., diese jedoch rechtlich nicht verbindlich sind (Arnold 2013, S. 58 f.). Man kann sicherlich bei beiden Standards kritisch anmerken, dass sie von Psychologen verfasst wurden und damit natürlich auch die Rolle von Psychologen in der Personalauswahl stärken wollen.

Krings definiert den Begriff Assessment Center wie folgt: „Ein Assessment Center ist ein Auswahlverfahren, in dem durch mehrere Übungstypen Arbeitssituationen für konkrete Positionen oder aber Hierarchieebenen simuliert werden und der Teilnehmer durch mehrere Beobachter auf der Basis von operationalisierten Kompetenzen evaluiert wird. Diese Evaluationen sind eine Momentaufnahme, die keinen Anspruch auf Allgemeingültigkeit erheben und bilden die Basis für einen zeitnahen nachgelagerten Entscheidungsprozess. Teilnehmer an einem solchen Auswahlverfahren erhalten ein Feedback" (Krings 2017, S. 86). Diese Definition greift die meisten Aspekte der Qualitätsstandards auf und zeigt auch, dass viele sogenannte Assessment Center diese nicht erfüllen.

Zu oft steht das Instrument isoliert im Auswahlprozess und ist nicht in ein Gesamtkonzept eingebunden, sondern wird vom Personaler in die Organisation hineingetragen. Hat der Personaler aber kein klares Mandat dafür, was mit diesem Instrument erreicht werden soll, kann es zu Widerständen innerhalb der Organisation kommen. Führungskräfte können sich durchaus nicht zu Unrecht in Frage gestellt fühlen, denn Personalentscheidungen sind Führungsentscheidungen. In unprofessionellen Auswahlprozessen können die Rollen von Personaler und Personalentscheider schnell unscharf werden. Ob der Einsatz eines solchen Instruments sinnvoll ist, entscheidet sich aus der Kultur des Unternehmens und dem Reifegrad der Führungskräfte.

Wenn ein solches Instrument nicht in der Organisation verankert ist und ihr keinen Mehrwert bietet, so wird es den Auswahlprozess nicht verbessern, sondern wahrscheinlich sogar verschlechtern. Daher ist eine Auftragsklärung vorzunehmen, in der ein Business Case herausgearbeitet werden muss. Gibt es keinen, kann die Entscheidung auch sein, das Instrument nicht einzusetzen, denn es ist kein Allheilmittel (Arbeitskreis Assessment Center, S. 4). Führt man ein solches Instrument ein, verändern sich Entscheidungsprozesse innerhalb der Organisation und werden transparenter. Insofern liegt eine Wechselwirkung vor, denn einerseits muss die Kultur der Organisation reif für das Instrument sein, andererseits wird das Instrument aber auch die Kultur der Organisation beeinflussen. Dieser Prozess des gewollten und geplanten Wandels muss bewusst gestaltet und begleitet werden, so z. B. durch Informationen, Schulungen, Simulationen und Einbindung von Führungskräften in Konzeption und Durchführung.

Unter rechtlichen Aspekten ist zu berücksichtigen, dass Mitbestimmungsrechte des Betriebsrats zu beachten sind (Arnold 2013, S. 56 ff.) und dass auch der Teilnehmer sein Einverständnis erklären muss, weshalb dieser über das Verfahren zu informieren ist (Arnold 2013, S. 61).

Das Assessment Center simuliert in verschiedenen Aufgabentypen Anforderungen aus dem Berufsalltag. Dies zeigt schon, dass es Grenzen der Abstraktion gibt und die Übungen jeweils konkret anforderungs- und aufgabenbezogen sein müssen.

Aufgabentypen im Assessment Center sind z. B.:

- Postkorbübung (Komplexe Planungsübung, die auf das Organisationsvermögen des Teilnehmers abzielt)
- Selbstpräsentation
- Rollenspiel (z. B. Konflikt- oder Verkaufsgespräch)
- Gruppenübung (z. B. Diskussion oder Bearbeitung einer inhaltlichen Aufgabe)
- Fallstudie
- Einzelgespräche
- Testverfahren (z. B. Leistungstests, Intelligenztests oder psychologische Tests)
- Arbeitsproben (Werden im Vorfeld erarbeitet und präsentiert).

Ein Beispiel für eine AC-Übung jeweils aus Sicht von Teilnehmer und Beobachter:

Beispiel
Information Teilnehmer
Übung 01
Die ACME AG beschäftigt derzeit 21 Studenten in dualen Ausbildungsgängen in drei Jahrgängen. 21 davon sind bundesweit an Dualen Hochschulen bzw. Berufsakademien: 5 an der BA in Bautzen, 5 an der DHBW Mosbach, 5 an der DHBW Heilbronn, 2 in Karlsruhe und je 2 in Stuttgart und Heidenheim. Die Lohndirektkosten betragen rd. 25.000 EUR pro Jahr. Die Spesen belaufen sich für diese Zielgruppe auf rd. 65.000 EUR pro Jahr und sind damit gemessen am gesamten Personalentwicklungsbudget unangemessen hoch. Verursacht werden diese Spesen hauptsächlich durch bundesweite Einsätze in Märkten, durch Fahrtkosten wegen Anreise mit dem eigenen PKW sowie durch teure Hotelübernachtungen und Spesen bei Zentraleinsätzen. In der Summe liegt der Notendurchschnitt im mittelmäßigen Bereich, allerdings mit einigen Ausschlägen in den schlechten Bereich. Die Übernahmequote liegt bei etwa 50 %, d. h. etwa 4 Personen pro Jahr. Gleichzeitig werden jedoch auch die klassischen Einstiegspositionen wie z. B. Assistent im Einkauf oder Projektkoordinator mit externen Kandidaten besetzt. Im direkten Wettbewerb zwischen internen und externen Kandidaten ergibt sich immer wieder die Situation, dass Externen aufgrund besserer Studienleistungen und höherer Persönlichkeitskompetenz der Vorzug gegeben

wird. Hinzu kommt, dass viele Studenten nach ihren ersten Einsätzen in der Zentrale eine Tätigkeit im Vertrieb grundsätzlich ablehnen und somit auch nur sehr begrenzt im Rahmen einer Nachfolgeplanung zur Verfügung stehen. Im Rahmen der konsequenten Überprüfung aller Kosten stellt sich nun die Frage, ob der finanzielle Aufwand vor dem Hintergrund des eingeschränkten Nutzens grundsätzlich in dieser Form vertretbar ist. Daher hat man nun Sie als Studenten eingeladen, ein Konzept zu erarbeiten, das eine optimalere Steuerung der Studiengänge ermöglicht. Zum einen sollen die Studierenden gezielter auf konkrete Tätigkeiten nach dem Studium vorbereitet werden. Zum anderen soll der mögliche Nutzen eines solchen Studiengangs auch ins Verhältnis zu den Kosten gestellt werden. Entscheidend sind also Potenziale zur Qualitätssteigerung und zur Kostenoptimierung.

Präsentieren Sie die Ergebnisse Ihrer Arbeitsgruppe den Beobachtern, die Ihnen hierzu gezielte Fragen stellen werden. Bitte beachten Sie, dass es sich hierbei nicht um die Fa. XY handelt!

Vorbereitungszeit: 75 Min.
Präsentation/Diskussion: 30 Min

Übung aus Sicht der Beobachter:

Beispiel
Information Beobachter
Übung 01
Die Teilnehmer erhalten als Handout folgende Informationen:
Die ACME AG beschäftigt derzeit 21 Studenten in dualen Ausbildungsgängen in drei Jahrgängen. 21 davon sind bundesweit an Dualen Hochschulen bzw. Berufsakademien: 5 an der BA in Bautzen, 5 an der DHBW Mosbach, 5 an der DHBW Heilbronn, 2 in Karlsruhe und je 2 in Stuttgart und Heidenheim. Die Lohndirektkosten betragen rd. 25.000 EUR pro Jahr. Die Spesen belaufen sich für diese Zielgruppe auf rd. 65.000 EUR pro Jahr und sind damit gemessen am gesamten Personalentwicklungsbudget unangemessen hoch. Verursacht werden diese Spesen hauptsächlich durch bundesweite Einsätze in Märkten, durch Fahrtkosten wegen Anreise mit dem eigenen PKW sowie durch teure Hotelübernachtungen und Spesen bei Zentraleinsätzen. In der Summe liegt der Notendurchschnitt im mittelmäßigen Bereich, allerdings mit einigen Ausschlägen in den schlechten Bereich. Die Übernahmequote liegt bei etwa 50 %, d. h. etwa 4 Personen pro Jahr. Gleichzeitig werden jedoch auch die klassischen Einstiegspositionen wie z. B. Assistent im Einkauf oder Projektkoordinator mit externen Kandidaten besetzt. Im direkten Wettbewerb zwischen internen und externen Kandidaten ergibt sich immer wieder die Situation, dass Externen aufgrund besserer Studienleistungen und höherer Persönlichkeitskompetenz der Vorzug gegeben wird. Hinzu kommt, dass viele Studenten nach ihren ersten Einsätzen in der Zentrale eine Tätigkeit im Vertrieb grundsätzlich ablehnen und somit auch nur

sehr begrenzt im Rahmen einer Nachfolgeplanung zur Verfügung stehen. Im Rahmen der konsequenten Überprüfung aller Kosten stellt sich nun die Frage, ob der finanzielle Aufwand vor dem Hintergrund des eingeschränkten Nutzens grundsätzlich in dieser Form vertretbar ist. Daher hat man nun Sie als Studenten eingeladen, ein Konzept zu erarbeiten, das eine optimalere Steuerung der Studiengänge ermöglicht. Zum einen sollen die Studierenden gezielter auf konkrete Tätigkeiten nach dem Studium vorbereitet werden. Zum anderen soll der mögliche Nutzen eines solchen Studiengangs auch ins Verhältnis zu den Kosten gestellt werden. Entscheidend sind also Potenziale zur Qualitätssteigerung und zur Kostenoptimierung.

Leitfaden für Fragen:

Bitte lassen Sie sich alle Aussagen zur Kostenoptimierung quantifizieren!

Bitte stellen Sie die Frage, ob eine disziplinarische Zuordnung zu einer Abteilung zu Beginn des Studiums über den gesamten Zeitraum der Ausbildung hinweg sinnvoll ist.

Bitte fragen Sie, wie zukünftig eine höhere Aussagekraft der Bewertung von Praxiseinsätzen gewährleistet werden soll.

Bitte fragen Sie nach der Bewertung der Qualität der Lehre an den einzelnen Hochschulen.

Bitte berücksichtigen Sie den Aspekt, ob es tatsächlich sinnvoll ist, bundesweit auf Hochschulen zurückzugreifen, wenn der überwiegende Teil der Studenten in der Zentrale eingesetzt wird.

Diese Übungen werden dann beobachtet und mittels vorher definierter Kompetenzen evaluiert. Das Vorhandensein eines Kompetenzmodells für das Unternehmen ist also eine Grundbedingung für die Durchführung eines ACs. Da Kompetenzen dynamisch sind, darf das AC auch nicht den Anspruch erheben, etwas anderes als eine Momentaufnahme zu sein, es geht also nur um die Bewertung einer bestimmten Leistung in einer bestimmten Situation. Dies ist die Informationsgrundlage für die von den Führungskräften (nicht vom Personaler) zu treffende Entscheidung. Daher hat die Führungskraft, die die Verantwortung für die Personalentscheidung trägt, auch immer ein Vetorecht in der Beobachterkonferenz. Folglich müssen die Beobachter Führungskräfte aus dem Unternehmen sein, die in der Durchführung solcher Verfahren geschult sind. Hierbei muss ein Verhältnis von einem Beobachter für je zwei Teilnehmer gewährleistet sein, um eine Mehrfachbeobachtung zu garantieren (Krings 2017, S. 62 ff.). Teilnehmer müssen über den Ablauf informiert werden und dürfen auch nur während der Übungen beobachtet werden. Bei nicht von Experten konzipierten ACs dominieren häufig die Gruppenübungen, weil so ein AC mit relativ geringem organisatorischem und planerischem Aufwand durchzuführen ist. Dabei ist jedoch zu berücksichtigen, dass dies natürlich zu Verzerrungen führt. Hat man z. B. eine Gruppenübung, in der es um ein inhaltliches Thema geht, und ein Teilnehmer bringt sich nicht ein, so kann man nicht differenzieren, ob dies nun an intellektuellem Unvermögen liegt oder einfach nur an der Tatsache, dass er mit der Gruppensituation überfordert war. Daher muss auch eine ausgewogene Mischung verschiedener Übungstypen vorhanden sein.

Beispiel für einen Beobachtungsbogen mit Ankertexten zu Kompetenzen:

> **Beispiel**

| Sozialkompetenz | Kandidat 1 | Kandidat 2 |

- Teamfähigkeit
- Kontaktfähigkeit
- Offenheit für andere Meinungen
- Präsentationsfähigkeit
- Rhetorisches Vermögen
- Kompromissfähigkeit
- Fähigkeit zur Selbst- und Fremdkritik

Beispiel für ein operationalisiertes Kompetenzmodell:

> **Beispiel**
>
> **Analytische und strategische Kompetenz**
>
> „Der Teilnehmer durchdringt Fragestellungen und Probleme, ordnet sie ein und plant sein Handeln in diesem Kontext. Er entwirft Handlungsalternativen unter Einbeziehung verschiedener Szenarien und bezieht seine Erfahrungen dabei ein. Er entwickelt in präzise analysierten Problemen Handlungsalternativen."
>
> Operationalisierungen
>
> 0
>
> Nicht beobachtbar.
>
> 1
>
> Der Teilnehmer strukturiert Informationen nicht, eine Reduzierung auf Kernaussagen findet nicht statt. Argumente sind weitschweifig und lassen verständliche Aussagen vermissen. Die Ausführungen sind bruchstückhaft. Problemstellungen der Gruppe werden isoliert betrachtet und Argumente gegeneinander abgewägt. Der Teilnehmer nimmt Anregungen nicht auf. Sachverhalte müssen häufig mehrmals erklärt werden. Der Teilnehmer zeigt keine Anzeichen für ein rationales und überlegtes Vorgehen innerhalb der ihm gestellten Aufgabe. Mögliche Folgen und Konsequenzen seines Handelns werden in keiner Weise bedacht.
>
> 2
>
> Der Teilnehmer bemüht sich, Informationen vereinzelt zu strukturieren. Gelegentlich gelingt ihm das Herausarbeiten von Kernaussagen. Er neigt zur Weitschweifigkeit. Ausführungen sind manchmal stringent. Die Problemstellungen der Gruppe werden gelegentlich in einen Gesamtzusammenhang gesetzt. Hin und wieder nimmt der Teilnehmer Anregungen der Gesprächspartner auf. Sachverhalte müssen mehrmals häufiger erklärt werden. Der Teilnehmer beantwortet Fragen falsch, ohne sich vergewissert zu haben, ob er sie richtig verstanden hat. Zwar zeigt der Teilnehmer

manchmal ein rationales und überlegtes Verhalten, jedoch bezieht er nur selten die Folgen und Konsequenzen seines Handelns in seine Entscheidungsfindung mit ein.

3

Der Teilnehmer strukturiert Informationen und reduziert komplexe Sachverhalte auf das Wesentliche. Ausführungen sind verständlich und umfassend. Problemstellungen der Gruppe werden in einem Gesamtzusammenhang gesehen. Der Teilnehmer stellt Verständnisfragen und fasst das Gesagte zusammen, um sich noch einmal zu vergewissern. Anregungen der Gesprächspartner werden aufgenommen. Sein Vorgehen weist ein rationales und überlegtes Handeln auf. Zudem werden die Folgen und Konsequenzen seines Handelns meist bei der Entscheidungsfindung mit berücksichtigt.

4

Der Teilnehmer strukturiert Informationen immer und reduziert alle Sachverhalte auf das Wesentliche. Ausführungen sind präzise. Es werden aktiv Fragen nach Sachzusammenhängen gestellt und Probleme im Kontext betrachtet, d. h., alle Folgen und Konsequenzen werden vom Teilnehmer überwiegend mit bedacht und berücksichtigt. Der Teilnehmer hört aktiv zu und fasst das Gehörte zusammen.

Aufgrund der relativ hohen Zahl von Beobachtern ist bei multimodalen Auswahlverfahren eine Vielzahl von Personen in den Entscheidungsprozess eingebunden. Dies führt zum einen dazu, dass durch die Vielzahl der Blickwinkel ein ausgewogenes Bild der Kandidaten entsteht, macht jedoch den Entscheidungsprozess auch komplexer. Die Entscheidung wird dann in einer sogenannten Beobachterkonferenz gefällt, in der die direkte Führungskraft immer ein Vetorecht haben muss. Oft kranken solche Konferenzen daran, dass sie erst am Ende des gesamten ACs stattfinden und so bei einem längeren Verfahren mit vielen Teilnehmern die Beobachtungen unter Umständen schon relativ lang zurückliegen. Ziehen diese Besprechungen sich bis tief in die Nacht, ist dies in der Regel der Entscheidungsqualität auch nicht zuträglich. Die Qualität des Entscheidungsprozesses kann dadurch gesteigert werden, dass man nach jeder Übung kurze Beobachterkonferenzen durchführt und so mit konsolidierten Ergebnissen in die große Konferenz einsteigt. Diese müssen professionell generiert werden, d. h., auch die kleine Beobachterkonferenz muss straff moderiert werden, so dass der Dreier-Kanon Beobachten–Beschreiben–Bewerten eingehalten wird und sich keine Bewertungsfehler einschleichen.

Auch die große Beobachterkonferenz muss zur Sicherung der Prozessqualität von einem Moderator gestaltet werden, der sich nicht an der Bewertung an sich beteiligt. Letztlich ist das Assessment Center nur ein scheinbar objektives Verfahren, denn in die Entscheidung fließen viele verschiedene subjektive Sichtweisen ein. Dies wiederum führt zu sehr kontroversen Diskussionen, die auch persönlich werden können. Schließlich steigt die Qualität der Bewertung, wenn mögliche Bewertungsfehler durch straffe Moderation unterbunden werden. Die Entscheidungsfindung darf vor allem nie rein über eine quantitative Bewertung erfolgen, sondern kann nur Ergebnis einer qualitativen

3.2 Personalauswahl

Diskussion sein. Dies erhöht die Komplexität der Entscheidungsfindung, weil numerischen Bewertungen nun eben weitere Aspekte gegenüberstehen. Der Kandidat mit der höchsten Punktzahl muss nicht zwangsläufig der geeignete sein. Man muss differenziert betrachten, wie eine Bewertung zustande gekommen ist.

Beispielhafter Ablauf eines Assessment Centers aus Sicht der Beobachter:

Beispiel
Assessment Center

Ablauf:
Beobachterschulung (09:00 – ca. 10:00)
- Vorstellung des Tagesablaufs und der Übungen
- Vorstellung der Vorgehensweise
- Vorstellung des Beobachtungs- und Feedbackbogens
- Vorstellung der Operationalisierung der Kernkompetenzen
- Fragen und Übungen

Beginn 10:00 Uhr

Begrüßung der Teilnehmer
- Vorstellung Tagesablauf/Übungen
- Verteilung Namensschilder

(15 Min.)   bis 10:15

Übung 1: „Sonntagsöffnung"

Aufteilung in drei Kleingruppen à 1 x 3 bzw. 1 x 4 Personen
Erarbeitung einer Präsentation zum Thema „Bildungscontrolling im dualen Studium"
(75 Min.)   bis 11:30

Präsentation und Diskussion
(30 Min.)   bis 12:00

1 x 2; 1 x 3 Beobachter
Beobachtete Kriterien:
- Analytische und strategische Kompetenz
- Soziale Kompetenz

Beobachterkonferenz (klein)
Moderation der Beurteilung
Wechsel der Beobachter
(15 Min.)   bis 12:15

Mittagspause:
Teilnehmer: 12.00–12.45
Beobachter: 12.15–12.45

Übung 2: „Konfliktgespräch"

7 parallele Einzelgespräche

Führen eines Konfliktgesprächs mit BA-Student.
bis 13:05
Beobachtete Kriterien:
- Ergebnisorientierung
- Leadership

Beobachterkonferenz (klein)
Moderation der Beurteilung
Wechsel der Beobachter
(15 Min.) bis 13:20

Übung 3: „Gruppenarbeit Markteintritt Bulgarien"

Aufteilung in 2 Kleingruppen à 1 x 3 bzw. 1 x 4 Personen

Erarbeiten einer Präsentation zum Thema Markteintritt Bulgarien.
(90 Min.) bis 14:50

Präsentation der Ergebnisse und Diskussion
(30 Min.) bis 15:20

Beobachtete Kriterien
- Markt- und Kundenorientierung
- Analytische und strategische Kompetenz

Beobachterkonferenz (klein)
Moderation der Beurteilung
Wechsel der Beobachter
(15 Min.) bis 15:35

Während Beobachterkonferenz: „BIP Test" (45 Min.)

Abschluss:

Beobachterkonferenz (groß)
(ca. 120 Min.) bis 17:35

Während Beobachterkonferenz: Feedbackrunde für TN (ca. 30 Min.)

Rückmeldegespräche
(20 Min. pro TN) bis ca. 18:20

Ende ca. 18:20

(Quelle: Krings 2017, S. 93 ff.)

> **Übung**
> Reflektieren Sie, inwiefern der Einsatz von Assessment Centern in Ihrem jetzigen Unternehmen Sinn machen würde. Warum bzw. warum nicht?

3.2.4.6 Probezeitevaluation

Das deutsche Arbeitsrecht, das ja grundsätzlich den Schutz des Arbeitnehmers verfolgt, sieht das Instrument der Probezeit vor. Diese dient der Erprobung des Arbeitnehmers. Gesetzlich ist sie nur für Auszubildende vorgeschrieben, da diese nach der Probezeit selbst auch rechtlich eingeschränkte Möglichkeiten zur Kündigung haben. Daher muss eine Probezeit für Arbeitnehmer schriftlich vereinbart werden (Schaub und Koch 2014, S. 524). Dabei gilt in Deutschland, dass die Probezeit für den Arbeitgeber wie für den Arbeitnehmer gleich lang sein muss. Zulässig ist eine Dauer von bis zu 6 Monaten (Schaub und Koch 2014, S. 525). Nach dieser Frist geht das Probearbeitsverhältnis in ein unbefristetes Arbeitsverhältnis über, wenn der Vertrag nicht gekündigt wird oder das befristete Arbeitsverhältnis nicht verlängert wird. Während dieser Probezeit kann der Arbeitgeber dem Arbeitnehmer ohne Angabe von Gründen (mit Ausnahme bestimmter Sonderfälle wie z. B. Schwangere) zu einer verkürzten Kündigungsfrist kündigen. Es gibt zu keinem anderen Zeitpunkt die Möglichkeit, sich so relativ unproblematisch voneinander zu trennen.

Reinhard Sprenger stellt fest, dass „skandalös wenig Führungskräfte (…) die Probezeit eines neuen Mitarbeiters verantwortungsvoll nutzen" (Sprenger und Arnold 2013, S. 840). Gemeint ist damit, dass diese Zeit als „Assessment on the Job" genutzt werden kann und soll, um eine abschließende Entscheidung über die berufliche Eignung zu treffen.

Der Grund dafür, dass eine effektive Probezeitevaluation in vielen Unternehmen nicht stattfindet, liegt darin, dass häufig weder Prozesse noch Verantwortlichkeiten für die Überwachung der Probezeit definiert sind. Ein solches Assessment on the Job muss jedoch geplant, durchgeführt und evaluiert werden. Dazu muss man im Vorfeld klar definieren, welche konkreten und messbaren Ziele mit der Einarbeitungsphase verbunden sind und wie diese erreicht werden sollen. Hierzu sind systematische Einarbeitungsprogramme sehr wichtig. Leider wird dieses Thema in vielen Unternehmen stiefmütterlich behandelt. Dies führt sowohl bei Führungskräften wie bei Mitarbeitern oft zu hohem Frustrationspotenzial, weil der Mitarbeiter ohne Einarbeitung nie seine volle Leistungsfähigkeit erreichen kann. Dies beginnt damit, dass ein vollständig eingerichteter Arbeitsplatz zur Verfügung steht. Untersuchungen von Gallup haben gezeigt, dass dies eine entscheidende Auswirkung auf Mitarbeiterengagement haben kann (https://gallup.de). Für nicht wenige Mitarbeiter scheint es erlebte Realität zu sein, dass ihnen die notwendigen Arbeitsmittel nicht zur Verfügung stehen. Ebenso müssen die notwendigen Schnittstellen über den neuen Mitarbeiter informiert sein und dessen Aufgaben und Kompetenzen kennen. Hier muss sichergestellt werden, dass alle notwendigen Ansprechpartner Zeit für die Einarbeitung einplanen und auch klar ist, welche Inhalte vermittelt werden müssen. Dazu empfehlen sich Einarbeitungshandbücher mit Checklisten. Hierbei sollten nicht nur die Inhalte definiert werden, sondern auch Lernziele, z. B. die

Fähigkeit, bestimmte Maschinen zu bedienen oder IT-Systeme anwenden zu können. Bei der Erstellung solcher Checklisten kann man sich ungeachtet der Inhalte am Berichtsheft eines Auszubildenden orientieren. Hier sollte der Verantwortliche allerdings auch regelmäßig während Einarbeitungsphase kontrollieren, ob die Inhalte auch zum richtigen Zeitpunkt abgearbeitet wurden, um zu verhindern, dass am Ende der Probezeit dann der Form halber Dinge abgezeichnet werden, die eben nicht vermittelt wurden.

Folgende Aspekte sollten bei einer Probezeitbeurteilung Berücksichtigung finden:

- Fachkompetenz
- Kenntnisse von internen Abläufen
- Organisationsverständnis
- Termintreue
- Arbeitsqualität
- Arbeitsquantität
- Verhalten intern
- Verhalten extern
- Engagement
- Vereinbarte Fortbildungen/Prüfungen

Für keine der Parteien sollte eine Beendigung des Arbeitsverhältnisses überraschend kommen. Daher sollte nicht punktuell evaluiert werden, sondern die Probezeit muss als ein kontinuierlicher Dialog mit Feedbackschleifen gestaltet werden. Ergibt sich im Lauf der Probezeit Handlungsbedarf, so ist dem Mitarbeiter zeitnah durch den Vorgesetzten Feedback zu geben. Grundsätzlich empfiehlt es sich, für die Probezeitbewertungen die gleichen standardisierten Unterlagen zu nutzen wie im Auswahlprozess, da ja die gleichen Kriterien bewertet werden. Zusätzlich kann man mit Zielvereinbarungen oder -vorgaben arbeiten, die jedoch auch schriftlich festgehalten sein müssen und Messbarkeitskriterien enthalten. Wie bei einem reinen Auswahlverfahren ist auch hier ein eindeutiges Feedback wichtig. Es ist sowohl bei überstandener wie auch bei nicht überstandener Probezeit notwendig. Bei Mitarbeitern, die das Unternehmen verlassen müssen, dient dies einer möglichst wenig emotionalen und damit geräuschlosen Abwicklung der Trennung. Für geeignete Mitarbeiter ist das strukturierte Feedback nach Ende der Probezeit der Einstieg in eine kontinuierliche Personalentwicklung.

3.3 Personaleinstellung/Vertragsgestaltung

▶ Zur Personalgewinnung gehört auch die Vertragsgestaltung. Hierbei sind grundsätzlich Bestimmungen aus verschiedenen Rechtsquellen zu beachten und umzusetzen. Grundsätzlich ist der Arbeitsvertrag formfrei, unterliegt jedoch gewissen Dokumentationspflichten.

Das Individualarbeitsrecht regelt das rechtliche Verhältnis zwischen Arbeitgeber und dem Arbeitnehmer durch das Zustandekommen des Arbeitsvertrags. Dazu gehören die wechselseitigen Pflichten der Arbeitsvertragsparteien, die vom Zivilrecht abweichenden Regelungen des Leistungsstörungsrechts und die Beendigung des Arbeitsverhältnisses, insbesondere die Kündigung.

Die Rechtsquelle für die Gestaltung des Arbeitsvertrags ist das Bürgerliche Gesetzbuch. Bei einem Dienstvertrag nach § 611 BGB werden die Pflichten des Arbeitnehmers definiert und die abhängige Beschäftigung geregelt. Davon abzugrenzen ist der in § 631 geregelte Werkvertrag, der ein Kunden-Lieferanten-Verhältnis regelt und damit klar von der abhängigen Beschäftigung abgegrenzt ist.

§ 105 Gewerbeordnung sieht vor, dass der Arbeitsvertrag zunächst frei gestaltet werden kann. Jedoch wird dies von § 2 Nachweisgesetz eingeschränkt. Dieser schreibt vor, dass folgende Dinge schriftlich fixiert werden müssen:

- Name und Anschrift beider Vertragsparteien
- Zeitpunkt des Beginns
- Bei befristeten Arbeitsverhältnissen: Ende
- Arbeitsort
- Bezeichnung/Beschreibung der Tätigkeit
- Zusammensetzung und Fälligkeit des Entgelts
- Vereinbarte Arbeitszeit
- Kündigungsfristen
- Hinweis auf anwendbare Normen (z. B. Tarifvertrag).

Kontrollfragen
1. Der Arbeitsvertrag ist formfrei. Warum bedarf es trotzdem der Schriftform?
2. Welchen Zusammenhang gibt es zwischen Motivation und Einarbeitung?
3. Welches Problem besteht rechtlich, wenn man einen Mitarbeiter durch einen externen Dienstleister ersetzt?
4. Was ist der Unterschied zwischen Onboarding und Einarbeitung?

Literatur

Allport, G. (1959). *Persönlichkeit: Struktur, Entwicklung und Erfassung der menschlichen Eigenart*. Meisenheim: Belz.
Allport, G. (1974). *Werden der Persönlichkeit*. München: Kindler.
Aronson, E. (2014). *Sozialpsychologie*. Halbergmoos: Pearson.
Arnold, C. (2013). Juristische Aspekte der Management Diagnostik. In Sarges W (Hrsg.), *Management Diagnostik* (S. 50–63). Göttingen: Hogrefe.
Flanagan, J. (1954) The critical incident technique. *Psychological Bulletin, 51*(4), 327–358.
Gordon, T. (1989). *Manager-Konferenz*. München: Heyne.
Kanning, U., Pöttker, J., & Klinge, K. (2008). *Personalauswahl*. Stuttgart: Schäffer-Poeschel.

Krings, T. (2012). Der HR Business Partner – Ein Missverständnis? *Personalwirtschat, 7,* 32–37.
Krings, T. (2017). *Erfolgsfaktoren effektiver Personalauswahl.* Wiesbaden: Springer Gabler.
Montel, C. (2013). Validitätsbasis für Eignungs- und Potenzialbeurteilungsprozeduren. In W. Sarges (Hrsg.), *Management Diagnostik* (S. 771–785). Göttingen: Hogrefe.
Müller-Albrecht, R. (2008). Der Gesamtmarkt – Player, Konzepte und Erfolgsstrategien in der professionellen Personalberatung. In S. Füchtner & T. Wegerich (Hrsg.), *Das Handbuch der Personalberatung* (S. 24–36). Frankfurt: FAZ Institut für Management-, Markt- und Medieninformation.
Redler, J. (2012). *Grundzüge des Marketings.* Berlin: BWV.
Schaub, G., & Koch, U. (2014). *Arbeitsrecht von A–Z.* München: dtv.
Scherm, M. (2013). Fremdurteile. *Management Diagnostik,* 734. Göttingen: Hogrefe.
Schuler, H. (2014). *Psychologische Personalauswahl.* Göttingen: Hogrefe.
Sprenger, R., & Arnold, C. (2013). Probezeit. In W. Sarges (Hrsg.), *Management Diagnostik* (S. 976 ff.). Göttingen: Hogrefe.
Süß, H., & Beauducel, A. (2013). Intelligenztests. In Sarges, W. (Hrsg.), *Management Diagnostik* (S. 616–651). Göttingen: Hogrefe.
Wegerich, T. (2008). Unternehmensbefragung. In S. Füchtner & T. Wegerich (Hrsg.), *Das Handbuch der Personalberatung* (S. 277–365). Frankfurt: FAZ Institut für Management-, Markt- und Medieninformation.
Werner, A. (2004). *Personalmarketing.* Sternenfels: Wissenschaft und Praxis.
Wildemann, B. (2000). *Die Persönlichkeit des Managers.* Göttingen: Hogrefe.

Internetquellen

Dietz, S. (2016). Recruiting Trends. Die optimale Karriereseite. Monster. https://arbeitgeber.monster.de/hr/personal-tipps/rekrutierung-verguetung/rekrutierung/recruiting-trends-die-optimale-karriereseite-164981.aspx. Zugegriffen: 1. Dez. 2017.
Esch, F. AIDA Regel. Gabler Wirtschaftslexikon. http://wirtschaftslexikon.gabler.de/Definition/aida-regel.html. Zugegriffen: 2. Okt. 2017.
o. V. (2004). Gütekriterien. Arbeitskreis Assessment Center. http://www.arbeitskreis-ac.de/index.php?option=com_content&view=article&id=150. Zugegriffen: 23. Okt. 2017.
o. V. (2014). Bewertung. Kununu. https://www.kununu.com/de/merz-aa-merz-pharma/bewerbung. Zugegriffen: 15. Okt. 2017.
o. V. (2016). Engagement Index. Gallup. http://www.gallup.de/183104/engagement-index-deutschland.aspx. Zugegriffen: 12. Okt. 2017.
o. V. (o. J.). Der Arbeitgeber Service. Bundesagentur für Arbeit. https://www3.arbeitsagentur.de/web/content/DE/Unternehmen/Detail/index.htm?dfContentId=L6019022DSTBAI494847. Zugegriffen: 23. Okt. 2017.

Personaleinsatz und Personalentwicklung

4

Zusammenfassung

In diesem Kapitel werden die Grundlagen der Personaleinsatzplanung sowie die üblichen Modelle zur Personaleinsatzplanung dargestellt. Hierbei wird auf die besonderen Bedürfnisse von Generation Y und Z eingegangen. Personalentwicklung wird in diesem Kapitel als qualitative Planungsmethode verstanden und ist daher eng mit der Personaleinsatzplanung verknüpft. Es werden Grundsätze und Methoden der Personalentwicklung dargestellt. Instrumente werden beschrieben und kritisch betrachtet. Ebenso wird der Markt für Dienstleistungen in der Personalentwicklung reflektiert, insbesondere in Bezug auf eine scheinbare Wissenschaftlichkeit von Anbietern und Methoden. Die Grundsätze des Qualitätsmanagements in der Personalentwicklung geben dem Leser ein Grundlagenverständnis der wesentlichen Aspekte der Qualitätssteuerung sowie der Lernzieltaxonomie.

4.1 Personaleinsatz

4.1.1 Stellenplan und -synthese

Wie bereits dargelegt, werden Stellen aus den Aufgaben der gesamten Organisation dekliniert. Die in einer Stelle vereinten Aufgaben folgen einer Sachlogik und haben einen inneren Zusammenhang (Abb. 4.1). Die Stelle ist also die kleinste Einheit in der Personalwirtschaft. Jedoch ist sie teilbar. Man rechnet Stellenbesetzungen in der Einheit Full Time Equivalent (FTE) bzw. Vollzeitäquivalent ab, d. h., man rechnet die prozentuale Arbeitszeit aus. Eine Person mit 50 % Arbeitszeit ist 0,5 FTE. Ein „Kopf" hingegen bezeichnet eine Person losgelöst von der anteiligen Arbeitszeit. Ein „Kopf" ist nicht teilbar. Beachtet man dies nicht, so werden Personalbestände unter Umständen falsch erfasst.

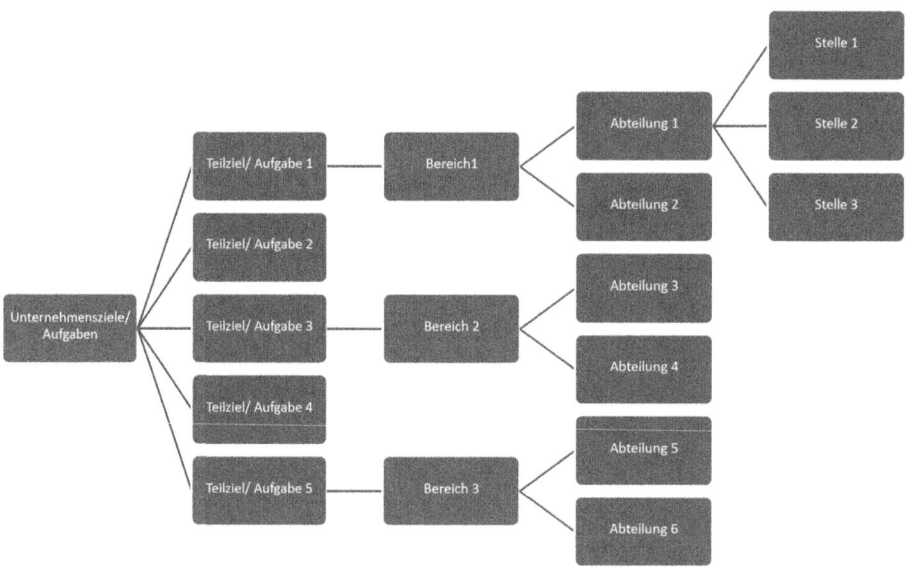

Abb. 4.1 Stellensynthese

4.1.2 Arbeitsplatz

Der Arbeitsplatz befindet sich an dem Arbeitsort, an dem der Mitarbeiter vertragsgemäß seine Arbeitsleistung erbringt. Dabei kann der Arbeitsplatz im Unternehmen oder außerhalb sein. Im Rahmen des Wertewandels, der verstärkt nach einer Vereinbarkeit von Beruf und Familie verlangt, bekommen Home-Office-Lösungen eine immer größere Bedeutung, weil diese eine zeitlich und räumlich unabhängige Form der Arbeit darstellen. Im Rahmen der Globalisierung von Arbeit gibt es auch zunehmend eine Virtualisierung von Organisationen, so dass Mitarbeiter wenig physisch im Unternehmen vor Ort sind.

Bei Arbeitsplätzen im physischen Unternehmen unterscheidet man zwischen stationären und wechselnden Arbeitsplätzen. Insbesondere bei Firmen, in denen die Mitarbeiter häufig nicht vor Ort sind (z. B. Beratung, Verkauf), oder aber dort, wo die Teilzeitquote bei flexiblen Arbeitszeiten hoch ist, finden sich häufiger wechselnde Arbeitsplätze. Weist man einem Mitarbeiter geografisch einen anderen Arbeitsort zu, handelt es sich dabei um eine Versetzung, wenn damit ein Mehraufwand für den Arbeitnehmer verbunden ist (Schaub und Koch 2014, S. 647).

Bei der Gestaltung des Arbeitsplatzes geht es einerseits um die möglichst effektive Verrichtung der Arbeit, aber auch um die arbeitnehmergerechte Gestaltung. Gerade angesichts des demografischen Wandels und der zunehmenden Lebensarbeitszeit kommt der Arbeitsplatzgestaltung eine immer wichtigere Rolle zu. Bei der Anpassung des Arbeitsplatzes an die körperlichen Bedürfnisse der Mitarbeiter spricht man von physiologischer

Arbeitsplatzgestaltung. Ziel ist die „Verbesserung des Wirkungsgrades menschlicher Arbeit" (Olfert 2015, S. 220). Hierbei handelt es sich um eine Individualisierung der grundsätzlichen anthropometrischen (menschengerechten) Arbeitsplatzgestaltung, bei der nur grundlegende Gestaltungsmerkmale berücksichtigt werden (Olfert 2015, S. 219). Schließlich ist bei der Gestaltung des Arbeitsplatzes vor allem auch die Arbeitssicherheit zu beachten. Dies ist in der Arbeitsstättenverordnung geregelt. Die psychologische Gestaltung des Arbeitsplatzes, also die Schaffung eines angenehmen Arbeitsumfelds, spielt nicht bei allen Firmen eine große Rolle. So legt aber z. B. die Firma dm großen Wert auf die farbliche Gestaltung der Arbeitsplätze.

Bei Lean-Management-Ansätzen kommt der effektiven Gestaltung von Arbeitsplätzen ein besonders hoher Stellenwert zu. Man spricht hier vom 5S- (japanisch) oder vom 5A-Modell (deutsch). Der Ansatz kommt ursprünglich aus der Produktion von Toyota. Die 5A im Deutschen stehen für (Thieme und Panskus 2008):

- Aussortieren
- Aufräumen (Arbeitsmittel ergonomisch anordnen)
- Arbeitsplatzsauberkeit
- Anordnung zur Regel machen
- Alle Punkte einhalten und verbessern.

4.1.3 Aufgabenerweiterung

Da sich bei einer richtigen Stellenbesetzung die Fähigkeiten eines Mitarbeiters entwickeln und das Abrufen neuer Leistungsgrenzen ein entscheidender Faktor für die Motivation ist, können die Aufgaben einer Stelle sinnvoll erweitert werden, solange eine Sachlogik gewährleistet bleibt. Man unterscheidet dabei zwischen Job Enrichment, bei dem es um anspruchsvollere Aufgaben geht, und Job Enlargement, bei dem die Quantität der Arbeit erhöht wird. Hierbei ist zu beachten, dass sowohl die qualitative als auch die quantitative Erweiterung von Aufgaben im Rahmen einer Stellenbewertung Auswirkung auf die Vergütung haben.

4.1.4 Versetzung und Auslandseinsatz

Bei einer Versetzung handelt es sich um „die Änderung des Aufgabenbereichs des AN nach Art, Ort und Zeit seiner Tätigkeit" (Schaub und Koch 2014, S. 645). Grundsätzlich kann der Arbeitgeber eine Versetzung im Rahmen des Direktionsrechts anordnen, jedoch nur, wenn der Mitarbeiter nicht eine andere Tätigkeit ausüben soll als die, für die er eingestellt wurde. In diesem Fall muss dann eine Änderungskündigung ausgesprochen werden. Hierbei ist zu berücksichtigen, dass bei der rechtlichen Würdigung nicht die Wertigkeit der neuen Position relevant ist, sondern die Frage nach der Rechtswirksamkeit der Kündigung, da es sich hierbei um zwei Rechtsvorgänge handelt, nämlich das Beenden eines Arbeitsverhältnisses und das Angebot eines neuen. Grundsätzlich sind auch Vertragsklauseln wirksam, mit denen der Mitarbeiter bei Vertragsunterschrift die Bereitschaft zur Versetzung erklärt, wobei allerdings gewährleistet sein muss, dass die Tätigkeit gleichwertig ist (Schaub und Koch 2014, S. 646). Die Beweislast für die Notwendigkeit der Versetzung liegt beim Arbeitgeber. § 99 Abs.1 BetrVG sieht vor, dass der Betriebsrat einer Versetzung zustimmen muss. Dies ist dann notwendig, wenn die Veränderung länger als einen Monat andauert und/oder dem Mitarbeiter ein neuer Tätigkeitsbereich zugewiesen wird (Schaub und Koch 2014, S. 647). Für den Fall, dass der Betriebsrat der Versetzung widerspricht, kann der Arbeitgeber das Arbeitsgericht anrufen, um eine Entscheidung herbeizuführen. Parteien vor Gericht sind dann der Arbeitgeber und der Betriebsrat, nicht jedoch der Arbeitnehmer (Schaub und Koch 2014, S. 648).

Bei Auslandseinsätzen unterscheidet man grundsätzlich zwischen Short-Term Assignment und Long-Term **Assignment**. Bei Einsätzen von unter drei Monaten redet man in der Regel von einer Dienstreise. Das Short-Term Assignment wäre der typische projektbezogene Auslandseinsatz, der zwischen drei und zwölf Monaten dauert. Hierbei verbleibt der Mitarbeiter im deutschen Sozialversicherungssystem. Es ist jedoch darauf zu achten, ob ein Doppelbesteuerungsabkommen besteht. In diesem Fall entrichtet der Mitarbeiter seine Steuern dort, wo er sich 183 Tage oder mehr im Jahr aufgehalten hat. Hier ist darauf zu achten, dass Reisezeiten als Abwesenheit vom Heimatland zählen. Eine solche Abordnung wird in der Regel in einem separaten Vertrag geregelt, der dann den ursprünglichen Arbeitsvertrag ergänzt, der in der Regel weiterbesteht.

Von einem Long-Term Assignment (Delegation) spricht man bei Verweildauern von einem bis drei Jahren. In diesem Fall verlagert der Mitarbeiter seinen Lebensmittelpunkt in der Regel mit seiner Familie in das Gastland. Damit ist er in der Regel auch in diesem Land steuer- und sozialversicherungspflichtig. Dadurch wiederum kann unter Umständen eine Versorgungslücke im Heimatland entstehen oder aber es treten andere Risiken auf (z. B. hat der Mitarbeiter einen Arbeitsunfall, der zur vorübergehenden Berufsunfähigkeit führt; dadurch wird er arbeitslos und kehrt in sein Heimatland zurück; damit hat er in der Regel keine Ansprüche auf Zahlungen aus der Arbeitslosenversicherung des Gastlandes). Auch bei der Krankenversicherung ist darauf zu achten, dass dem Mitarbeiter bei seiner Rückkehr keine Nachteile entstehen. Ist die sogenannte „Ausstrahlung" gegeben, kann der entsandte Mitarbeiter nach § 4 SGB IV in der deutschen Sozialversicherung bleiben. Allerdings kann es durchaus auch zu Konflikten mit sozialversicherungsrechtlichen Regeln des Gastlands kommen, da im SGB ja nur die rechtliche Lage in Bezug auf die deutsche Sozialversicherung geklärt werden kann. Umgangssprachlich werden Auslandseinsätze ja häufig als Entsendung bezeichnet. Der Begriff Entsendung kommt jedoch aus dem Sozialversicherungsrecht und beschreibt den Fall des Auslandseinsatzes mit Ausstrahlung der deutschen Sozialversicherungssysteme. Bei der Gehaltsfindung gibt es verschiedene Ansätze. Grundsätzlich gewährt man in Ländern, die gefährlich sind oder in denen die Lebensqualität nicht der im Heimatland entspricht, Zulagen als Ausgleich. Ansonsten kann man entweder Gehälter des Gastlandes zugrunde legen oder des Heimatlandes (Home Country bzw. Host Country Approach). Weit verbreitet ist jedoch der Net-Balance-Sheet Approach. Hierbei wird die Kaufkraft des Nettogehalts (Spendable Income = Nettogehalt bereinigt um eine Sparquote) betrachtet. Das Gehalt wird dann unter Berücksichtigung von Steuern, Abgaben und Lebenshaltungskosten so angepasst, dass die Kaufkraft der im Heimatland entspricht. Durch ein solches Assignment entstehen natürlich noch weitere Kosten in nicht unerheblicher Höhe. Dies können sein: Umzugskosten, Integrationskosten im Gastland, Verluste durch Verkauf von Fahrzeug/Immobilien, Neuanschaffungen, Schulkosten etc. Dies muss transparent in einer Entsenderichtlinie geregelt sein. Es gilt, dass der ursprüngliche Arbeitsvertrag durch das Assignment ruht und wieder in Kraft tritt, sobald das Assignment endet, es sei denn, er ist rechtskräftig gekündigt oder aufgehoben worden. Wenn Mitarbeiter ab zwölf Monaten bis zu drei Jahren im Ausland eingesetzt werden sollen, wird häufig von einer Delegation gesprochen. In diesem Fall wird der Lebensmittelpunkt des Expats in den Tätigkeitsstaat verlegt. Hierdurch ergeben sich arbeits-, sozialversicherungs- und steuerrechtliche Besonderheiten, die vertraglich, beispielsweise in einem Änderungs- oder Ergänzungsvertrag, erfasst und geregelt werden können. Durchaus üblich ist es, den bestehenden Arbeitsvertrag ruhend zu stellen und einen lokalen Arbeitsvertrag zu schließen. Es gelten die Arbeitsschutzrichtlinien sowie das Arbeitsrecht des Gastlandes im Rahmen dieses Assignments. Häufig begleitet die Familie den Mitarbeiter bei mittel- und langfristigen Auslandseinsätzen ins Ausland. Daher ist die Familie bzw. deren Interessenlage bei der Planung eines solchen Assignments immer mitzuberücksichtigen.

Nach einem Zeitraum von drei Jahren erfolgt in der Regel die Lokalisierung des Arbeitsverhältnisses. Beim Long-Term Assignment bzw. auch bei erfolgter Lokalisierung treten häufig Probleme bei der Reintegration im Heimatland auf. Man könnte formulieren, dass viele Entsendungen erst nach Ende des Assignments scheitern. In vielen Unternehmen heißt es „Aus den Augen, aus dem Sinn" und häufig wird nicht geplant, was nach dem Ende des Assignments mit dem Mitarbeiter geschehen muss. Es existiert keine Re-Entry-Strategie. Dies ist besonders dann schwierig, wenn der Mitarbeiter im Ausland eine höherwertige Stelle hatte und nun auf seine alte Position zurückkehren soll. Es ist also wichtig, dass ein Unternehmen über das Instrumentarium verfügt, transparente Karrierewege zu planen. Dazu gehören vor allem Systeme, die die Stellung des Mitarbeiters in der Organisation definieren, so z. B. durch Stellenbewertung oder Messung individueller Kompetenzgrade, die Ausbildung und Berufserfahrung berücksichtigen. Jedes Unternehmen muss aber auf einer strategischen Ebene definieren, welches Maß an Auslandseinsätzen sinnvoll ist. Zum einen sind solche Einsätze aufwändig und teuer. Hier muss man sehr genau abwägen, wo ein Auslandseinsatz als Entwicklungsmaßnahme wirtschaftlich ist. Aber man muss auch immer die Frage stellen, welchen Mehrwert oder aber welche Belastung der zu entsendende Mitarbeiter für die aufnehmende Organisation darstellt. Besonders dann, wenn kein globales Talent Management vorhanden ist und die Entsendungen nur vom Stammhaus in andere Länder stattfinden, kann dies zur Frustration in den jeweiligen Ländern führen, weil bestimmte Karrierewege dann faktisch an die Nationalität geknüpft sind.

4.1.5 Flexible Arbeitszeitplanung

Der flexiblen Arbeitszeitplanung kommt heute unter zwei Gesichtspunkten eine große Bedeutung zu. Einerseits aus Unternehmenssicht, bei der es primär um Kosten und eine Anpassung der Personalverfügbarkeit an betriebliche Bedarfe geht. Zum anderen aber auch aus Mitarbeitersicht, bei der die Anpassung der Arbeitszeit an die persönliche Lebensplanung im Vordergrund steht.

4.1.5.1 Chronologische Modelle

Sehr weit verbreitet sind heute chronologische Modelle zur Arbeitszeitplanung. Dabei geht es um eine Verteilung des Arbeitsvolumens auf die Arbeitszeit. Im einfachsten Fall kann dies ein starres Schichtsystem sein. In vielen Branchen ist es jedoch heute üblich, dass flexibel geplant wird, um die Arbeitszeiten an die Bedarfe des Unternehmens anzupassen oder aber an die der Mitarbeiter. Hierbei wird heute in der Regel mit Software-Lösungen gearbeitet, die eine optimale Einsatzplanung berechnen und Empfehlungen aussprechen. Folgende Modelle sind in der Praxis häufig verwendete chronologische Modelle:

Schichtarbeit Bei diesem Modell, das meist in Organisationen mit regelmäßigen und gleichförmigen Arbeitsprozessen oder an bestimmte Tageszeiten gebundenem Personalbedarf anzutreffen ist, wird der Tag in feste Zeitabschnitte aufgeteilt, in denen die Arbeitsleistung erbracht wird. In der Regel wechselt der Mitarbeiter auch die Schichten. Hierbei sind jedoch gesetzlich vorgeschriebene Ruhezeiten zu beachten.

Flexible Arbeitszeitplanung Es werden über einen definierten Zeitraum hinweg Arbeitszeitkonten aufgebaut oder aber in Verbindung mit „kapazitätsorientierter variabler Arbeitszeit (KAPOVAZ)" kann dies mit Arbeit auf Abruf im Rahmen von Arbeitszeitkontingenten kombiniert werden.

Gleitzeit Hierbei kann der Mitarbeiter entscheiden, wann er seine Arbeit erbringt. Dabei können Plus- oder Minusstunden aufgebaut werden. Je nach Ausgestaltung kann dies über einen kürzeren oder längeren Zeitraum erfolgen und im Extremfall dadurch längere Abwesenheiten über den Urlaub hinaus ermöglicht werden. Häufig sind solche Modelle mit definierten Kernarbeitszeiten verbunden.

Vertrauensarbeitszeiten Bei dieser Form findet keine Kontrolle der Arbeitsquantität statt. Relevant ist nur, ob die Ziele erreicht wurden.

4.1.5.2 Chronometrische Modelle

Chronometrische Modelle hingegen betrachten das Arbeitsvolumen in Relation zur Arbeitszeit. Im Gegensatz zu chronologischen Modellen werden also längere Zeiträume betrachtet, in denen das Arbeitsvolumen schwankt. Übliche Erscheinungsformen sind:

Teilzeitarbeit Hier wird die Arbeitszeit für einen bestimmten Zeitraum auf einen Anteil von 1 FTE reduziert. Im Gegensatz zu flexiblen Arbeitszeiten reduziert sich auch das Entgelt entsprechend. Grundsätzlich gibt es in Deutschland einen rechtlichen Anspruch auf eine Reduzierung der Arbeitszeit, jedoch keinen auf eine Rückkehr in Vollzeit.

Kurzarbeit Die Kurzarbeit ist ein Modell, mit dem Unternehmen in wirtschaftlich schwierigen Zeiten die Lohn- und Gehaltskosten durch Reduzierung der Arbeitszeit senken können. Bei Kurzarbeit wird von einem Teil oder der ganzen Belegschaft weniger oder gar nicht gearbeitet. Sie wird als Instrument zur Vermeidung von betriebsbedingten Kündigungen genutzt. Das bedeutet, dass die Gründe vorübergehend und nicht vermeidbar sein müssen. In diesem Fall wird das sogenannte Kurzarbeitergeld in Höhe von 60 % (67 %, wenn ein Kinderfreibetrag von mindestens 0,5 vorliegt) der Nettoentgeltdifferenz des Monats, in dem die Kurzarbeit stattfindet, gezahlt (§ 105 und § 106 SGB III).

Sabbatical In diesem Fall nehmen Mitarbeiter eine komplette Auszeit von der Arbeit und haben eine Rückkehrgarantie. Die Rahmenbedingungen sind einzel- oder tarifvertraglich oder aber durch eine Betriebsvereinbarung zu klären. Dabei geht es z. B. darum, wie der entsprechende Abwesenheitsanspruch aufgebaut werden soll. Dies kann durch Aufbau von Plusstunden erfolgen oder aber durch Gehaltsverzicht. Auch müssen Regelungen zum bezahlten Urlaub und zu den Fringe Benefits, z. B. Nutzung des Firmenwagens, getroffen werden. Schließlich ist auch die Frage nach der Höhe der Entlohnung und der Abführung von Sozialabgaben zu klären.

Lebensarbeitszeitkonten Lebensarbeitszeitkonten (Synonyme: Langzeitarbeitskonto, Zeitwertkonto, Langzeitkonto) können ein Instrument zur Regelung des Sabbaticals sein, wenn die angesparte Arbeitszeit zur kompletten Freistellung genutzt wird. Ansonsten dienen sie dazu, es dem Mitarbeiter ohne Einkommensverluste und sozialversicherungsrechtliche Nachteile über einen bestimmten Zeitraum zu ermöglichen, die Arbeitszeit zu reduzieren. Nach deutschem Recht benötigt man dafür eine schriftliche Wertguthabenvereinbarung zwischen Arbeitnehmer und Arbeitgeber (§ 7bff SGB IV). Rahmenbedingungen werden in Betriebsvereinbarungen oder Tarifverträgen geregelt. Auf Basis der Vereinbarung wird die geleistete Mehrarbeit in ein monetäres Wertguthaben umgerechnet und verzinst. Es wird dann genutzt, um die durch weniger Arbeit entstehenden Einkommensverluste auszugleichen. Ist dieses Wertguthaben aufgebraucht, ist eine Reduzierung der Arbeitszeit ohne Einkommensverluste nicht mehr möglich. Der Arbeitgeber muss dieses Guthaben gegen Insolvenz absichern und den Nominalwert garantieren. Die Höhe des Wertguthabens ist so gedeckelt, dass nur Freistellungen bis zum Renteneintritt abgedeckt werden können. Der Arbeitgeber hat dabei sozialversicherungsrechtliche Aufzeichnungspflichten (§ 7d Abs. 1 Satz 1 SGB IV) und Informationspflichten dem Arbeitnehmer gegenüber (§ 7d Abs. 2 SGB IV). Das Wertguthaben muss im Fall der Arbeitsunfähigkeit ausbezahlt werden und ist vererbbar.

> **Kontrollfragen**
> 1. Was ist der Unterschied zwischen Job Enrichment und Job Enlargement?
> 2. Was ist eine Entsendung?
> 3. Was ist der Unterschied zwischen chronologischen und chronometrischen Arbeitszeitmodellen?
> 4. Was muss bei einem Sabbatical geklärt werden?
> 5. Was muss bei Lebensarbeitszeitkonten berücksichtigt werden?

4.2 Personalentwicklung

4.2.1 Selbstverständnis der Personalentwicklung

Wie bereits erwähnt, sieht Wöhe den Personalentwickler sehr kritisch, da er ihm unterstellt, dass er sich dem Individuum verpflichtet fühlt und nicht der Organisation. Dies ist zwar eine grobe Verallgemeinerung, entspricht aber tatsächlich dem Selbstverständnis vieler psychologisch geprägter Personalentwickler. Eine Studie der Unternehmensberatung Kienbaum stellt nüchtern fest, dass viele Personalentwickler tatsächlich nicht in die Organisation eingebunden sind und daher auch keinen Wertbeitrag leisten und dies letztlich auch nicht wollen (Krings 2015, S. 33). Nicht zuletzt deshalb pflegen gerade Personalentwickler gern den Mythos der Nichtmessbarkeit ihrer Tätigkeit, obschon Donald Kirkpatrick bereits in den 50er Jahren ein Modell zur Effektivitätsmessung von Personalentwicklungsmaßnahmen vorgelegt hat (Krings 2015, S. 38) oder aber der qualitative Personalbedarf bei Balanced-Scorecard-Betrachtungen eine wesentliche Rolle spielt (Krings 2015, S. 40). Mit dem Wechsel vieler Berater aus den großen Strategieberatungen besonders in die Personalentwicklung ab Ende der 90er Jahre schlug das Pendel jedoch in die andere Richtung aus. Die Dimension „Individuum" wurde weitestgehend zu Gunsten von Systemen und Prozessen ausgeklammert. Dies hat wiederum zu einem sehr mechanischen Verständnis von Personalentwicklung geführt. Es geht also weder darum, das eine zu tun oder das andere zu lassen, sondern vielmehr um eine sinnvolle Synthese beider Herangehensweisen. Letztlich muss Personalentwicklung das Ziel verfolgen, die richtige Person zur richtigen Zeit zu den richtigen Konditionen am richtigen Platz zu haben.

4.2.1.1 Person vs. Unternehmen

Die Personalentwicklung hat also einen Leistungsauftrag dem Unternehmen gegenüber und muss zielgerichtet handeln, um einen Beitrag zur Wertschöpfung zu leisten. Sie ist nicht dem Individuum verpflichtet und dient nur mittelbar zur Selbstverwirklichung des Einzelnen. Es geht also nicht darum, für Mitarbeiter Maßnahmen auszuwählen (z. B. Sprachkurs), die diese interessieren, sondern vielmehr darum, Prozesse zu planen, an deren Ende das Individuum befähigt ist, neue Aufgaben zu übernehmen und neue Leistungsgrenzen abzurufen. Dies erfüllt einerseits die Bedarfe des Unternehmens und stellt andererseits einen entscheidenden Motivationsfaktor für den Mitarbeiter dar.

4.2.1.2 Stellung der Personalentwicklung im Unternehmen

Auch wenn Mudra beteuert, dass „Personalentwicklung (…) in deutschen Unternehmen traditionell ein hoher Stellenwert beigemessen" (Mudra 2004, Klappentext) wird, so spielt dies nicht die Lebensrealität vieler Personalentwickler wider. Gerade da die Frage der Messbarkeit immer wieder erhoben wird, ist die Personalentwicklung eher einer der Bereiche, in denen gespart wird bzw. der nicht in strategische Überlegungen eingebunden wird. Das mag zum Teil sicher auch an o. g. Selbstverständnis vieler Personalentwickler liegen. Bemerkenswert ist, dass viele Unternehmen sich gerade in der Personalentwicklung oft auf Modethemen stürzen, die häufig wenig mit den Herausforderungen des Unternehmens zu tun haben (Krings 2015, S. 88 ff.), und dabei erfolgskritische Themen wie Einarbeitung oder Berufsausbildung vernachlässigen. In dem Maße, in dem die Qualität der Human-Ressourcen jedoch zunehmend der Erfolgsfaktor für Unternehmen in einer digitalisierten Wirtschaft ist, müssen Unternehmen und Organisationen umdenken und die Personalentwicklung in die strategische Unternehmensführung einbinden.

4.2.2 Exkurs Generation Y und Z

Bei der unmittelbar nach dem Zweiten Weltkrieg geborenen Generation spricht man von den sogenannten Babyboomern (hohe Geburtenrate), die in ihren Werten noch stark von der Generation ihrer Eltern geprägt sind. Dazu gehören das Anerkennen von Autorität und Hierarchien, aber auch das Streben nach beruflichem Erfolg und materiellen Werten, bzw. in der 68er-Generation auch die bewusste Abkehr davon. Bei der zwischen 1965 und 1979 geborenen Generation spricht man in Anlehnung an den 1991 erschienenen Roman von Douglas Coupland von der Generation X. Obschon diese Generation einerseits in einer Zeit aufwuchs, die nach 1968 stärker von Subkulturen und progressiven Werten geprägt war, hat sie in der Summe ebenfalls eine Prägung durch autoritäre Strukturen erlebt und ist auch materiellem Druck ausgesetzt („Unseren Kindern soll es einmal besser gehen als uns"). Gleichzeitig erlebte diese Generation auch einen Bruch mit dem Optimismus der Wirtschaftswunderzeit und wuchs mit materieller Unsicherheit und politischer Instabilität auf. Der Wertewandel zwischen diesen beiden Generationen ist zwar beobachtbar, aber nicht fundamental. Bei den nachfolgenden Generationen spricht man von Generation Y (1980–94) und Generation Z (ab 1994) (Ruthus 2013, S. 7 ff.). Um den fundamentalen Wertewandel zu beschreiben, wird der Buchstabe Y oft englisch ausgesprochen, um eine phonetische Nähe zum Wort „Why" herzustellen. Selbst ein renommierter Personaler wie Scholz lässt sich dazu hinreißen, die Generation Z reißerisch als „Generation Zombie" zu bezeichnen. Dies zeigt jedoch auch die Problematik mit den Begrifflichkeiten. Es handelt sich dabei eben nicht um soziologische Fachbegriffe, sondern eher um populärwissenschaftliche Bezeichnungen. Daher sind auch viele Publikationen zu dem Thema nicht unkritisch zu sehen. Zwar findet ohne Zweifel ein Wertewandel statt, doch vieles wird deutlich zu plakativ dargestellt und nicht mit wissenschaftlichen Untersuchungen untermauert. Es ist also ein Modethema, das bei publikumswirksamer Aufbereitung gute Auflagen verspricht. Gerade bei Werken aus dem Ausland muss man sehr differenziert in der Betrachtung sein, da es in den meisten Ländern gar keine Berufsausbildung gibt und daher nur Studierende oder Absolventen betrachtet werden. Viele kleinere firmeninterne Untersuchungen legen jedoch den Schluss nahe, dass diese Erkenntnisse nur sehr begrenzt auf Auszubildende bzw. technisch-gewerbliche und kaufmännische Mitarbeiter anwendbar sind.

Ein Charakteristikum beider Generationen scheint es jedoch zu sein, Autorität und Hierarchie nicht als gegeben zu akzeptieren, sondern in Frage zu stellen (Scholz 2014, S. 174 ff.). Dies liegt sicher auch daran, dass diese Generationen in einem eher partnerschaftlichen Verhältnis zu ihren Eltern aufgewachsen sind und daher auch immer später das Elternhaus verlassen (Scholz 2014, S. 41 ff.). Für Unternehmen sind sehr deutliche Veränderungen in den Anforderungen und Erwartungen der jungen Generationen zu erkennen. Dies stellt besonders an Führung und an das Human Resource Management große Herausforderungen. In der modernen Wissensgesellschaft werden zunehmend höher qualifizierte und spezialisierte Mitarbeiter benötigt, aber zusammenhängend mit dem Grad der Qualifikation steigen auch die Ansprüche. Im augenblicklichen Wandel vom Arbeitgeber- zum Arbeitnehmermarkt sind Unternehmen gezwungen, sich größtenteils der Forderungen der jungen Generationen anzunehmen.

Grundsätzlich hat sich die Gewichtung zwischen Leben und Arbeit verschoben. Arbeit wird als Mittel zur inhaltlichen Selbstverwirklichung verstanden und die Karriere als Statussymbol tritt in den Hintergrund (Scholz 2014, S. 35). Das hat zur Folge, dass die Generationen Y und Z Wert auf anspruchsvolle und eigenverantwortliche Tätigkeiten legen und sich dabei auch durchaus gelegentlich selbst überschätzen. Das hat wiederum zur Folge, dass Stellenprofile ggf. anders definiert werden müssen und auch Karriereverläufe anders, z. B. mehr in Projektstrukturen, verlaufen. Hinzu kommt, dass Personalentwicklung zunehmend wichtiger wird. Hierbei spielt wohl auch eine diffuse Sorge um die eigene Employability eine erhebliche Rolle. So verlangen diese Generationen stärker nach formalen Abschlüssen statt nach punktuellen Entwicklungsmaßnahmen. Akademische Abschlüsse wie Master- oder MBA-Angebote und die Möglichkeit der Förderung eines Bachelorstudiums sind wichtige Themen. Die Kehrseite der Medaille ist jedoch, dass die Mitarbeiter bei einer höheren Qualifikation auch andere (in der Regel höher dotierte) Stellen haben wollen, so dass man als Unternehmen leicht in der Situation sein kann, am eigenen Bedarf vorbei auszubilden bzw. zu entwickeln. Die Lösung kann sicher nicht Personalentwicklung nach dem Gießkannenprinzip sein, sondern Unternehmen werden differenzierte Modelle zur individuellen Entwicklungsplanung benötigen. Das wiederum stellt auch andere Ansprüche an Führungskräfte. Die Führungskraft, die die Generationen Y und Z führt, wird begreifen müssen, dass Personalentwicklung eine Führungsaufgabe ist (Scholz 2014, S. 174 ff.).

Das erlebte Geführtwerden wird ein ganz entscheidender Faktor für die Gewinnung und Bindung von jungen Arbeitskräften sein. Das bereits angesprochene entspanntere Verhältnis zu Autorität führt dazu, dass Mitarbeiter der Generationen Y und

Z die Führungskraft stärker als Coach und Sparringspartner sehen denn als Respektsperson bzw. als Weisungsbefugten. Das stellt hohe Anforderungen an die Auswahl und Entwicklung von Führungskräften, denn einerseits muss das traditionelle Führungsverständnis sich verändern, aber andererseits gibt es in einer Organisation auch Grenzen der Partnerschaftlichkeit. Hinzu kommt, dass ein Trend zu beobachten ist, dass diese Generationen zwar sehr gut Feedback artikulieren können, sich aber eher schwer damit tun, Feedback und Kritik anzunehmen (Scholz 2014, S. 172 f.). Die Herausforderungen an die Führungskraft der Zukunft werden sehr komplex sein und es wird die Aufgabe des Human Resource Managements sein, dabei zu unterstützen.

Auch spielen Freunde und Familie eine wesentlich wichtigere Rolle, als dies in der Vergangenheit der Fall war. Die neuen Generationen sind in der Summe nicht mehr bereit, im Bereich privater Beziehungen Abstriche zu Gunsten des Berufs zu machen. Gleiches gilt für private Interessen wie Hobbys oder Ehrenamt. Das wird sicherlich die Flexibilität, aber auch die Bereitschaft zu Mehrarbeit einschränken. Insofern werden neue Arbeitszeitmodelle benötigt, insbesondere auch in Bezug darauf, dass längere Auszeiten nicht nur wegen Familiengründung, sondern auch Pflege älterer Familienangehöriger häufiger werden, als dies heute der Fall ist. Auch zeigt sich, dass sich Geschlechterrollen nun verändern. Die Zahl derer in den Generationen Y und Z, die eine traditionelle Rollenverteilung innerhalb der Familie ablehnen, wächst stetig. Die Zeiten, als die Frage nach der Vereinbarkeit von Beruf und Familie ein reines Frauenthema war, sind nun endgültig vorbei. Väter wollen sich mehr in die Familie einbringen und dies wird neue Anforderungen an das Human Resource Management stellen. Die engere Bindung an Freunde und Familie hat allerdings auch zur Folge, dass, obwohl Arbeit an sich zunehmend internationalisiert wird, die Bereitschaft zur Mobilität eher ab- als zunimmt. Insbesondere Firmen in ländlichen Gebieten werden sich sehr schwertun, junge Mitarbeiter aus urbanen Ballungsräumen zu gewinnen.

Aber auch wesentlich prosaischere Dinge werden das Human Resource Management beschäftigen. So zeigen Untersuchungen, dass Gesundheit eine große Rolle spielt. Die Generationen Y und Z wünschen sich gesündere Ernährung am Arbeitsplatz und eine ergonomische Gestaltung dessen. Aber die Generation der „Digital Natives" ist wesentlich technikaffiner als vorangegangene Generationen. Dies bietet zum einen die Chance, gerade im Bereich Weiterbildung auf weniger aufwändige Online-Varianten auszuweichen. Gleichzeitig setzt dies Unternehmen jedoch auch unter einen gewissen Druck, an einer Art „digitalem Wettrüsten" teilzunehmen, da Mitarbeiter jeweils die neueste Technik erwarten und diese ggf. dann auch privat nutzen möchten.

Unternehmen werden stärker auf die Belange der Mitarbeiter eingehen müssen, wenn sie am Arbeitsmarkt erfolgreich agieren wollen. Daher wird Personalarbeit wichtiger werden und auch mehr Ressourcen in Anspruch nehmen. Hier wird man neue Organisationsformen finden müssen. In dem Maße, in dem Mitarbeiter mehr Sicherheit verlangen, wird die Unsicherheit für Unternehmen zunehmen. Mehr leisten mit immer weniger wird nicht mehr funktionieren, da das Privatleben einen höheren Stellenwert bekommt.

Dem zunehmenden Trend zur Akademisierung, der auch teilweise in Orientierungslosigkeit begründet ist, kann man nur begegnen, indem man das Übergangsmanagement Schule-Beruf stärkt und in eine Zusammenarbeit mit Schulen investiert.

4.2.3 Personalentwicklung als Schnittstellenfunktion zwischen Human Resource Management und Führungskraft

In der Vergangenheit wurde Personalentwicklung häufig mit formaler Weiterbildung und Seminarbesuchen gleichgesetzt. Diese Instrumente werden von dem Funktionsbereich „Personalentwicklung" angeboten. In einem modernen Verständnis des Begriffs betrachtet man Personalentwicklung ganzheitlich und versteht darunter, einen Menschen dazu zu befähigen, Kompetenzen zu entwickeln. Auch wenn Personalentwickler heute gern in den Dimensionen Prozess und System denken, „werden in der Personalentwicklung die individuellen Interessen eine große Rolle spielen und eine Individualisierung der Personalentwicklung erforderlich machen" (Krings 2015, S. 31 f.). Weder im Gießkannenprinzip der 80er Jahre noch in „One size fits all"-Angeboten kann die Lösung liegen. Daher kann eine Institution „Personalentwicklung" zwar eine Infrastruktur zur Verfügung stellen und Qualitätsstandards definieren, doch kann sie keine operative Gestaltung individueller Entwicklungsprozesse leisten. Dies hat zwei Gründe: Zum einen ist eine Vertrauensbasis zwischen den Handelnden Grundvoraussetzung für einen effektiven Entwicklungsprozess. Zum anderen aber muss der „Entwickler" Leistung und Potenziale des Mitarbeiters einschätzen können und dessen Motivationslage kennen. Dies kann nur der Vorgesetzte leisten. Insofern ist operative Personalentwicklung eine Führungsaufgabe. Das Human Resource Management muss hier auch im engen Dialog mit Führungskräften und Mitarbeitern stehen, um Bedarfe zu erfassen und Konzepte zu entwickeln, die für diese beiden Zielgruppen sinnvoll sind. Hierbei steht der Personaler in Bezug auf die Sicherung der Qualität mit den anderen Beteiligten auf Augenhöhe. Der Personalentwicklungsprozess darf nie so individualisiert sein, dass ineffektive oder unseriöse Instrumente eingesetzt werden. Daher ist hier besonders auf die Qualifikation der Personalentwickler zu achten. Gleichzeitig hat der Personaler jedoch auch die Rolle, die Interessen des Unternehmens zu wahren. Damit ist gemeint, dass Quantität und Qualität der Maßnahmen zu den strategischen Zielen des Unternehmens passen müssen. Personalentwicklung grenzt sich von reiner Weiterbildung dadurch ab, dass sie nicht das Individuum im Fokus hat, sondern den Personalbedarf des Unternehmens. Daher müssen Bedarfsplanung und Maßnahmen auf die gesamte Organisation abgestimmt sein. Dies kann z. B. bedeuten, dass bei Potenzialeinschätzungen ein quantitativer Rahmen gesetzt wird, der einer Gauß'schen Normalverteilung entspricht. Ebenso gehört dazu ein transparenter Prozess, der sicherstellt, dass Partikularinteressen nicht den übergeordneten strategischen Interessen des Unternehmens schaden.

4.2.4 Zieldefinition und Messbarkeiten

Eine Personalentwicklungsmaßnahme ist dann effektiv, wenn sie das vorher definierte Ziel erreicht, das wiederum eine Lücke in der für das Unternehmen notwendigen Kompetenzlandschaft schließt. Eine Personalentwicklungsmaßnahme muss also für die Organisation wertschöpfend sein. Die wenigsten Organisationen messen jedoch die Wertschöpfung ihrer Personalentwicklung. Dies liegt zum einen daran, dass viele Personalentwickler „den Mythos der Unmessbarkeit ihrer Arbeit" (Krings 2015, S. 33) pflegen und daher keine Ziele definieren oder aber mit Pseudomessbarkeiten arbeiten. Allerdings liegt das Problem nicht ausschließlich bei den Personalentwicklern, sondern häufig auch daran, dass Organisationen keine Abhängigkeiten zwischen ihren strategischen Zielen und der Personalentwicklung definiert haben (Krings 2015, S. 33). Liegt also keine übergeordnete Zieldefinition vor, ist eine Messbarkeit nicht möglich, da die Effektivität einer Maßnahme nichts Absolutes ist, sondern nur in Abhängigkeit zum Ziel zu bewerten ist. Daher messen die meisten Unternehmen ausschließlich die Reaktion der Teilnehmer auf eine Maßnahme, meist in Form eines Feedbackbogens.

Beispiel
Seminarfeedbackbogen

1 = sehr gut   2 = gut   3 = in Ordnung   4 = mangelhaft

1.) Die Lernziele wurden klar kommuniziert. ☐

2.) Ich habe meine individuellen Lernziele erreicht. ☐

3.) Ich kann das Gelernte in meiner täglichen Arbeit umsetzen. ☐

4.) Die Teilnehmerunterlagen waren hilfreich. ☐

5.) Das Training war klar strukturiert und hatte einen roten Faden. ☐

6.) Es war Zeit für individuelle Fragen. ☐

7.) Der Trainer ist auf jeden Teilnehmer einzeln eingegangen. ☐

8.) Ich fühlte mich wertschätzend behandelt. ☐

9.) Das Training war gut organisiert. ☐

10.) Die Tagungsräume waren zweckmäßig. ☐

11.) Ich habe mich im Hotel wohlgefühlt. ☐

12.) Ich würde das Training weiterempfehlen. ☐

Dies trifft jedoch nur eine Aussage über die Akzeptanz der Maßnahme, nicht jedoch über Qualität und/oder Effektivität. Sicherlich ist die Akzeptanz ein Element in der Effektivität einer Maßnahme, denn ohne diese wird sie kaum beim Teilnehmer ankommen. Aber es ist falsch, bei einer hohen Akzeptanz ebenfalls eine hohe Qualität und/oder Effektivität zu postulieren. Wenig zielführend sind „Return on Investment"-Modelle wie die von Schirmer und Phillips, da ein Nutzen oft nicht unmittelbar, sondern nur mittelbar messbar ist und somit nicht einer Periode zugerechnet werden kann (Krings 2015, S. 37).

Bereits 1959/60 entwickelte Donald Kirkpatrick ein Modell zur Effektivitätsmessung von Personalentwicklungsmaßnahmen. Hierbei bildet die Reaktion des Teilnehmers die unterste Ebene. Eine Stufe darüber ist die Messung des Lerneffekts. Auch davor schrecken viele Personalentwickler zurück, nicht zuletzt weil sie befürchten, dass eine Prüfungssituation sich negativ auf die Bewertung auswirken könnte. In einer dritten Stufe wird dann der Transfer des Gelernten in der Arbeit bewertet. Gerade an diesem Punkt zeigt sich, dass effektive Personalentwicklung ohne Einbindung der Führungskräfte nicht leistbar ist. In einer vierten Stufe schließlich wird gemessen, welchen Nutzen das erworbene Wissen oder die neuen Kompetenzen für die Organisation bringen. Dies wiederum kann nur funktionieren, wenn auf einer strategischen Ebene, z. B. durch einen Balanced-Scorecard-Ansatz, die Bedeutung des Human-Kapitals für die Erreichung der Unternehmensziele definiert wurde. Da dies in vielen Unternehmen nicht der Fall ist, lässt sich der Wertbeitrag der Personalentwicklung häufig nicht bestimmen.

Da jedoch viele Anbieter oder aber auch Personalentwickler sich schwer damit tun, klare und messbare Zielgrößen zu definieren, ist häufig schon eine simple Messung auf den unteren Ebenen von Kirkpatricks Modell kaum möglich. Folgende Seminarausschreibung ist nicht untypisch für viele Angebote. Eine Zielsetzung bzw. sogar operationalisierte Ziele sind nicht zu erkennen. Tatsächlich finden sich nur Aktivitäten. Ein gezielter Kompetenzaufbau bei den Teilnehmern ist nicht erkennbar. Auch bei den einzelnen Aktivitäten ist die Beschreibung äußerst dürftig und hat den Konkretisierungsgrad der Aussage „Wasser ist nass". Dies zeigt, dass der Anbieter ein rein prozessorientiertes Selbstverständnis hat, was aus Firmen- und Mitarbeitersicht für eine effektive Personalentwicklung wenig hilfreich ist. Auch scheint die Vermittlung kognitiver Inhalte überhaupt keine Rolle zu spielen.

> **Beispiel**
> **Kommunikationstraining für den beruflichen Alltag**
> Erfolgreiche Zusammenarbeit heißt vor allem erfolgreiche Kommunikation. Im beruflichen Alltag scheint Kommunikation so selbstverständlich, dass wir selten darüber nachdenken, auf welche Weise sie geschieht.
>
> Wie erfolgreich und professionell wir in der Fach- oder Führungsrolle kommunizieren, erleben wir insbesondere in schwierigen Gesprächen. Diese erfordern neben der Kommunikationsfähigkeit oft auch psychologische Kompetenzen.
>
> Indem wir uns des eigenen Kommunikationsstils und der Wechselwirkung mit dem Verhalten des Gesprächspartners bewusst werden, können wir Gesprächsverläufe und Arbeitsatmosphäre konstruktiv beeinflussen. Anhand von praktischen Beispielen aus Ihrem Arbeitsalltag analysieren Sie in diesem Kommunikationstraining Gesprächssituationen, erarbeiten Verbesserungsmöglichkeiten und probieren diese in Rollenspielen aus. Sie lernen, die eigene Position überzeugend darzustellen sowie den

4.2 Personalentwicklung

Gesprächspartner richtig einzuschätzen, damit ein befriedigendes Ergebnis für beide Seiten erreicht werden kann. Sie trainieren, gezielte Frage- und Argumentationstechniken einzusetzen und mit schwierigen Gesprächspartnern sowie Einwänden umzugehen.

Inhalte:

- Analyse von konkreten Situationen
- Erkennen eigener Stärken und Lernthemen
- Den Gesprächspartner richtig einschätzen
- Optimierung des kommunikationstheoretischen Wissens
- Gute Vorbereitung: Zielstellung und Struktur
- Unangenehmes mit Ich-Botschaften ansprechen
- Gesprächsführung durch Fragen
- Überzeugen mit Argumenten
- Umsetzung in Rollenspielen

Zielgruppe:
Fach- und Führungskräfte, die schwierige Gespräche effektiver gestalten wollen

Methoden:
Trainerinput, Gesprächssimulation, Gruppenarbeit, Diskussion. Teilnehmer bringen eigene Gesprächssituationen in das Seminar mit ein, entwickeln Lösungsansätze und erhalten individuelles Feedback.

Folgende Seminarbeschreibung hebt sich in der Qualität deutlich von den generischen Aussagen der ersten Seminarbeschreibung ab. In der Zielsetzung wurde bereits der Entwicklungsstand der Zielgruppe berücksichtigt. Es wurde auch klar herausgestellt, dass es sich nicht um ein schwächenorientiertes Seminar handelt, sondern vielmehr um Training auf hohem Niveau. Dies ist deshalb wichtig, weil dies natürlich auch die Rolle des Seminarleiters definiert, der zwar Inhalte vermittelt, aber vor allem auch das Peer-Group-Learning moderiert. Ein Schwerpunkt lag hier in der Besonderheit der Verhandlungsführung in diesem konkreten Kontext, der es vollkommen unmöglich macht, mit allgemeinen Modellen zu arbeiten. Die Zielsetzung ist klar und messbar. Sie könnte tatsächlich auch mit monetären Zielen aus dem Bereich der konkreten Verhandlungen verzahnt werden, um so die Wirtschaftlichkeit der Maßnahme zu messen. Ebenfalls im positiven Sinne auffallend sind die sehr detaillierten inhaltlichen Angaben, die zeigen, dass der Anbieter einerseits das Thema beherrscht, aber andererseits auch über aktuelle Entwicklungen informiert ist, was der Verweis auf das Zieltableau von Mussweiler und Galinsky belegt. Da es sich hier um ein Seminarangebot mit zahlreichen firmen- und zielgruppenspezifischen Besonderheiten handelt, sind in diesem Fall zusätzliche Konzeptionskosten angemessen.

Beispiel

Zielsetzung:

Die Teilnehmer sind erfahren in der Verhandlungsführung und verfügen nach hausinterner Schulung über die notwendigen Kenntnisse. In diesem Training werden die vorhandenen Kenntnisse, Fähigkeiten und Fertigkeiten unter Profis trainiert und ausgebaut. Ein besonderer Schwerpunkt liegt hierbei auf der Anwendung in Verhandlungssituationen mit asymmetrischen Machtverhältnissen. Kommunikative und Interventionstechniken werden in realistischen Situationen optimiert.

Vorgehensweise:

In kurzen Input-Phasen werden die bestehenden Inhalte aufgefrischt. In Übungen und Fallstudien wenden die Teilnehmer diese Konzepte an, geben sich gegenseitig Feedback und lernen von den Erfahrungen der Gruppe.

Inhalte:

1. Definition Zielsetzung
   - Professionalisierung und erfolgreich verlaufende Verhandlungssituationen („Profi-Training")
   - Verhandlung im Kontext asymmetrischer Verhältnisse mit scheinbar übermächtigen Verhandlungspartnern und Fachexperten
2. Planung zielführender Verhandlungskonstellationen, insbesondere in asymmetrischen Machtverhältnissen („Wir machen uns nicht klein")
   - Zielkorridor: Schmerzgrenzen definieren (eigene, andere Partei)
   - Personen/Interessen
     BATNA[1] (Handlungsspielraum des Verhandlungspartners; was passiert, wenn ich die Verhandlungen platzen lasse)
   - Interessen vs. Standpunkte
   - Taktik:
     First Offer, Even Split vermeiden
     Galinsky/Mussweiler-Zieltableau
     „Goodies"
     Salamitaktik vs. Umarmung
     Mentale Vorbereitung
     Inhaltliche Vorbereitung
3. Kommunikationsverhalten und Konfliktdynamik (Schwerpunkt)
3.1 Konfliktdynamik
   - Eigenes Konfliktverhalten (Test, z. B. SDI)
   - Konfliktverhalten anderer erkennen
   - Verhalten „borgen", um andere zu beeinflussen

---

[1]Best Alternative to a Negotiated Agreement.

- Übungen zu o. g. Punkten
- In Konflikten authentisch bleiben
- Übung Selbstbild/Fremdbild
- Transaktionsanalyse zur Erklärung unproduktiver Konflikte
- Der Experte als Sonderfall des Eltern-Ichs
- Übungen zum Umgang mit Experten
- Geschlechterspezifisches Konfliktverhalten (Rückbezug auf Test)
- Konfliktdynamik in gemischten Gruppen (männlich/weiblich)
- Tabus (Vorurteile, Flüchten in geschlechterspezifische Rollen etc.)

3.2 Kommunikationsverhalten und Interventionstechniken
- Verhandlungsebene vs. Meta-Ebene
- Interventionstechniken
- David vs. Goliath
- Feedback
- Reflektieren als Deeskalationsmechanismus
- Fragetechniken
  „faire"
  „unfaire" – Erkennen und zur Abwehr von Gefahren einsetzen
- Argumentationen
  „faire"
  „unfaire" – Erkennen und zur Abwehr von Gefahren einsetzen
- Vorwärtsgerichtete Gesprächsführung zur Vermeidung von Gesichtsverlust
- Moderationstechniken zur Intervention
- Rollenspiele/Gruppenübungen

Übung

Bitte entwerfen Sie ein Formular, mit dem der Vorgesetzte den Entwicklungserfolg seines Mitarbeiters am Arbeitsplatz beschreiben kann.

4.3 Qualitatives Personalcontrolling als Grundlage effektiver Personalentwicklung

4.3.1 Positive Psychologie

Die Personalentwicklung ist traditionell die Domäne der Psychologen. Grundsätzlich ist dies auch sinnvoll, denn ein Unternehmen benötigt Experten, die die Güte der eingesetzten Instrumente bewerten können bzw. diese auch selbst anwenden. Jedoch kann darin auch eine Problematik liegen. Bereits Abraham Maslow stellte 1954 in seinem grundlegenden Werk „Motivation und Persönlichkeit" fest, dass die traditionelle Psychologie an Defiziten orientiert ist, sich aber weniger an Chancen und Stärken orientiert (Krings 2017, S. 41). Dies kann dazu führen, dass Personalentwicklung nur eingesetzt wird, um Defizite zu beheben und Mitarbeiter weniger schlecht zu machen, statt „dass Mitarbeiter, die etwas gut können, dies auf hohem Niveau perfektionieren können" (Krings 2017, S. 41). So wie jede Strategie stärkenbasiert sein muss, ist auch nur eine stärkenbasierte Personalentwicklung eine sinnvolle Investition. „Das ist gerade so, als würde ein Fußballtrainer mit einem Torwart trainieren, wie man Tore schießt, statt seine Fähigkeit, Tore zu halten, weiterzuentwickeln" (Krings 2017, S. 41).

In einem traditionellen Verständnis von Psychologie braucht der Psychologe also den „Kranken" oder das Defizit als Daseinsberechtigung. Auch wenn man Maslows rein qualitative Betrachtung vor dem Hintergrund eines modernen Wissenschaftsverständnisses durchaus sehr kritisch sehen muss, so liegt sein großes historisches Verdienst darin, dass er eben eine Abkehr von einem schwächenorientierten Ansatz der Psychologie darstellt und die Frage stellt, was Menschen erfolgreich macht und wie man Stärken ausbauen kann. Damit ist Maslow ein Vorreiter der humanistischen Psychologie, die den Menschen nach dem Motto „Ich bin okay, du bist okay" in den Mittelpunkt stellt und Therapie durch Entwicklung ersetzt. Darauf aufbauend entwickelte sich die sogenannte „Positive Psychologie", die Menschen ermöglichen möchte, ein erfülltes Leben zu führen. Zentral sind hier die Erkenntnisse von Mihaly Csikszentmihaly, der den sogenannten „Flow" entdeckt hat. Diese Untersuchungen stammen aus dem Leistungssport und beschreiben das vollkommene Aufgehen in einer Tätigkeit, wenn ein Sportler neue Leistungsgrenzen abrufen kann. Es war nicht unumstritten, ob dieses Konzept auch außerhalb des Sports anwendbar ist (Csikszentmihaly 2008). Martin Seligman ist ein weiterer Vertreter der sogenannten Glücksforschung (Seligman 2017). Diese noch relativ neue Denkschule führte dazu, dass Marcus Buckingham schließlich neue Parameter für Führung und Entwicklung aufstellte. Er spricht sogar von einer „Revolution der persönlichen Stärken" (Buckingham und Clifton 2001, S. 17) und postuliert, dass effektive Personalentwicklung stärkenorientiert ist und Motivation dadurch erfolgt, dass Mitarbeiter immer wieder neue Herausforderungen erleben, die zwar anspruchsvoll sind, jedoch gemeistert werden können. Dies bedingt allerdings auch ein positives Menschenbild der Organisation und der Führungskräfte, denn diese Form der Personalentwicklung funktioniert nur, wenn man davon ausgeht, dass der Mensch etwas leisten will. Doch auch dieser stärkenorientierte Ansatz belegt, dass Personalentwicklung nicht nur in Programmen und Systemen betrachtet werden kann, sondern viele individuelle Komponenten haben muss, da ein Eingehen auf Talente und Reifegrad eines jeden Individuums erforderlich ist (Buckingham und Coffman 1999, S. 71 ff.).

Folgendes Beispiel soll darstellen, wie ein stärkenorientiertes, auf einem positiven Menschenbild beruhendes Mitarbeitergespräch aussehen kann:

Beispiel

Mitarbeitergespräch ACME Group

Welches grundsätzliche Feedback möchten Sie über das vergangene Jahr geben? Welche Besonderheiten gab es? Was lief gut, was lief weniger gut? Haben sich Aufgaben verändert?

_____
_____
_____
_____

Rückblick Aufgaben und Vereinbarungen Vorjahr

_____
_____
_____
_____

Was macht Ihnen bei Ihrer derzeitigen Tätigkeit am meisten Spaß und wo haben Sie die größten Erfolgserlebnisse?

_____
_____
_____
_____

Was hat sich im letzten Jahr zu diesem Punkt verändert und worauf führen Sie das zurück?

_____
_____
_____
_____

Welche beruflichen Ziele haben Sie? Wie beurteilen Sie die Erreichbarkeit dieser Ziele? Welche Förderungsmaßnahmen wären hierzu erforderlich?

_____
_____
_____

Welche Teile Ihrer täglichen Arbeit belasten Sie am meisten im Sinne von Unzufriedenheit? Welche Gründe sehen Sie dafür?

_____

Was haben Sie getan, um hier Abhilfe zu schaffen?

_____

Was wollen Sie im kommenden Jahr daran ändern und wie kann ich Sie dabei unterstützen?

_____

Welche Entwicklungsziele oder Verhaltensziele (max. 3) können wir aus der Rückschau auf das letzte Jahr ableiten? Welche Unterstützung benötigen Sie dabei?

_____

Welche Maßnahmen und/oder Hilfestellungen vereinbaren wir, um diese Ziele zu erreichen?

_____

Welche Verbesserungsvorschläge haben Sie für Ihren Arbeitsbereich? Wie können diese umgesetzt werden?

_____

4.3 Qualitatives Personalcontrolling …

Nennen Sie bitte Ihre 3 größten Wünsche an die Leitung bzw. geben Sie Feedback dazu, wie Ihre Vorstellungen und Wünsche vom letzten Jahr umgesetzt wurden.

_____
_____
_____
_____
_____

Wie haben Sie das Gespräch erlebt und was möchten Sie Ihrem Vorgesetzten noch mit auf den Weg geben?

_____
_____
_____
_____

Beispiel für ein Mitarbeitergespräch, das Entwicklung und Bewertung vermischt und eher schwächenorientiert ist:

Beispiel

Name:
   Position:
   Vorgesetzter:
   Datum:
   Bewertung Arbeitsqualität:

   1 = sehr gut, 2 = über dem Durchschnitt, 3 = Durchschnitt, 4 = Minderleistung
   Potenzialeinschätzung:
   Vertikales Potenzial
   Horizontales Potenzial

   Kein weiterführendes Potenzial
   Arbeitsdurchführung
   Fachwissen:

_____
_____
_____

   Methodenwissen:

_____
_____
_____

Ergebnisqualität:

Kostenbewusstsein:

Fehlerhäufigkeit:

Verantwortungsbewusstsein:

Termintreue:

Zielerreichung:

Bonus:

Ziele für das kommende Jahr:

4.3.2 Entwicklungsbedarfsanalyse

Jede personalentwicklerische Maßnahme beginnt also mit einer individuellen Standortbestimmung. Man spricht hier häufig auch von einer „Bildungsbedarfsanalyse". Diese Begrifflichkeit ist jedoch irreführend, da sie nur auf den kognitiven Bereich abzielt und andere Kompetenzbereiche vernachlässigt. Daher spricht man bei einem ganzheitlichen Kompetenzverständnis sinnvollerweise von einer „Entwicklungsbedarfsanalyse". Diese kann ungerichtet, also ohne Bezug auf eine konkrete Zielposition erfolgen oder aber gerichtet, d. h. mit der Zielsetzung, Kompetenzentwicklung in Bezug auf eine konkrete Position oder hierarchische Ebene zu betreiben. Hierzu gibt es mehrere Methoden. Viele Unternehmen setzen hierzu regelmäßige Mitarbeitergespräche ein, in denen die Leistung bewertet wird und über Entwicklungsziele und -maßnahmen gesprochen wird. Dies wird jedoch nicht unkritisch gesehen, da eine ritualisierte Form der Bewertung als unnötig empfunden wird. Lars Vollmer spricht hier von „überflüssigem Business Theater" (http://www.handelsblatt.de). Hier zeigt sich jedoch auch wieder das Spannungsfeld zwischen individueller und systematischer Personalentwicklung. Wenn man auch den Nutzen eines solchen Gesprächs für die handelnden Individuen in Frage stellen kann, so ermöglicht die Bewertung bzw. das Feststellen von Entwicklungschancen doch eine zentrale Erfassung und eine Art „Kassensturz" beim Humankapital. Auch die Vermischung von Beurteilung (besonders wenn variable Vergütungsanteile damit verbunden sind) ist nicht unproblematisch, da hier das große Risiko besteht, dass eben nicht Stärken und Chancen, sondern Schwächen und Probleme in den Vordergrund gerückt werden. Eine weitere Möglichkeit zur Entwicklungsbedarfsanalyse ist der Einsatz des Assessment Centers, in diesem Kontext (also ohne Auswahlfunktion) auch Development Center genannt.

In der Realität findet Personalentwicklung häufig input- und nicht outorientiert statt. Daher kommt der institutionalisierten Personalentwicklung hier eine Kontroll- und Konsolidierungsfunktion zu. Zum einen muss die Qualität der Entwicklungsgespräche sichergestellt werden. Zunächst müssen Ziele definiert werden, aus denen dann Maßnahmen abgeleitet werden. Auch bei den Maßnahmen ist zu berücksichtigen, dass nicht eine Verengung auf Seminare o. Ä. stattfindet. Schließlich müssen die Ergebnisse zusammengeführt werden, um einerseits eine Bewertung des Humankapitals zu ermöglichen, aber andererseits natürlich auch, um ein bedarfsgerechtes Angebot personalentwicklerischer Maßnahmen aufzubauen.

4.3.3 Dokumentation und Bewertung des Humankapitals

Obschon sehr viele Unternehmen regelmäßige Mitarbeitergespräche führen oder aber auf anderem Wege Daten über die Potenziale der Mitarbeiter generieren, erfassen die wenigsten Unternehmen diese Daten zur systematischen Auswertung. Eine regelmäßige und qualitativ hochwertige Erfassung des Human-Kapitals ermöglicht eine Evaluation bzw. eine Bewertung in Relation zu den strategischen und operativen Zielen des

Unternehmens. Die häufigste Form der Darstellung ist die eines sogenannten Personalportfolios. Dies ermöglicht eine Momentaufnahme und bildet zukunftsgerichtet eine Planungsgrundlage. In Abgleich mit Analysetools wie der Critical-Path-Analyse oder der Stellentaxonomie und mit der Definition von Mission Critical Roles kann durch die systematische Bewertung des Human-Kapitals eine zielführende und strategische Personalentwicklung erarbeitet werden.

Moderne IT-Systeme bieten in bisher nicht gekanntem Umfang Möglichkeiten, Daten sinnvoll zu erfassen und auszuwerten. Dies ist besonders für große und dezentral aufgestellte Unternehmen wichtig. Gerade für internationale Unternehmen war es in der Vergangenheit oft schwierig, eine konsequent polyzentrische Personalentwicklung zu betreiben, da einfach kein Zugriff auf die Daten möglich war. Wichtig ist dabei, dass (gerade im internationalen Kontext) Begriffe inhaltlich eindeutig definiert sind (z. B. Auszubildender, da es dieses Konzept in vielen Ländern nicht gibt) und gleiche Begrifflichkeiten verwendet werden.

4.4 Instrumente der Personalentwicklung

Personalentwicklungsmaßnahmen werden häufig mit Seminaren und/oder Trainings gleichgesetzt. Die Wahl der geeigneten Maßnahme ist jedoch vom definierten Entwicklungsziel abhängig.

Man unterscheidet folgende Formen von Lernzielen:

Kognitive Lernziele = Wissen, Verstehen, Kennen

Bei der Definition kognitiver Lernziele sind drei Teile zu berücksichtigen. Zum einen das Ergebnis, das in Form von beschreib- und beobachtbarem Verhalten festgelegt wird (z. B.: Sie können Grafiken erstellen). Im zweiten Teil werden die Rahmenbedingungen bzw. die Mittel beschrieben, mit denen dieses Ziel erreicht wird (z. B.: mit Microsoft PowerPoint). Der letzte Teil beschreibt schließlich die Qualität des Verhaltens. Dies kann sich auf Qualität, Menge oder Zeit beziehen. Es beschreibt die Art des verlangten Ergebnisses (z. B.: mit drei Farben und zwei Animationen). Das kognitive Lernziel für diesen Teil des Buchs lautet also nach dieser Formel: Sie sind in der Lage, ein übergeordnetes Lernziel für ein zweitägiges Seminar zum Thema Controlling zu erstellen.

Bei Lernzielen unterscheidet man dann auch nach der Lernzieltaxonomie nach Bloom die einzelnen Stufen:

Taxonomiestufe 1: Wissen, Kenntnisse

Taxonomiestufe 2: Verständnis

Taxonomiestufe 3: Anwendung

Taxonomiestufe 4: Analyse

Taxonomiestufe 5: Synthese

Taxonomiestufe 6: Bewertung

Welche Methoden der Vermittlung, Lerninhalte und Lernprozesse man wählt, ist also abhängig vom jeweils formulierten Lernziel und von der entsprechenden Taxonomie-

4.4 Instrumente der Personalentwicklung

stufe. Insofern kommt der klaren Zieldefinition bei Personalentwicklungsmaßnahmen und der Methodenkompetenz des Durchführenden eine besonders große Rolle zu.

Psychomotorische Lernziele = Können, Handeln, Tun. Sie werden physisch trainiert (daher spricht man auch häufig von einem Verhaltenstraining) und reflektiert. Aus diesen beiden Komponenten setzt sich der Begriff „psychomotorisch" zusammen. Im deutschsprachigen Raum werden Themen wie Kommunikation und Führung häufig als psychomotorische Lernziele betrachtet. Durch die oft in solchen Trainings vorherrschende Prozessorientierung ist es für Trainer nicht selten schwer, konkrete Lernziele zu definieren. Ein korrekt definiertes psychomotorisches Lernziel besteht ebenfalls aus drei Teilen. Auch hier wird das Endverhalten beschrieben, dann die Bedingungen und der Maßstab ergänzt. Ein konkretes Beispiel aus einem Kommunikationstraining soll dies erläutern: Sie können positives wie kritisches Feedback nach der dreiteiligen Ich-Botschaft für die Zielgruppe Verkäufer geben und mit Einwänden durch kontrollierten Dialog umgehen. Der Endzustand muss also immer mit „Die Teilnehmer können" oder „Die Teilnehmer sind in der Lage" anfangen. Sprachlich ist hier auf eindeutige Formulierungen und präzises Vokabular zu achten, insbesondere dann, wenn man eine Lernzielkontrolle durchführen will.

Generische Aussagen sind auf jeden Fall zu vermeiden. Falsch wäre z. B.: „Der Teilnehmer kann Feedback geben." Dieses Lernziel wäre nur dann überprüfbar, wenn man definiert, was Feedback überhaupt ist und welche Zielgruppe damit angesprochen wird. Die Fähigkeit, klare Lernziele im psychomotorischen Bereich zu formulieren, zeichnet einen guten Trainer aus.

Affektive Lernziele = Gefühle, Einstellungen und Werte. Sie werden über die Reflexion, den Austausch und praktische Anwendung geübt. Dies ist zum Beispiel bei einem Führungstraining der Fall, denn dabei geht es ja nicht nur um die psychomotorische Fähigkeit, bestimmte Aufgaben durchzuführen oder Situationen kommunikativ zu gestalten, sondern vor allem auch um das dahinterstehende Menschenbild. Dies wiederum ist natürlich sehr stark von der eigenen Persönlichkeit, Motivation und Werten geprägt, so dass es hier auch nur begrenzte Möglichkeiten der Erreichung von Lernzielen gibt, insofern diese mit o. g. Faktoren im Widerspruch stehen. Auch hier gilt wieder, dass ein professionell definiertes Lernziel die drei Teile Endverhalten, Bedingungen und Maßstäbe enthält. Beispiel: Sie können Ihrem Mitarbeiter klarmachen, dass sein wiederholtes Zuspätkommen nicht akzeptabel ist, ohne dabei zu drohen, und Sie sind dabei überzeugend.

Es zeigt sich, dass in der Anwendung personalentwicklerischer Instrumente selten nur einzelne Lernziele erreicht werden, sondern dass es, wie beim Führungstraining, häufig eine Abfolge von verschiedenen Lernzielen ist. So muss man sich kognitiv Wissen über das Thema Führung aneignen, die Empathie erarbeiten und schließlich über die Fähigkeit verfügen, bestimmte Führungswerkzeuge effektiv anzuwenden.

Das Assessment Center wird eingesetzt, um einen Prozess zu schaffen, in dem möglichst viele Informationen über Potenziale der Teilnehmer sichtbar gemacht werden. Dennoch ist zu berücksichtigen, dass das Instrument an sich nicht verabsolutiert werden darf. Personalentscheidungen sind Führungsentscheidungen, d. h., die Beobachter sprechen eine Handlungsempfehlung aus, gegen die der Verantwortliche sein Veto einlegen kann. Man geht heute davon aus, dass das Assessment Center eine Validität von etwa 0,5 hat. Insofern sollte man sich immer vor Augen halten, dass es sich hier hauptsächlich um qualitative Informationen handelt, die differenziert betrachtet und gewichtet werden müssen. So darf man z. B. auf keinen Fall numerische Durchschnitte über den Verlauf des Assessment Centers bilden, weil dies Ausschläge verschleiert. Eine solche Vorgehensweise könnte zur Folge haben, dass jemand als Führungskraft eingestellt wird, weil er im Bereich der Sozialkompetenz hoch bewertet wurde, jedoch im Bereich der analytisch-strategischen Kompetenz unterhalb der definierten Mindestanforderungen bleibt. Die Handlungskompetenz bei einer Führungskraft ergibt sich jedoch aus der Balance der einzelnen Kompetenzen. Hinzu kommt, dass es Übungstypen und auch Kompetenzen gibt, die tendenziell immer höher bewertet werden als andere. Dies liegt nicht zuletzt daran, dass man sich im Bereich Sozialkompetenzen bis zu einem gewissen Grad auf das sozial erwünschte Verhalten vorbereiten kann. Auch darf man bei der Entscheidungsfindung nicht die Werte einzelner Kandidaten vergleichen, sondern muss stets den absolut gesetzten Standard als Maßstab ansetzen. Insofern ist bei der Entscheidungsfindung in der Beobachterkonferenz eine sehr differenzierte Betrachtungsweise erforderlich. Dies stellt hohe Ansprüche an die Professionalität der Beobachter und vor allem aber auch an den Moderator, der diesen Prozess zu gestalten hat.

Man unterscheidet also folgende Arten der Personalentwicklung:

On the Job: Arbeits- und Lernort sind identisch. Es handelt sich hierbei um eine sehr effektive Form der Entwicklung, weil das Lernen unmittelbar erfolgt (Seibt 2017, S. 287). Situationen, Arbeitsergebnisse werden in Form von Feedback aufgearbeitet und so als Lernmöglichkeit genutzt.

Along the Job: Schrittweise Erweiterung des Arbeitsbereichs. Der Mitarbeiter erlernt Neues durch neue Aufgaben, die er ggf. auch nur vorübergehend oder teilweise übernimmt. Es handelt sich um eine schrittweise Heranführung an neue Aufgaben mit Feedbackschleifen. Bei Personalentwicklung „near the Job" geht es eher um projektbezogene Sonderaufgaben, aber eine eindeutige Abgrenzung ist nicht immer möglich.

Into the Job: Dies ist eine Vorbereitung auf eine neue Stelle. Hierbei kann es sich um Berufseinsteiger handeln (Ausbildung, Traineeprogramm) oder auch um die Einarbeitung neuer Mitarbeiter.

Off the Job: Seminare, Trainings u.ä. Maßnahmen, in denen Wissen, Fähigkeiten, Fertigkeiten oder Verhaltensweisen vermittelt werden, sind klassische Off-the-Job-Maßnahmen.

Hier zeigt sich, dass eine methodische Verengung auf „Off the Job"-Maßnahmen letztlich auch dazu führt, dass mit zu großem Ressourcenaufwand gearbeitet wird oder die gewählte Maßnahme schlicht unpassend für das gesetzte Ziel ist. Je näher das gewählte Instrument am Arbeitsplatz ist, desto unmittelbarer ist der Lerneffekt und desto einfacher ist die Überprüfung des Lernerfolgs.

4.4.1 Seminare

Ein Seminar ist eine Lernform, in der frontal oder interaktiv Wissen vermittelt wird. Es ist das geeignete Instrument für die Vermittlung kognitiver Lernziele. Die maximale Teilnehmerzahl hängt mit der Form der Wissensvermittlung zusammen. Bei frontal gestaltetem Unterricht kann man hohe Teilnehmerzahlen ansetzen, bei großen interaktiven Anteilen sollte die Gruppe kleiner sein.

4.4.2 Trainings

Vom Seminar abzugrenzen ist das Training, auch prozessorientiertes Verhaltenstraining genannt. Das Verhaltenstraining hat affektive Lernziele und zielt auf Gruppendynamik und Involvierung der Teilnehmer. Verhaltensweisen der Teilnehmer sollen gezielt beeinflusst werden, so z. B. das Kommunikations- oder Führungsverhalten. Der Weg ist mehr oder weniger das Ziel und die Vermittlung von Inhalten spielt eine untergeordnete Rolle. Diese Methode kann von Teilnehmern durchaus als unstrukturiert und ineffizient erlebt werden, da sie sehr zeitaufwändig ist. Die Gruppen sind in der Regel klein (max. 12 Teilnehmer). In Deutschland ist diese Form der Personalentwicklungsmaßnahme sehr weit verbreitet und viele Trainer verfügen nicht über eine umfassende Methodenvielfalt, um das Lehrverhalten an das Lernverhalten der Gruppe anzupassen. In anderen Kulturkreisen werden in der betrieblichen Personalarbeit wesentlich häufiger Formen angeboten, die eine Mischung aus Seminar und Training darstellen.

4.4.3 Workshops

Workshops sind eine interaktive und gruppendynamische Methode, bei der die Teilnehmer gemeinsam Themen erarbeiten. Hierbei geht es nicht um die Vermittlung von Inhalten, sondern um den gruppendynamischen Prozess. Der Leiter hat nur die Aufgabe, den Prozess zu moderieren. In einem Workshop kann inhaltlich gearbeitet werden (z. B. Maßnahmenplanung nach einer Mitarbeiterbefragung), aber er kann auch der Teambildung dienen oder in Form von problemorientiertem Lernen Wissen, Fähigkeiten oder Fertigkeiten erarbeiten. Dies ist eine zeitaufwändige Form des Lernens und die Gruppen sind klein. Diese Methode eignet sich besonders dann, wenn Teilnehmer erfahren sind und im Sinne von „peer group learning" voneinander lernen.

4.4.4 Coaching

Eberhard Hofmann schreibt, man könnte den Eindruck bekommen, „die ganze Welt bestünde nur aus Coaching" (Hofmann 2008, S. 28 f.). Tatsächlich wird wohl kaum ein anderes Instrument in der modernen Personalarbeit so intensiv eingesetzt wie Coaching, obschon es wenig belastbare wissenschaftliche Aussagen zur Effektivität gibt (Krings 2015, S. 83). Ein Problem liegt sicher darin, dass es keine verbindliche Definition des Begriffs gibt und dass sich auch jeder als Coach bezeichnen darf. In Deutschland scheint nur Einigkeit darüber zu herrschen, dass Coaching eine Maßnahme ist, bei der ein Coach mit einem Mitarbeiter zusammenarbeitet. Ausgenommen hiervon ist das Gruppencoaching, das aber nur eine Sonderform des Workshops ist.

Man geht beim Coaching von einem sogenannten Dreiecksvertrag aus, d. h., Coach, Coachee und Unternehmen haben jeweils eigenständige Vertragsverhältnisse miteinander, was vor allem auch sicherstellen soll, dass die Vertraulichkeit gewahrt werden kann. Orthodoxe Vertreter des Coachings sehen den Coach als einen Externen, der eine Ressource ist, die der Mitarbeiter im Sinne eines humanistischen Psychologieverständnisses nutzen kann. Der Coach ist also nicht direktiv, sondern begleitet nur den Prozess. Es ist natürlich nicht unproblematisch, die Prozessverantwortung vollkommen von der inhaltlichen zu trennen. Gerade Führungskräfte erwarten von einem Coach, dass er relevante Erfahrungen hat und diese auch in den Coachingprozess einbringt. Wenn man den Gedanken des Coachings konsequent zu Ende denkt, dann handelt es sich dabei um ein Instrument für Leistungsträger mit einem hohen Reifegrad, d. h., Motivation und Fähigkeiten sind stark ausgeprägt. In der Realität wird Coaching jedoch häufig als Instrument zur Behandlung von Schwächen bzw. Problemfällen verwendet. Dazu ist dieses Instrument nicht geeignet. Gerade ein Vordringen in den therapeutischen Bereich ist nicht die Aufgabe betrieblicher Personalarbeit und kann auch schnell zu einem rechtlichen Problem führen.

Ein Sonderfall des Coachings ist das sogenannte „systemische Coaching". Der Begriff „systemisch" kommt aus der (nicht unumstrittenen) Familientherapie und soll suggerieren, dass es sich hierbei um etwas Besonderes handelt, das sich vom „normalen" Coaching abgrenzt. Hier ist besondere Vorsicht geboten. Es wurde nie nachgewiesen, dass Grundsätze aus der Familientherapie in der betrieblichen Personalarbeit anwendbar sind. Es gibt auch keine anerkannte und wissenschaftlich fundierte Ausbildung in diesem Bereich (Krings 2015, S. 85). „Systemisches Coaching" ist also eine reine „Worthülse, die eine Abgrenzung von anderen Beratern suggerieren soll" (Krings 2015, S. 85).

In Coachings wird häufig auch mit psychologischen Testverfahren gearbeitet. Auf die Problematik beim Einsatz in der Personalauswahl wurde ja bereits hingewiesen. Im Coaching können solche Testverfahren durchaus sinnvoll sein, da sie Persönlichkeitsstrukturen aufzeigen und Dynamiken, Beziehungen und Konflikte erklären können und beeinflussbar machen. Hier ist jedoch darauf zu achten, dass diese Testverfahren modernen wissenschaftlichen Standards entsprechen, also auf keinen Fall vor 1945 entstanden sind. Die häufig eingesetzten Tests DISG und Myers-Briggs Type Indicator stammen von 1928 bzw. 1944 und gelten heute als vorwissenschaftlich (Krings 2017, S. 54). Es ist ebenfalls zu berücksichtigen, dass Testverfahren aus der psychologischen Grundlagenforschung stammen müssen und Validität und Reliabilität dokumentiert sind.

4.4.5 Mentoring

Eine besondere Form des Coachings (im Sinne einer Eins-zu-eins-Betreuung) ist das Mentoring. Hierbei wird ein erfahrener Mitarbeiter einem jüngeren und/oder unerfahrenen Mitarbeiter zur Seite gestellt. Der Mentor begleitet den Mentee meist in einer klar definierten Phase, so z. B. in der Einarbeitung oder während der Laufzeit eines Entwicklungsprogramms. Hierbei steht weniger eine Prozessbegleitung im Vordergrund als eher die Weitergabe von Wissen und Erfahrung. Mentoring kann eine sehr effektive Form der Personalentwicklung sein, wenn der Prozess klar strukturiert ist und die Mentoren ausgebildet sind. In Deutschland wird Mentoring deutlich weniger eingesetzt als in anderen Ländern.

4.4.6 On-the-Job-Training

On-the-Job-Training wird im Deutschen häufig auch falsch als „Training on the Job" bezeichnet. Hierbei handelt es sich um eine Personalentwicklungsmaßnahme, die direkt am Arbeitsplatz stattfindet. Der Mitarbeiter übernimmt dabei neue Aufgaben, die erklärt werden oder die er durch Beobachtung erlernt. Es kann sich dabei auch um die Anwendung von in Off-the-Job-Maßnahmen gelernten Dingen handeln. Bei einem professionellen On-the-Job-Training bekommt der Mitarbeiter Feedback zu seinem Entwicklungsstand.

4.4.7 E-Learning/ Blended Learning

Unter E-Learning versteht man Lernprozesse, die unter Verwendung elektronischer Medien durchgeführt werden. Dies begann in den 90er Jahren mit sogenannten Computer-Based Trainings, die auf Speichermedien waren und an einem Computer bearbeitet werden konnten. Hierbei handelte es sich meist um sehr einfache Programme mit wenigen Möglichkeiten zur Interaktion. Im Rahmen der Demokratisierung des Internets und des technischen Fortschritts entwickelten sich diese Programme zu Web-Based Trainings. Diese boten nun die Möglichkeit zur Zusammenarbeit in Gruppen und zur Interaktion sowohl innerhalb des Programms wie auch innerhalb der Gruppen. Heute findet sich ein sehr breites Angebot von E-Learning-Programmen. Werden diese mit anderen Formen des Lernens verbunden, spricht man von Blended Learning und von E-Didaktik. Heute werden E-Learning-Elemente häufig genutzt, um Präsenzmaßnahmen effektiver zu gestalten, so z. B. durch die Auslagerung von reiner Wissensvermittlung in Selbstlernphasen. Arbeitsrechtlich ist darauf zu achten, dass der Arbeitgeber nur sehr eingeschränkte Rechte zur Kontrolle hat, da dies eine Leistungskontrolle ist, die mitbestimmungspflichtig ist.

4.4.8 Selbststudium

Personalentwicklung wird häufig mit Veranstaltungen und organisierten Prozessen gleichgesetzt. Eine weitere effektive Möglichkeit besteht jedoch auch darin, im Rahmen eines Entwicklungsprozesses auch informelle Wege zu gehen, z. B. durch das Selbststudium von Fachliteratur. Dies kann sehr gut z. B. in Mentoring- und Coachingprozesse integriert werden oder aber als Vorbereitung für Präsenzveranstaltungen dienen.

4.4.9 Studium

Das Erreichen bestimmter Positionen oder Ebenen ist heute in vielen Unternehmen an eine formale Qualifikation geknüpft. In den meisten Fällen ist dies ein Studienabschluss. Im öffentlichen Dienst ist das Erreichen bestimmter Besoldungsstufen sogar an einen bestimmten akademischen Abschluss gekoppelt. Dies ist auch durchaus sinnvoll, denn selbst wenn Wissen heute eine relativ kurze Halbwertszeit hat, so stärkt ein Studium durch die Wissenschaftlichkeit vor allem die Methodenkompetenz. In den meisten Unternehmen ist der Bachelor heute der Regelabschluss. Es gibt die Möglichkeit zu einem berufsintegrierten Studium oder einem berufsbegleitenden Studium. Ein berufsintegriertes Studium wäre z. B. das an einer Berufsakademie oder einer Dualen Hochschule. Ein berufsbegleitendes Studium wäre z. B. ein Teilzeitstudium oder ein Fernstudium, das mit einer Berufstätigkeit kombiniert wird. Der Bologna-Prozess, der ja zur Folge hatte, dass Abschlüsse wie Diplom oder Magister durch Bachelor und Master ersetzt wurden, bietet nun die Möglichkeit, das Masterstudium nicht direkt im Anschluss an den Bachelor zu machen, sondern auch mit Berufserfahrung dies als Möglichkeit zur gezielten Weiterbildung zu nutzen. So kann heute z. B. ein Betriebswirt einen Master in Wirtschaftspsychologie machen, um sich in die Personalentwicklung zu entwickeln.

4.4.10 Projektarbeit

Seit den 90er Jahren ist vermehrt ein Trend zu beobachten, dass im Rahmen aufwändiger Entwicklungsprogramme Projekte über einen längeren Zeitraum durchgeführt werden. Dies hat zwei Gründe. Zum einen geht es dabei um einen Transfer des Gelernten in die Praxis, zum anderen aber sollen durch die Arbeit in Teams Netzwerke gebildet werden. Grundsätzlich ist dies eine sehr effektive Methode, die dem Unternehmen auch einen echten Mehrwert in Form der Projektergebnisse bieten kann. Jedoch ist darauf zu achten, dass die Projekte auch tatsächlich für die Firma relevant sind und dann auch umgesetzt werden. Ebenfalls muss geklärt sein, dass die Teilnehmer so weit von anderen Aufgaben befreit werden, dass sie die notwendige Zeit für das Projekt aufbringen können.

4.4.11 Programme

Häufig werden in Unternehmen Programme definiert, die zur Qualifikation für bestimmte Positionen oder Ebenen dienen (Abb. 4.2). Meist gibt es klar definierte Prozesse und Auswahlkriterien, wie man in ein solches Programm gelangt. Meistens sind diese Programme standardisiert und decken das ganze Kompetenzmodell ab. Dies macht bis zu einem gewissen Grad auch Sinn, wenn man einen einheitlichen Qualifikationsgrad sicherstellen will und gewährleisten möchte, dass z. B. alle Teilnehmer das gleiche Verständnis von Werten, Normen oder Kultur im Unternehmen haben. Jedoch ist zu bedenken, dass jeder Teilnehmer eine eigene Bildungsbiografie und berufliche Sozialisierung mitbringt. Insofern besteht also die Gefahr, dass das Individuum sich in einer standardisierten Maßnahme nicht wiederfindet. Ebenso muss man die Frage aufwerfen, wie viel Abwesenheit vom Arbeitsplatz für einen Potenzialträger sinnvoll ist. Daher ist es immer abzuwägen, wie viel Standardisierung in Programmen sinnvoll ist und wie viel Individualität erforderlich ist.

4.4.12 Berufsausbildung

Ein Thema, das in Literatur und Forschung erstaunlich wenig beachtet wird, ist die duale Berufsausbildung. Diese Form der Ausbildung gibt es in vielen Ländern nicht und sie ist für zahlreiche Unternehmen aufgrund der hohen Standards in Deutschland die wichtigste Quelle für qualifiziertes Personal.

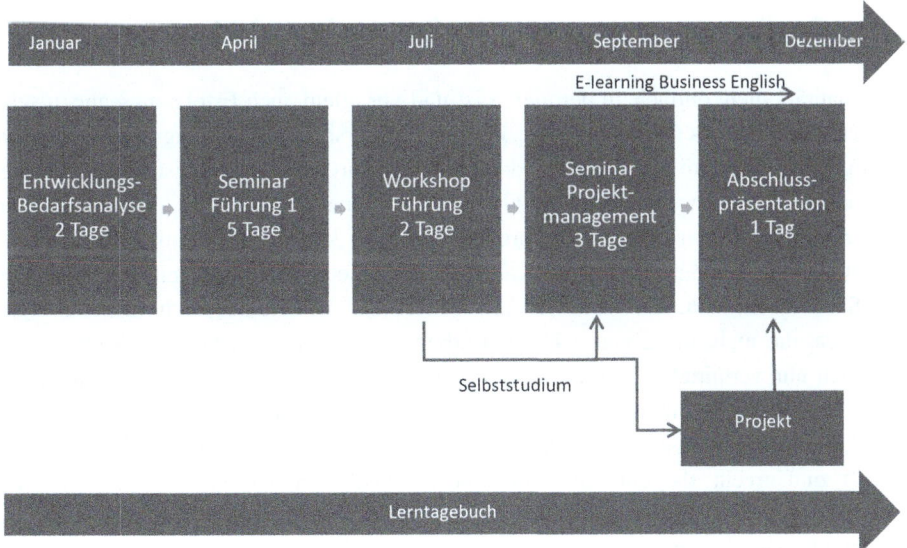

Abb. 4.2 Generisches Personalentwicklungsprogramm

Die duale Berufsausbildung in Deutschland verbindet die Lernorte Firma und Berufsschule miteinander. Viele Unternehmen bieten ergänzend innerbetrieblichen Unterricht zur Vertiefung der theoretischen Inhalte an oder aber auch Nachhilfe in Kernfächern wie Deutsch und Mathematik. Ziel der Berufsausbildung ist es, Menschen zur Ausübung eines Berufs zu qualifizieren. Dies ist im Berufsbildungsgesetz geregelt, insbesondere die Pflichten des Arbeitgebers und die besonderen Schutzrechte des Auszubildenden. Arbeitgeber und Auszubildender schließen einen Ausbildungsvertrag ab. Davon unabhängig ist das rechtliche Verhältnis zur Schule zu sehen. Auch ist eine Verbundausbildung möglich, in der der Auszubildende an mehreren Arbeitsstätten ausgebildet wird. Die meisten Ausbildungsberufe sind auf drei Jahre ausgelegt, jedoch gibt es auch zweijährige Ausbildungen, die nicht das ganze Berufsbild abbilden. In der Regel wählt man diese Variante für Auszubildende, die den Anforderungen einer dreijährigen Ausbildung nicht gewachsen sind oder aber wenn es im Unternehmen keine Zielpositionen für das Berufsbild mit der dreijährigen Berufsausbildung gibt. Die Industrie- und Handelskammer kann eine Ausbildungszeitverkürzung genehmigen. Die Art der Ausbildung wird für jedes Berufsbild in einer Ausbildungsordnung geregelt. Die Ausbildung wird in der Firma von einem Ausbilder verantwortlich betreut, der die Eignung hierzu durch die Ausbildereignungsprüfung nachweisen muss. Der umgangssprachlich Ausbildungsbetrieb genannte Ausbildende kann eine natürlich oder eine juristische Person sein. Über die Zulassung als Ausbildungsbetrieb entscheidet die Industrie- und Handelskammer. Grundsätzlich gilt eigentlich nur, dass „der Betrieb (…) in Art und Einrichtung geeignet sein" muss. „Das bedeutet, dass er zum einen die maschinellen und organisatorischen Voraussetzungen erfüllen muss, aber zum anderen auch die fachlichen" (https://www.ihk-nuernberg.de/).

4.5 Qualitätsmanagement in der Personalentwicklung

Da „Qualität" nicht einfach zu definieren ist und vor allem auch Erfolgsmessungen sehr schwierig sind, ist das Qualitätsmanagement in der Personalentwicklung zunehmend ein wichtiges Thema. Zum einen geht es dabei um Standards bei Dienstleistern, die für das Unternehmen arbeiten. Dies hat zwei Gründe: Zum einen sind Begriffe wie Coach oder Trainer nicht geschützt und es gibt folglich auch kein klares Qualifikationsprofil. Insofern ist dies ein Bereich, in dem sich auch viele Anbieter ohne oder mit ungenügender Qualifikation tummeln. Zum anderen sind viele Anbieter heute nur noch virtuelle Organisationen, die nicht mit eigenen Kräften arbeiten, sondern Kapazitäten zukaufen oder aber auch nur vermitteln. Dies muss nicht negativ sein, aber es funktioniert nur dann, wenn ein effektives Qualitätsmanagement dahintersteht. Daher spielt die Frage nach formalen Zertifizierungsprozessen heute eine große Rolle. Solche Zertifizierungen werden oft zu Unrecht als reine Bürokratie bezeichnet. Doch tatsächlich steht bei einer Zertifizierung immer die Optimierung des Ergebnisses für den Leistungsempfänger im Mittelpunkt. Durch klare Prozessbeschreibungen und definierte Qualitätsstandards wird Transparenz geschaffen. Letztlich bleibt es jedem selbst überlassen, wie engmaschig man ein solches Qualitätsmanagement betreibt. Über ein Qualitätsmanagementsystem lässt sich auch gerade für das Human Resource Management eine sinnvolle Verknüpfung zwischen den Zielen der Personalentwicklung und den Unternehmenszielen herstellen, weil in einem solchen System die Abhängigkeiten abgebildet werden.

Es gibt mehrere Konstrukte für die Zertifizierung von Human Resource Management. Ein Ansatz ist die Anwendung der DIN EN ISO 9001 aus der Gesamtreihe DIN EN ISO 9000 ff. Dabei handelt es sich um einen weltweit anerkannten Standard im Qualitätsmanagement, der in jeder Organisation anwendbar ist. In dieser Norm werden in Form eines QS-Handbuchs Verantwortlichkeiten, Zuständigkeiten, Abläufe und Strukturen definiert und durch die Organisation selbst dokumentiert. DIN EN ISO 9001 ist nur ein Rahmen, innerhalb dessen das Unternehmen individuelle Anforderungen festlegen kann. Auf Basis der vom Unternehmen erstellten Handbücher und Formulare wird dann bei der Erstzertifizierung ein Auditor mit der Zertifizierung beauftragt. Dies wird von einer akkreditierten Zertifizierungsstelle durchgeführt, so z. B. CertQua oder DeuZert. Liegt eine Kompatibilität mit verbindlichen Standards und damit eine Zertifizierungsfähigkeit vor, so wird der eigentliche Zertifizierungsprozess begonnen. Schließlich trifft der Zertifizierungsausschuss die endgültige Entscheidung. Damit wird ein Leistungsversprechen an den Leistungsempfänger abgegeben.

Eine andere Variante wäre die seit 2010 existierende DIN ISO 29990, die sowohl als Einzelnorm für die Aus- und Weiterbildung angewandt als auch in andere Qualitätsmanagementsysteme eingebunden werden kann. Hier steht der Lernprozess im Mittelpunkt und daher geht diese Norm weit über die allgemeine 9001-Zertifizierung hinaus. Es werden die Gestaltung der Lernangebote, das Erbringen der entsprechenden Dienstleistungen und auch die Effektivitätsmessungen betrachtet. Hier wird vor allem auch die Frage gestellt, inwiefern die Personalentwicklung in den Unternehmenskontext eingebunden ist und inwiefern sie damit letztlich auch einen Wertbeitrag leistet.

Grundsätzlich ist die DIN-ISO-Zertifizierung jedoch immer eine Binnensicht, die sich an selbst gesetzten Qualitätsstandards orientiert. Daher verfolgt die EFQM (European Foundation for Quality Management) das sogenannte Modell für Business Excellence und grenzt sich damit von der DIN-ISO-Zertifizierung ab. Hier steht die Dimension des Wettbewerbs im Vordergrund. Maßstäbe sind also nicht absolut, sondern relativ. Die Prämisse ist, dass Dinge sich stetig verbessern. Bleibt eine Organisation also bei ihren ursprünglichen Standards, verbessert sie sich nicht und wird damit im Vergleich zum Wettbewerb schlechter. Das Modell umfasst die drei Säulen Menschen, Prozesse und Ergebnisse, mit denen Abhängigkeiten und Wirkmechanismen dargestellt werden.

Wie bereits erwähnt, sind die Bezeichnungen „Trainer" und „Coach" nicht geschützt, d. h., jeder darf sich so nennen. Dementsprechend groß sind auch die Qualitätsschwankungen zwischen einzelnen Anbietern. Daher bieten kommerzielle Weiterbildungsinstitute eine Personenzertifizierung zum Trainer an. Der Nutzen einer solchen, auch sehr teuren Maßnahme soll in der Positionierung als seriöser Qualitätsanbieter liegen. Diese Zertifizierung soll nachweisen, dass der Teilnehmer über die zur Trainingsdurchführung notwendigen Kompetenzen verfügt. Das ist eine sehr fragwürdige Herangehensweise, denn der Sinn eines Qualitätsmanagements liegt ja darin, Prozesse so zu definieren, dass die Ergebnisqualität kein Zufall ist. In Deutschland hat das Thema der Personenqualifizierung aufgrund des doch sehr geordneten Ausbildungswesens eine eher untergeordnete Bedeutung. Festzuhalten ist vor allem, dass zum Zeitpunkt der Drucklegung keine Zertifizierungsstelle gefunden werden konnte, die Bildungsanbietern eine Zertifizierung zur Durchführung der Personenzertifizierung erteilen kann (Krings 2015, S. 59 f.).

> **Übung**
> Bitte recherchieren Sie, welche der großen Weiterbildungsanbieter DIN-ISO- oder EFQL-zertifiziert sind und an welchem Punkt dies für den Kunden einen Mehrwert bietet.

Grundsätzlich sind klar definierte Ergebnis- und Qualitätsziele eine Voraussetzung, um Qualität messen und steuern zu können. Jedoch kann man auch bei jeder einzelnen Maßnahme eine Prüfung der Qualität vornehmen, da es auch absolute Standards gibt, die aus der Binnensicht wichtig sind. Folgendes ist immer zu berücksichtigen:

a. *Person des Durchführenden:* Welches Selbstverständnis hat der Anbieter? Passt sein Rollenverständnis zur Zielsetzung der Maßnahme? Welches Menschenbild liegt seiner Tätigkeit zugrunde? Welche Qualifikation hat der Durchführende? Gerade im Trainings- und Coachingbereich haben sich viele ehemalige Personalmanager selbstständig gemacht, die über wenig bis keine formale Ausbildung verfügen oder aber sich methodisch nicht weiterentwickeln. Welche inhaltliche Kompetenz hat der Anbieter? Begreift er sich als einen Prozessgestalter oder hat er auch den Anspruch, inhaltliche Impulse zu vermitteln? Wenn Letzteres der Fall ist, ist zu prüfen, wie aktuell und tief das Fachwissen ist. Kann man als Personalmanager dies nicht selber leisten, sollte man stets die relevante Fachabteilung hinzuziehen. Welche Erfahrungen hat der Anbieter mit dem Thema und ggf. der Branche?
b. *Organisation des Anbieters:* Handelt es sich tatsächlich um eine Organisation, die dem Kunden durch Back-Office-Kapazitäten und inhaltliche Weiterentwicklung einen Mehrwert bietet oder handelt es sich nur um ein mehr oder weniger lockeres Netzwerk? Falls dies der Fall ist, ist zu hinterfragen, wie in einem solchen Konstrukt die Qualität gesteuert wird.
c. *Dokumentation:* Existiert ein Moderationsplan oder Seminar-/Trainingsleitfaden? Existieren Teilnehmerunterlagen und sind diese aktuell? Zum einen ist bereits die Existenz einer solchen Dokumentation ein Qualitätskriterium, aber sie bietet zum anderen natürlich auch die Möglichkeit, die Vorgehensweise des Anbieters zu prüfen.

Folgendes Beispiel aus einem Seminar zum Thema „Selbstmanagement" illustriert, wie ein professioneller Trainingsleitfaden aussieht:

4.5 Qualitätsmanagement in der Personalentwicklung

Beispiel

09:00	1)	Allgemeine Begrüßung sowie Ausblick	00:20	Plenumsarbeit	Trainer	Pinnwandanschrieb Kick-off
09:20	2)	Einführung: Selbstmanagement und Arbeitsorganisation – warum nicht Zeitmanagement. Zeitfresser definieren und sammeln. Die TN werden für die Themen sensibilisiert.	00:20	Moderation/ Plenumsarbeit	Trainer	Flipchart
09:40	3)	Wochenplanvorstellung – Sammlung wiederkehrender, wöchentlich anfallender Aufgaben und Aktivitäten des Assistenten. Wochenplanerstellung als Methode des Selbstmanagements.	00:20	Trainerpräsentation/ Moderation/ Diskussion	Trainer	Trainingsleitfaden/ Folie Wochenplan
09:30	4)	Wochenplanübung – Teil I	00:55	Präsentation/ Diskussion	Trainer	Moderationskarten (rot, weiß, blau, grün), Papier mit beispielhaftem Wochenplan im Großformat
10:25	5)	Kleine Pause	00:15			
10:40	6)	Herausarbeitung des Unterschieds Abteilungsleiterrolle/Marktleiterrolle: Vorstellung langfristiger und kurzfristiger Planungsinstrumente: Jahresplanung/Monatsplanung/Wochenplanung/ Tagesplanung	00:20	Trainerpräsentation	Trainer	Trainingsleitfaden/ Folien
11:00	7)	Vorstellung verschiedener Selbstmanagementmethoden: Prioritätenmatrix, ALPEN-Methode, 80:20-Methode, jeweils mit kleinen Übungen: Aufgaben und Tätigkeiten aus dem Tagesgeschäft klassifizieren, Unterschied zur AL-Planung herausarbeiten	00:50	Plenumsarbeit und Trainerinput	Trainer	Flipchart mit Zeitmanagementmatrix

Zeit	Nr.	Inhalt	Dauer	Methode	Wer	Material
11:50	8)	Debriefing: Wie ging es Ihnen mit dieser Übung? Was war leicht, was war eher eine Hürde? Wie werden sich Ihre Aufgaben verändern?	00:05	Plenumsarbeit	Trainer	
11:55	9)	Lerntagebuch – Nutzenabfrage I – Nutzenaspekte für den TN für Beruf und Alltag (Arbeits- und Lebensqualität)	00:05	Plenumsarbeit	Trainer	Lerntagebuch
12:00	10)	Mittagspause	00:45			
12:45	11)	Wochenplanübung – Teil II (Sinngemäße Übertragung der T-Karten-Board-Systematik)	01:00	2er-Gruppen/ Reflexion im Plenum	Trainer	Trainingsleitfaden/ Folie Flipchartbogen: Wochenplan
13:45	12)	Debriefing, Zusammenfassung und Wiederholung – Prioritätenmatrix und Planungstools	00:30	Moderation/ Diskussion	Trainer	Flipchart
14:15	13)	Kaffeepause	00:15			TLF lang
14:45	14)	Prioritätenmatrix: definierte Prioritäten = strategische Themen, die (unternehmensweit) gesetzt sind. TN kennen die PM und wenden sie an.	00:15	Präsentation/ Plenumsarbeit	Trainer	Chart für mögliche Notizen
15:00	15)	Regelkommunikation (ReKo). Was ist damit gemeint? Wie lange dauert ReKo? Warum? Welche Themen? Was sind die Vorteile? Welchen Einfluss kann jeder Einzelne nehmen? Ziel: TN sind in der Lage, ReKo einzuführen und umzusetzen. TN begreifen geplante ReKo als Mittel zur Effizienzsteigerung.	00:15	Präsentation, Diskussion	Trainer	Trainingsleitfaden, Flipchart für Notizen

4.5 Qualitätsmanagement in der Personalentwicklung

15:15	16)	Übung zur Regelkommunikation: TN sind in der Lage, ReKo effektiv und in angemessenen Abständen durchzuführen.	00:30	Planung ReKo in Kleingruppe, Diskussion im Plenum	Trainer	Situationen aus HB-Alltag
15:45	17)	Debriefing: Wie ging es Ihnen mit dieser Übung? – Was ging eher leicht, was war eher eine Hürde? – Was lerne ich aus dieser Übung?	00:05	Plenumsarbeit	Trainer	
15:50	18)	Zeitfresser sammeln und Vermeidungsmöglichkeiten finden – Prioritätensetzung und -bearbeitung	00:10	Plenumsarbeit	Trainer	Pinnwand
16:00	19)	Prioritätenmatrix befüllen	00:15	Übung	Trainer	Pinnwand/Trainingsleitfaden/Vorlage
16:15	20)	Kaffeepause	00:15			
16:30	21)	Stress und Stressmanagement „Einflusskreis" & „Jammerkreis", Einflusskreis erweitern und dadurch Jammerkreis verringern. Beherrschen des Umfeldes, was tun, wenn dennoch Stress entsteht? Übung.	00:45	Präsentation/ Plenumsarbeit	Trainer	Trainingsleitfaden/ Folie
17:15	23)	Debriefing: Wie ging es Ihnen mit dieser Übung? Was ging eher leicht? Was war eine Hürde?	00:05	Plenumsarbeit	Trainer	
17:25	24)	Lerntagebuch Methoden zur Arbeitsorganisation und zum Selbstmanagement – Nutzenabfrage II – Nutzenaspekte für den TN für Beruf und Alltag (Arbeits- und Lebensqualität)	00:05	Plenumsarbeit	Trainer	Lerntagebuch
17:30	25)	Vorbereitung Kamingespräch	00:30	TN eigenverantwortlich		
18:00	26)	Workshopende				

Es existiert zwar eine DIN-ISO-Norm 33430 zur Zertifizierung der Durchführung psychologischer Eignungsdiagnostik, doch wird auch in diesem Fall von keiner Zertifizierungsstelle eine Zertifizierung nach dieser Norm angeboten. Das liegt inhaltlich daran, dass die ursprüngliche DIN-Norm sehr eng gefasst war und die ISO-Norm sehr weit, so dass die vorliegende Norm einen wenig zielführenden Kompromiss darstellt. Für Assessment Center sind die „Standards der Assessment Center Technik" des Arbeitskreises Assessment Center im Berufsverband der Psychologen ein sehr sinnvoller Standard, der jedoch rechtlich nicht verbindlich ist (Krings 2017, S. 85 f.).

Beispiel
Fallstudie Personalentwicklung

Matthias Neumaier blickte noch ein letztes Mal auf die neue Fleischtheke und löschte dann das Licht. Es war fast 22.00 Uhr, aber er war glücklich. Mit dieser Investition hatte er den elterlichen Metzgereibetrieb wieder wettbewerbsfähig im Verdrängungskampf gegen große SB-Warenhäuser gemacht, so dass er auch in dritter Generation im Familienbesitz bleiben konnte. Er hatte vor drei Jahren sein Studium der Betriebswirtschaftslehre mit Schwerpunkt Food Management an der DHBW Heilbronn absolviert. 2017 hatte sich sein Vater zur Ruhe gesetzt und ihm die Geschäftsführung übertragen. Die Nachfolgeplanung hatte gut funktioniert, da beide sie von langer Hand vorbereitet hatten und sich darüber einig waren, dass der Vater sich nicht einmischte, sondern seinem Sohn nur dann mit Rat und Tat zur Seite stand, wenn dieser das wollte. Obwohl Matthias erst Mitte 20 ist, wird er von seinen Mitarbeitern, die ihn teilweise seit frühester Kindheit kennen, voll in der Rolle des Chefs akzeptiert und hatte gleich zu Beginn einige wichtige Entscheidungen getroffen. Sein Vater hatte die Firma von einer kleinen Metzgerei zielgerichtet zum größten regionalen Caterer und Event-Grill-Anbieter aufgebaut. Für ihn standen die Kundenpartnerschaft und der Service stets im Mittelpunkt, so dass er nie preisaggressiv im Markt agieren musste und auch wenig Konkurrenz von außerhalb hatte. In der Region konnte er die Firma zum Marktführer ausbauen und von einer kleinen Metzgerei zu einem erfolgreichen mittelständischen Unternehmen ausbauen. Diesen Kurs möchte Matthias fortsetzen. Zwar agiert die Firma erfolgreich am Standort des Stammsitzes, doch Matthias wurde schnell klar, dass die Firma weiterwachsen muss, um im Wettbewerb zu bestehen. Zum einen möchte er durch Wachstum die Einkaufskonditionen optimieren und ggf. auch selbst in die Viehzucht einsteigen. Zum anderen aber überlegt er auch, stärker in eine Arbeitsteilung in der Produktion einzusteigen. Dazu sind jedoch größere Investitionen notwendig, die sich erst ab einer bestimmten Firmengröße rechnen. Also hatte Matthias dieses Jahr zwei weitere Firmen dazugekauft, die ein ähnliches Angebot haben.

Dennoch ist Matthias nicht ganz unbesorgt, was die Zukunft der Firma und der Branche angeht. Der Grund dafür, dass beide Firmen zum Verkauf standen, war, dass beides Familienbetriebe waren, die keinen Nachfolger für die Firmenleitung finden konnten. Dadurch konnte Matthias beide Unternehmen zwar relativ günstig übernehmen, aber er selbst merkt, dass es zunehmend schwieriger wird, Personal zu finden. Bei einer Firma hatte er großes Glück gehabt: Er konnte aus dem Kreis der Alumni des Studiengangs Food Management der DHBW Heilbronn einen jungen Absolventen einstellen, der ein Jahr nach ihm den Abschluss gemacht hatte und aus privaten Gründen in die Region wechseln wollte. Lukas Sersheim ist nun seit 3 Monaten kaufmännischer Leiter und macht einen hervorragenden Job. Matthias weiß aber auch, dass Lukas exzellente Noten im Studium hatte und sich für einen weiterführenden Master-Abschluss mit einem Schwerpunkt Personal oder Ähnliches interessiert. Das macht ihm Sorgen, denn er möchte ungern eine kompetente Führungskraft verlieren. Zwar könnte er ihm den Master finanzieren, doch ist er sich nicht sicher, ob er ihm danach auch einen entsprechenden Job anbieten kann.

Bei der zweiten Firma ist die Sachlage wesentlich schwieriger. Sie ist im nördlichen Saarland und es ist Matthias nicht gelungen, einen kaufmännischen Leiter oder Geschäftsführer zu finden. So pendelt er zweimal pro Woche zwischen seinem Hauptfirmensitz in der Eifel und dem Nordsaarland. Aber der Standort macht ihm noch aus anderen Gründen Sorge: Der Standort ist grundsätzlich sehr attraktiv, da im Saarland sehr viel Wert auf gutes Essen gelegt wird und aus der Tradition des „Schwenkens" heraus das Event-Grillen boomt. Allerdings hat das Saarland mittlerweile Vollbeschäftigung und kein nennenswertes Umland. Es konnte schon das zweite Jahr in Folge kein Azubi gefunden werden. Matthias sieht das zwar nicht als akutes Problem, denn die Verweildauer im Unternehmen ist sehr hoch und das durchschnittliche Alter der Mitarbeiter liegt bei 43 Jahren. Das heißt für ihn auch, dass er in einigen Jahren eine Firma hat, in der das Durchschnittsalter deutlich über 50 liegt und harte körperliche Arbeit zum Tagesgeschäft gehört.

Doch weiß er auch, dass er sich mittelfristig Gedanken machen muss, da eine Verlagerung des Firmensitzes keinen Sinn macht, denn das Geschäftsmodell erfordert Kundennähe. Am Stammsitz der Firma ist die Lage grundsätzlich etwas entspannter. Azubis finden sich eigentlich jedes Jahr, auch wenn Matthias mit der Übernahmequote in den letzten Jahren nicht wirklich glücklich ist. Zu viele der Azubis bringen einfach zu wenig Begeisterung für den Beruf mit und erweisen sich häufig nach einem Jahr als ungeeignet. Also stellt er meistens deutlich mehr Azubis ein, als er eigentlich braucht. Da jedoch auch hier die Fluktuation sehr gering ist, sind kurzfristig keine Engpässe zu erwarten.

Die von Lukas Sersheim geleitete Filiale liegt im Bayerischen Wald und kann in letzter Zeit immer mehr sehr gute Azubis aus angrenzenden Ländern gewinnen, die auch gern in der Firma bleiben, da die wirtschaftliche Lage in ihren Heimatländern wenig erfreulich ist und es dort häufig auch keine Modelle zur Berufsausbildung gibt. Die Altersstruktur ist deutlich ausgewogener als in den anderen Betriebsstätten, da die Firma in den letzten fünf Jahren eine enorme Wachstumsphase hatte. Allerdings lassen sich nur sehr schwer Mitarbeiter für die Verwaltung/Leitung finden. Insbesondere bei dualen Studierenden hat das Unternehmen in den letzten Jahren schlechte Erfahrungen gemacht, da diese häufig nach dem Studium in urbane

Ballungszentren wollen. Die Region selbst leidet massiv unter der Landflucht junger Menschen, und Studierende von auswärts haben das Unternehmen in der Regel nach dem Studium verlassen.

Als Matthias nach Hause kommt, schenkt er sich ein Bier ein und tritt auf den Balkon hinaus. Die wunderbaren saftigen Weiden mit prächtigen Rindern würden dafür sorgen, dass es seine Branche immer geben würde. Trotzdem fragte er sich, ob er für die Zukunft wirklich gerüstet ist.

Kommentar

Diese Fallstudie zeigt sehr deutlich, dass Personalentwicklung nicht nur für große Unternehmen wichtig ist, sondern gerade auch für kleine und mittelständische Unternehmen ein entscheidender Erfolgsfaktor sein kann. In der Vergangenheit haben jedoch gerade kleinere Betriebe die Personalentwicklung geradezu sträflich vernachlässigt.

Auch wenn Matthias sehr vieles richtig gemacht hat, so hat er doch recht, sich über die Zukunft Gedanken zu machen. Der oft beschworene War for Talents wird ihn hart treffen, denn die Zahl der Auszubildenden im Lebensmittelhandwerk ist deutlich rückläufig, weil diese Ausbildung von vielen als unattraktiv wahrgenommen wird. Er muss also seine Berufsausbildung komplett neu ausrichten. Hierzu gehört zum einen die Auswahl geeigneter Bewerber. Hier scheint Matthias bisher nur bedingt erfolgreich agiert zu haben. Also wird ein standardisiertes Auswahlinstrument in Form von z. B. einem Test oder einem Assessment Center benötigt. Doch kann das ernüchternde Ergebnis auch darin bestehen, dass er dann gar keine Auszubildenden mehr findet. Insofern wäre tatsächlich darüber nachzudenken, ob man die Ausbildung in der Eifel und im Saarland nicht komplett einstellt und diese in den Bayerischen Wald verlagert. Hier zeigt sich jedoch auch die Notwendigkeit der Verzahnung von „harten" und „weichen" Faktoren. Einerseits wird er überlegen müssen, ob nicht Teile der Produktion damit auch komplett verlagert werden müssen. Andererseits braucht er auch die personalwirtschaftlichen Instrumente, um die Auszubildenden nach Abschluss der Ausbildung zu einem Umzug ins Saarland oder in die Eifel zu motivieren.

Die Firma hat nun eine Größenordnung erreicht, in der man sie nicht mehr intuitiv führen kann. Matthias muss übergeordnete Strukturen und Prozesse definieren, um die neue Komplexität zu managen. Allerdings wird er es sich nicht leisten können, Wohltaten mit der Gießkanne zu verteilen, sondern muss die Kosten im Auge behalten. Er hat jedoch im Personalbereich eine Stärke, auf die er aufbauen kann. Mit Lukas Sersheim hat er einen hochqualifizierten Experten, der Affinitäten zum Personalmanagement hat. Insofern wäre eine Investition in einen Master im Bereich Human Resource Management eine gute Investition. Diese Investition kann er absichern, in dem er die Finanzierung an eine weitere Verweildauer in der Firma knüpft. Dies ist jedoch wahrscheinlich noch nicht einmal notwendig, da er Lukas inhaltlich durch ein neues Aufgabenfeld motivieren könnte. Er könnte in Personalunion mit seiner augenblicklichen Tätigkeit für den Firmenverbund die Rolle des HR Business Partners wahrnehmen. In welchem Maße ggf. Kostenersparnisse durch die Bündelung in Shared Services realisiert werden können, ist gesondert zu prüfen. Für Lukas wäre das eine sinnvolle Zusammenführung von Maßnahmen „on the Job" und „off the Job". Weitere notwendige Funktionen sollten von extern zugekauft werden, um die Kosten flexibel zu halten. Für kleinere Firmen wird gerade dies in Zukunft ein Weg sein, hochwertige Personaldienstleistungen anbieten zu können.

Matthias ist in der glücklichen Situation, dass er viele Mitarbeiter hat, die in der Region verwurzelt sind und das Unternehmen nicht verlassen werden. Das bedeutet aber auch, dass seine Belegschaft kontinuierlich altert. An sich ist dies kein Problem, denn im Wesentlichen sind ältere Mitarbeiter nicht weniger leistungsfähig und -willig als jüngere. Aber in einer Metzgerei wird nun einmal schwer körperlich gearbeitet. Insofern wird eine altersgerechte Form der Arbeit wichtig werden. Dies wird ein ergonomisches Arbeitsumfeld erfordern, aber ggf. auch personalwirtschaftliche Modelle, die z. B. eine Altersteilzeit, Lebensarbeitszeitkonten o. Ä. erfordern. Aber vor allem ist dies ein Thema für Personal- und Organisationsentwicklung. Bestimmte Funktionen werden bedingt durch körperliche Beschwerden in dieser Form nicht mehr von jedem Mitarbeiter gemacht werden können. Also werden Umschulungsmaßnahmen oder aber ein begleiteter Wechsel in andere Tätigkeiten eine Herausforderung werden. Auf der Ebene der Organisationsentwicklung wird Matthias in seiner Firma aber auch eine Kultur aufbauen müssen, in der eine produktive und gegenseitig wertschätzende Zusammenarbeit von Alt und Jung eine Selbstverständlichkeit ist.

Letztlich wird Matthias sich auch mit dem Thema der dualen Studierenden beschäftigen müssen. Im Prinzip hat er die gleiche Thematik wie bei den Azubis. Auch hier muss er sich die Frage stellen, inwiefern es sinnvoll sein kann, bestimmte Leitungsaufgaben an einem Ort zu bündeln, an dem es einfacher ist, Studierende zu gewinnen. Will er ggf. Masterstudiengänge flächendeckend als Personalentwicklungsinstrument anbieten? Gerade hier ist Vorsicht geboten. Wenn er keine entsprechenden Stellen nach dem Master anzubieten hat, birgt dies die Gefahr in sich, dass er die Fluktuation sogar erhöht oder beschleunigt, weil er Erwartungen geweckt hat, die er nicht erfüllen kann. Sollte er sich jedoch dafür entscheiden, ist wichtig, dass dahinter ein transparentes System steht, das klärt, wer welche Unterstützung bekommt und welche Gegenleistung dafür erbracht werden muss.

Kontrollfragen
1. Was ist Flow?
2. Welche Bedeutung hat Flow für die Personalentwicklung?
3. Warum ist die traditionelle Psychologie für die Personalentwicklung kritisch zu sehen?
4. Welche Ebenen misst Kirkpatrick in seinem Modell?
5. Warum ist der Balanced-Scorecard-Ansatz wichtig für die Personalentwicklung?
6. Was ist der Unterschied zwischen einem Training und einem Seminar?

Literatur

Buckingham, M., & Coffman, K. (1999). *First, break all the rules*. New York: Simon & Schuster.
Buckingham, M., & Clifton, D. (2001). *Entdecken Sie Ihre Stärken jetzt*. Frankfurt: Campus.
Csikszentmihaly, M. (2008). *Flow: The psychology of optimal experience*. New York: HarperCollins.
Hofmann, E. (2008). *Personalentwicklung*. Zürich: Haupt Verlag.
Krings, T. (2015). *Erfolgsfaktoren effektiven Personalmanagements*. Wiesbaden: Springer Gabler.
Krings, T. (2017). *Erfolgsfaktoren effektiver Personalauswahl*. Wiesbaden: Springer Gabler.
Mudra, P. (2004). *Personalentwicklung*. München: Vahlen.
Olfert, K. (2015). *Personalwirtschaft*. Kiel: Herne.
Ruthus, J. (2013). *Employer of Choice der Generation Y*. Wiesbaden: SpringerGabler.
Schaub, G., & Koch, U. (2014). *Arbeitsrecht von A-Z*. München: dtv.
Scholz, C. (2014). *Generation Z*. Weinheim: Wiley VCH.
Seibt, T., et al. (2017). Personalbeurteilung und Personalentwicklung. In J. Stierle, K. Glasmachers, & H. Siller (Hrsg.), *Praxiswissen Personalcontrolling* (S. 251–265). Wiesbaden: Springer Gabler.
Seligman, M. (2017). *Authentic happiness: Using the new positive psychology to realise your potential for lasting fulfilment*. Boston: Brealey.
Thieme, F., & Panskus, G. (2008). *Das deutsche 5S-Arbeitsbuch: die Anwendung der 5S-Methodik in vernetztem Performance-Management in Fabrik und Büro*. Wuppertal: Panskus Performance Development.

Internetquellen

Obmann, C. (2017). Mitarbeitergespräche sind überflüssiges Business-Theater. Handelsblatt. http://www.handelsblatt.com/my/unternehmen/beruf-und-buero/the_shift/management-vordenker-lars-vollmer-mitarbeitergespraeche-sind-ueberfluessiges-business-theater/20531148.html?nlayer=News_11252000. Zugegriffen: 10. Nov. 2017.
o. V. (o. J.). Wie wird ein Betrieb zum Ausbildungsbetrieb. IHK Nürnberg. https://www.ihk-nuernberg.de/de/IHK-Magazin-WiM/WiM-Archiv/WIM-Daten/2008-10/Wirtschaftsfragen/Wie-wird-ein-Betrieb-zum-Ausbildungsbetrieb-.jsp. Zugegriffen: 0. Nov. 2017.

Glossar

AGG Allgemeines Gleichbehandlungsgesetz, deutsche Antidiskriminierungsgesetzgebung.

AIDA Modell Wirkmechanismus einer werblichen Maßnahme (Attention- Interest- Desire- Action) Assignment Bezeichnung für einen Auslandseinsatz, der oft fälschlich als Entsendung bezeichnet wird. Eine Entsendung ist jedoch ein Begriff aus dem sozialversicherungsrecht und beschreibt den Sonderfall, dass eine Ausstrahlung der deutschen Sozialversicherung gegeben ist.

Balanced Scorecard Modell zur Unternehmensplanung, in dem Wirkmechanismen zwischen einzelnen Zielbereichen beschrieben werden.

Center of Excelence/Expertise Fachabteilung.

Edutainment Veranstaltungstyp, bei dem Unterhaltung als Vehikel zur Vermittlung von Inhalten eingesetzt wird.

Employability Arbeitsmarktwert einer Person.

Employee Life Cycle Phasen eines Mitarbeiters im Unternehmen vom Eintritt bis zum Ausscheiden.

Employer Value Proposition Alleinstellungsmerkmale eines Arbeitgebers.

Enneagramm Esoterisches Symbol, mit dem auf unseriöse Art Persönlichkeiten typisiert werden.

Fringe Benefits Nicht-monetäre Vergütungsbestandteile (Dienstleistungen oder Gegenstände).

Headhunter Personalberater, der Direktansprachen durchführt.

HR Business Partner Führungskraft im Personalbereich, idealerweise auf der obersten Führungsebene.

Long List erste Liste mit möglichen Kandidaten bei einer Direktansprache.

Objektivität Personenunabhängigkeit.

Peer Group Learning Teilnehmer mit vergleichbaren Aufgaben und Entwicklungsstand lernen voneinander.

PEST Analyse Modell aus der Strategieentwicklung in der das politische, ökonomische, soziale und technologische Umfeld analysiert wird. Aus dem Englischen: Political, economic, social, technological.

Physiognomie Lehre vom Äußeren des Menschen. Wird als unseriöse Methode zur Personalauswahl eingesetzt.
Reliabilität Messgenauigkeit.
Sabbatical eine längere berufliche Auszeitbei der das Arbeitsverhältnis nicht endet.
Shareholder Eigenkapitalgeber.
Shared Service Center Abteilungenin denen administrative Aufgaben gebündelt werden.
Service Level Agreement Vereinbarung zwischen Auftraggeber und Dienstleister für wiederkehrende Dienstleistungen. Es kann sich hierbei um ein externes oder um ein internes Kunden-/Lieferantenverhältnis handeln. In einem Service Level wird festgehaltenin welcher Form eine Dienstleistung erbracht wird und in welcher Qualität.
Short List Liste mit geeigneten Kandidaten als Ergebnis einer Direktansprache.
SOR Modell Neobehaviouristisches Modelldas beschreibt wie ein Stimulus (S) auf einen Organismus (O) einwirkt und dadurch ein Resultat (R) erreicht.
Stakeholder Für das Unternehmen relevante Bezugsgruppen.
SWOT Analyse Instrument zur Strategieentwicklung, in dem interne Stärken (Strenghts) und Schwächen (Weaknesses) externen Chancen (Opportunities) und Risiken (Threats) gegenüber gestellt werden.
Validität Gültigkeit.

The manufacturer's authorised representative in the EU is Springer Nature Customer Service Centre GmbH, Europaplatz 3, 69115 Heidelberg, Germany. If you have any concerns regarding our products, please contact ProductSafety@springernature.com

Printed and bound by CPI Group (UK) Ltd, Croydon, CR0 4YY

25/03/2026

02078216-0010